Fábio Cruz

Scrum e Agile em Projetos Guia Completo

Conquiste sua certificação e aprenda a usar métodos ágeis no seu dia a dia

2ª edição

BRASPORT

1ª edição: 2015
Reimpressões: 2017, 2018
2ª edição: 2018

Editor: Sergio Martins de Oliveira
Diretora: Rosa Maria Oliveira de Queiroz
Gerente de Produção Editorial: Marina dos Anjos Martins de Oliveira
Editoração Eletrônica: SBNigri Artes e Textos Ltda.
Capa: Trama Criações

C957s Cruz, Fábio

Scrum e Agile em projetos: guia completo / Fábio Cruz – 2. ed. – Rio de Janeiro: Brasport, 2018.

ISBN: 978-85-7452-878-6

1. Administração de projetos 2. Administração de projetos – scrum I. Título

CDD: 658.404

Ficha catalográfica elaborada por bibliotecário – CRB 76355

BRASPORT Livros e Multimídia Ltda.
Rua Teodoro da Silva, 536 A – Vila Isabel
20560-005 Rio de Janeiro-RJ
Tels. Fax: (21) 2568.1415/3497.2162
e-mails: **marketing@brasport.com.br**
vendas@brasport.com.br
editorial@brasport.com.br

site: **www.brasport.com.br**

Filial
Av. Paulista, 807 – conj. 915
01311-100 – São Paulo-SP
e-mail: **filialsp@brasport.com.br**

“A quem para pra ver o mundo e as coisas perigosas por vir, que para pra ver por trás dos muros, que se aproxima para encontrar o outro e sentir. A quem tem um propósito de vida.”

Texto inspirado em frase retirada do filme “The Secret Life of Walter Mitty”, 2013.

"Seja amorfo e sem forma como água. Quando colocamos a água em um copo, ela se torna o copo. Quando colocamos a água em uma garrafa ela se torna a garrafa. Quando colocamos a água em um bule ela se torna o bule. A água pode fluir e pode destruir. Seja água, meu amigo."

Bruce Lee

Agradecimentos

Este trabalho é fruto do incentivo e da colaboração de várias pessoas e organizações. Gostaria de agradecer:

- à editora Brasport, pela confiança e pelo interesse no meu trabalho;
- à Scrum.org, por permitir o meu trabalho voluntário na tradução do Guia do Scrum desde 2011, além de fortalecer o meu conhecimento referente ao Scrum;
- ao Nelson Abu Samra Rahal Junior, pelo apoio profissional ao ter sido o primeiro a ler esta obra e pela honra que me concedeu ao aceitar ser o prefaciador;
- a todos os colegas agilistas e defensores das práticas ágeis que me fizeram praticar e crer cada vez mais na eficiência dessas abordagens;
- aos meus avós, tios e tias, que foram parcialmente meus pais e mães e também os responsáveis por todos os valores morais e pessoais que adquiri e tenho perseguido ao longo da minha vida;
- aos meus filhos, por me amarem sempre, mesmo quando eu estava debruçado sobre o computador escrevendo sem dar a devida atenção a eles;
- à minha mulher, por não me expulsar de casa ao me ver só escrevendo, escrevendo e escrevendo;
- à comunidade de gerenciamento de projetos do Brasil e a todos os membros das comunidades de que participo e sou ligado, principalmente os seguidores do meu blog www.fabiocruz.com.br, por acreditarem e incentivarem o meu trabalho;
- a todos os leitores dos textos, posts, artigos e livros que já escrevi – foi pelo incentivo, pelas críticas e pelo retorno de vocês que escrevi mais este livro;
- aos meus parentes, amigos e colegas de trabalho que contribuíram de diversas maneiras para formar o alicerce desta obra.

Palavras do Autor

A ideia de escrever este livro surgiu de uma forma bem interessante e que eu não tinha como não compartilhar com vocês.

Em meados de 2013 eu lancei "Scrum e PMBOK unidos no gerenciamento de projetos", o primeiro livro sobre o tema no Brasil e um dos primeiros a abordar o tema Scrum de forma abrangente e em português.

Meu editor preferido (é assim que eu chamo o Sérgio Martins, Diretor Executivo da Brasport) sempre me dizia com aquele sotaque carioca: "Fábio, fique tranquilo que iremos vender muito bem e você irá se surpreender com as oportunidades que os seus livros vão trazer!".

Posso afirmar que as palavras do Sérgio se concretizaram rapidamente, pois no segundo semestre de 2013 várias coisas legais começaram a acontecer: ele me ligou dizendo que a principal executiva de uma grande e respeitada empresa multinacional tinha visto o meu livro e queria muito o meu telefone para conversarmos sobre um monte de coisas que ela estava querendo fazer ligadas ao ágil e ao Scrum.

Essa pessoa era a Milena Andrade, *Regional Manager* do EXIN Brasil, e ela queria me convidar para participar de um projeto de trazer a nova certificação EXIN *Agile Scrum Foundation* para o Brasil. O projeto envolvia traduzir todo o material existente e referente à certificação em inglês para o português do Brasil, incluindo a revisão das provas de certificação e a sua tradução.

Não tinha como negar o convite, pois eu já havia traduzido oficialmente em 2011 e 2013 o Guia do Scrum com a aprovação e acompanhamento da Scrum.org. Realizar esse trabalho com o EXIN seria uma honra e um prazer. Então firmamos a nossa parceria e começamos.

No início dos trabalhos sentimos falta de um material completo de estudos do Scrum e dos demais conteúdos ágeis que envolviam a certificação EXIN *Agile Scrum Foundation* (ASF).

Com o incentivo da Milena, revisei todo o meu livro "Scrum e PMBOK unidos no gerenciamento de projetos" para ver o quanto ele se adequava ao conteúdo abordado pela certificação, e se poderíamos utilizá-lo como material de estudo oficial. Porém, com a avaliação, chegamos à conclusão de que, apesar de o livro abranger mais de 70% do conteúdo da certificação ASF, não seria interessante para nós o recomendarmos como material de estudo, devido à ausência dos 30% restantes, e também pelo conteúdo referente ao Guia PMBOK® e à união das duas abordagens, o que poderia causar estranheza e até rejeição de alguns interessados.

Então pensamos: por que não preparar um novo material, especialmente escrito para ajudar os interessados na certificação *Agile Scrum Foundation* do EXIN, e até outras certificações Scrum e ágeis do mercado? Ele serviria também para profissionais e estudantes que buscam conhecimento específico a respeito do gerenciamento ágil de projetos.

A partir disso, decidimos em conjunto, a Milena com o apoio do EXIN, o Sérgio pela Brasport e eu, que eu deveria escrever um novo livro abordando todo o conteúdo de Scrum e de ágil que fosse necessário para estudar de forma completa os conteúdos das certificações ágeis, utilizando inclusive como base os 70% de conteúdo já existentes no livro "Scrum e PMBOK unidos no gerenciamento de projetos".

A decisão de utilizar o conteúdo já existente no livro "Scrum e PMBOK unidos no gerenciamento de projetos" partiu do pressuposto de que o material está bem completo e muito bem escrito, segundo avaliação dos próprios leitores, contendo uma linguagem de fácil entendimento e leve, além de nos permitir o lançamento do novo material em um espaço de tempo menor.

Assim, surgiu este livro, que, além de trazer um conteúdo completo sobre Scrum, traz também material variado sobre métodos, ferramentas, técnicas, *frameworks* e metodologias que permitem um entendimento abrangente das inúmeras abordagens ágeis para gerenciamento de projetos, tornando-se até o momento o guia mais completo sobre agilidade no Brasil – e que ouso chamar de **O Mais Completo Guia do Agilista**.

Agradeço especialmente à Milena Andrade pelo convite e pelo incentivo de escrever esta obra, e principalmente por me proporcionar a honra de participar de um projeto tão importante do EXIN Brasil. E, é claro, agradeço ao meu editor preferido, Sérgio, por acreditar mais uma vez no meu trabalho e publicar este livro.

Boa leitura a todos, e espero que gostem!

Fábio Cruz, PMP, PMI-ACP, PSM-I, CSM, ASF, ASM, PRINCE2 Practitioner, PMO-CP e ITIL Foundation

Sobre o Autor

Sócio-Diretor, Agile Enterprise, Agile Coach, Consultor, Empreendedor, Palestrante, Trainer, Autor e Voluntário, formado em tecnologia da informação, administração de empresas, gerenciamento de projetos, gestão de pessoas e coaching, além de possuir diversas certificações profissionais ligadas às suas áreas de atuação.

Fábio Cruz possui mais de 24 anos de experiência na área de TI, trabalhando em diferentes papéis no desenvolvimento de produtos e no gerenciamento de ciclo de vida de aplicação (ALM), com histórico comprovado como desenvolvedor, arquiteto de aplicação, líder técnico, analista de negócios e gerente de projetos. Nos últimos 10 anos tem apoiado equipes na construção e entrega de soluções tecnológicas em diferentes nichos, como educação, varejo, financeiro, energia, e-commerce (b2c, b2g, b2b), entre outros, em empresas nacionais e internacionais, incluindo times remotos ao redor do mundo.

Atualmente é sócio-diretor da Hiflex Consultoria, no qual tem se apresentado como Enterprise e Agile Coach atuando como agente de mudança nos últimos seis anos, implementando ágil e conduzindo transformações organizacionais, ajudando na melhoria do processo de desenvolvimento de software, ensinando e capacitando novos Scrum Masters, Agile Coaches, Product Owners e Times de Desenvolvimento sobre como construir e entregar software de forma mais rápida, com eficiência e efetividade usando boas práticas ágeis como Alto Valor Agregado, Desenvolvimento Iterativo, Integração Contínua, Automatização de Testes, Melhoria Contínua, Clean Code, Refatoração, Code Review, TDD e BDD, além de Scrum, Nexus, XP e Lean.

Alguns dos projetos mais relevantes de Fábio Cruz antes da FabioCruz.com:

- **Autor do Livro "Scrum e PMBOK unidos no gerenciamento de projetos"**, que apresenta uma abordagem inédita de união do Guia PMBOK® 5ª edição com o *framework* Scrum na prática, com destaque para a descrição das dez áreas de conhecimento e dos 47 processos do Guia PMBOK® 5ª edição juntamente com todas as regras, cerimônias, papéis e responsabilidades do Scrum.
- **Autor do Livro "PMO Ágil – Escritório Ágil de Gerenciamento de Projetos"**, que apresenta um *framework* para aplicar uma governança ágil e gerenciar estrategicamente múltiplos projetos e manter um monitoramento sutil e eficiente sobre suas realizações seguindo valores, princípios e pensamentos ágeis.
- **FabioCruz.com.** Fundador, sócio e principal consultor e Agile Coach da empresa FabioCruz.com, onde desde 2009 atua como palestrante, instrutor, consultor e *coach*, com mais de 50 palestras, 70 treinamentos e *workshops* e dezenas de consultorias focadas em gestão de projetos, PMO e implementação de métodos ágeis em empresas brasileiras.
- **Tradutor Oficial do Guia do Scrum 2011, 2013, 2016 e 2017 – Scrum.org.** Colaborador voluntário na Scrum.org, com a realização da tradução oficial do Scrum Guide 2011, 2013, 2016 e 2017, de Ken Schwaber e Jeff Sutherland, com autorização dos autores e supervisão da equipe da Scrum.org. Foi o coordenador dos trabalhos de tradução do guia do Scrum desde 2013.
- **Tradutor Oficial do Guia do Nexus 2015 e 2018 – Scrum.org.** Colaborador voluntário na Scrum.org, com a realização da tradução oficial do Nexus Guide 2015 e 2018, de Ken Schwaber, com autorização do autor e supervisão da equipe da Scrum.org.
- **Tradutor Oficial da prova de certificação EXIN ASF e dos materiais de preparação – EXIN.** Colaborador voluntário na EXIN, com a realização da tradução das versões atuais da prova de certificação *Agile Scrum Foundation* (ASF) e dos materiais de orientação para a realização do teste.

- **Membro da equipe internacional de elaboração das questões da prova de certificação EXIN ASM.** Um dos colaboradores voluntários na EXIN, responsável pela elaboração de questões da prova de certificação *Agile Scrum Master* (ASM).
- **Articulista e colaborador em revistas como Mundo PM e Engenharia de Software Magazine, publicando diversos artigos desde 2011.**

Para conferir o currículo completo e *on-line* do autor acesse: http://br.linkedin.com/in/fabiorcruz.

Ou, se preferir, siga o autor pelo seu blog ou redes sociais, em:

- **Blog**: http://www.fabiocruz.com.br
- **Twitter**: @fabiorcruz – http://twitter.com/fabiorcruz
- **Facebook**: http://www.facebook.com/fabiocruzpage
- **Google+**: http://plus.google.com/+FabioCruz

O autor também pode ser contatado pelo e-mail: contato@fabiocruz.com.br.

Prefácio da 1ª edição

Como você escolheu este livro para leitura, posso presumir que você é um profissional que está buscando entregar mais valor no seu dia a dia para os seus clientes e reduzir ineficiências na sua forma de trabalho. Este livro vai ajudá-lo nessa caminhada.

Sou um apaixonado por livros, e especificamente livros de minha área profissional. Tenho uma enorme satisfação de ter tido a oportunidade de ser um dos primeiros a ler este novo material de Fábio Cruz. Não é mais um livro de Scrum, e sim um dos mais completos livros de Scrum e ágil que eu tive a oportunidade de ler na língua portuguesa.

Eu uso sempre a frase: "Agilidade sim, negligência jamais", e Fábio Cruz, no *best seller* "Scrum e PMBOK unidos no gerenciamento de projetos", traz uma visão prática de como podemos trabalhar unificando o *framework* ágil do Scrum e as boas práticas de gerenciamento de projetos do Guia PMBOK®.

Agora neste segundo livro Fábio Cruz nos leva a uma jornada pelo mundo puro da agilidade, mostrando desde os princípios ágeis até o entendimento mais aprofundado do Scrum e complementando com um conjunto de técnicas ágeis existentes no mercado.

Em uma estrutura bem divertida de leitura, Fábio Cruz nos traz dicas, "Você sabia?", itens de atenção e exemplos. Também traz um conjunto de questões de fixação, que permitirá ao leitor fazer uma autoanálise do conteúdo proposto. Como o mundo ágil está cheio de certificações, essas questões de fixação permitirão ao leitor se preparar melhor para alguns desses desafios.

Eu tenho trabalhado há muitos anos ajudando empresas a adotarem uma cultura ágil e a utilizarem ferramentas que permitam a sua melhoria operacional e sempre tenho dificuldades de encontrar bons livros que mostrem em uma linguagem clara e objetiva como temos que trabalhar com determinada técnica.

Não importa se é uma atividade simples ou complexa: sempre um bom material de apoio é necessário. Para que serve uma reunião diária? Como ela nos ajuda? Como podemos executar tarefas com mais eficiência? Esses são exemplos para os quais você vai encontrar respostas e orientações neste livro.

Eu sempre comento que os profissionais devem ter um "saco de opções", para buscar a melhor opção para o problema que ele possui. Isso faz com que os profissionais necessitem cada vez mais de qualificação. Quando eu pergunto para as empresas o que elas realmente desejam a resposta nunca é ser Scrum, *Kanban*, *Lean* ou outra técnica qualquer. Elas sempre respondem que desejam ser mais eficientes – então temos que conhecer as mais diversas técnicas para buscar os resultados que almejamos.

Este livro vai ajudá-lo a ter uma boa base nas mais diversas técnicas, conhecimento das ferramentas, entender melhor os princípios e poder aplicar vários destes no seu dia a dia.

Não esqueça que a adoção dessa nova cultura e de ferramentas pode parecer a princípio simples e fácil, mas ela vem da dedicação e do foco de todos, sempre dando um pequeno passo de cada vez, uma pequena vitória alcançada todos os dias até alcançar o objetivo desejado.

Bom! Chega de só eu ficar falando, vamos ao que realmente nos trouxe aqui! Uma boa leitura!

Nelson Abu Samra Rahal Junior, agilista, *Agile Coach* e amante da agilidade em projetos

Depoimento do EXIN

Conheci o Fábio Cruz pessoalmente em fevereiro de 2014 e este encontro certamente foi uma grata surpresa. O EXIN tinha lançado há pouco tempo o programa de certificação *Agile* Scrum no mercado internacional e havia uma necessidade imediata de localizarmos todo o pacote: simulados, guias de preparação, glossário e exames.

Sempre que estamos nessa etapa do processo, o EXIN busca profissionais experientes e referência de conhecimento no assunto. E foi assim que cheguei ao Fábio (e que bom: novamente com a Brasport, já nossa parceira em outros projetos, com livros publicados para ITIL® e ISO 20000 chancelados pelo EXIN).

O processo de tradução de todos os documentos gerou imediatamente o interesse em aprofundarmos ainda mais essa parceria, e o convite para o lançamento de um livro *Agile* Scrum 100% baseado nos requerimentos do exame do EXIN foi uma consequência natural.

Desde o início, o compromisso foi levar um material de alta qualidade ao mercado e profissionais interessados em ampliar seus conhecimentos sobre o assunto, complementar outras formações preexistentes sobre o tema gerenciamento de projetos e práticas ágeis e, ao mesmo tempo, servir de referência para cursos oficiais e suporte aos que desejam fazer um autoestudo com qualidade e realizar o exame com tranquilidade. O EXIN só tem elogios e agradecimentos ao Fábio Cruz e à Brasport por acreditarem neste projeto.

Milena Andrade
Regional Manager
EXIN Brasil

Sumário

Introdução

O objetivo principal deste livro é trazer aos leitores dois grandes, importantes e específicos grupos de conhecimentos.

Primeiro, apresentar todo o conteúdo necessário para compreender abordagens, metodologias, *frameworks*, técnicas e ferramentas ágeis existentes atualmente no mercado e que contribuem diretamente ou indiretamente para o gerenciamento de projetos e o desenvolvimento/construção de produtos simples e/ou complexos.

Este primeiro grupo não estará concentrado e limitado a conceitos teóricos, pelo contrário: o foco será trazer uma base teórica para fundamentar o conhecimento dos assuntos abordados, complementada por experiências práticas vivenciadas, exemplos de aplicação, dicas de uso e experiências anteriores do autor.

O segundo grupo de conhecimento estará mais focado em ajudar o leitor a se preparar para as certificações ágeis que atualmente são buscadas por vários profissionais experientes, e até mesmo por iniciantes atrás de capacitação para entrar no mercado de trabalho.

Dentre as certificações ágeis que este livro se propõe a trazer um conteúdo preparatório, estão:

- EXIN ASF – EXIN *Agile Scrum Foundation*, do EXIN.
- CSM – *Certified Scrum Master*, da Scrum Alliance.
- PSM I – *Professional Scrum Master I*, da Scrum.org.

2 Scrum e Agile em Projetos

Todas essas certificações têm as mesmas bases e fundamentos ágeis, com um foco principal no Scrum e abordando outros temas ágeis de maneira mais superficial, sempre buscando apoiar a utilização do Scrum.

Para que o leitor se sinta confortável com o conteúdo apresentado, em vários momentos aparecerão comentários de atenção e reforço aos temas mais importantes. Além disso, serão trazidos exercícios de fixação ao final de cada parte e também propostas e sugestões de aplicação prática dos exercícios para melhorar a retenção do conhecimento e o entendimento e a compreensão do assunto.

Como apoio final aos estudos, e principalmente com o objetivo de ajudar na preparação para provas de certificações, ao final deste livro será apresentado um simulado com questões similares às provas das certificações EXIN ASF, CSM e PSM I.

Não é fácil compreender todos os conteúdos ligados ao mundo ágil e ao gerenciamento de projetos, e muito menos disseminar esse conhecimento com abrangência, competência e totalidade – já que não seria possível abordar tudo em apenas um livro. Por isso, falaremos dos conteúdos mais conhecidos e principalmente daqueles necessários para um bom aproveitamento da agilidade em gerenciamento de projetos, e também dos que são cobrados nas provas das certificações anteriormente mencionadas.

O Scrum prevalecerá como conteúdo principal do livro e também como o alicerce para o melhor entendimento e aplicação dos outros conteúdos que serão abordados nesta obra com as finalidades anteriormente citadas, estando distribuídos da seguinte forma:

- O Manifesto Ágil e seus 12 princípios.
- Scrum na totalidade.
- Características do *Crystal*, FDD, DSDM, XP e AUP.
- Como outros papéis, como o arquiteto de software, funcionam e podem contribuir com o Scrum.
- Os princípios da refatoração, programação pareada e integração contínua.

- O valor do gerenciamento de configuração.
- As diferenças entre testes ágeis e os testes convencionais, e o valor do TDD.
- Planejamento em vários níveis, incluindo o planejamento de alto nível com versão de entrega e planos de *roadmaps*.
- Como obter estimativas confiáveis com ágil.
- Como monitorar projetos com Scrum.
- Conceitos de Scrum avançados, como gerenciamento de múltiplos projetos, interdependências complexas, projetos de manutenção e suporte, times distribuídos, projetos de preço fixo, *Scrum-of-Scrum* e *Nexus*.

Em um primeiro momento pode parecer pretensão ou até presunção abordar todos esses assuntos em apenas um livro. Porém, quando você começar a ler os conteúdos aqui apresentados, verá que é possível tratá-los de maneira homogênea e especialmente integrada, pois todos são provenientes da mesma origem e buscam atender aos mesmos princípios e causas.

Outra característica que permite abordá-los de maneira conjunta é a forte complementação entre eles – um pode sobreviver sem o outro, mas, se for para viver intensamente, é preciso colocá-los para funcionar em conjunto, um completando o outro e contribuindo para que o todo seja eficiente e traga bons resultados para os projetos.

Não se assuste com o tamanho do livro, e não sinta receio de começar a ler a respeito. Aqui todos os assuntos serão abordados com simplicidade para permitir que cada leitor compreenda quais são os benefícios da utilização de todas as práticas aqui apresentadas – e principalmente para que consiga utilizá-las, adaptá-las e dimensioná-las da melhor maneira possível para a sua própria realidade, e também para a realidade de cada projeto.

O conteúdo aqui apresentado não precisará ser aplicado todo na íntegra, e muito menos de forma burocrática, travada e inalterada. Um dos princípios de ser ágil é inspecionar e se adaptar com a maior frequência possível. Logo, você pode até começar a utilizar como está descrito neste livro, mas inspecione e adapte sempre, melhorando a sua forma de trabalhar.

Lembre-se: esta não é a mais correta ou a única forma de fazer – é apenas uma das formas, que funciona para muitos casos, mas você poderá criar a sua forma de fazer e a sua forma de dar certo, na sua empresa, nos seus projetos e na sua vida.

Mude, aprenda, adapte e use a antecipação, a flexibilidade e a adaptação com moderação. Este é um dos segredos do sucesso em projetos.

Abordagem

A primeira parte deste livro descreverá o manifesto ágil, suas origens e sua interpretação mais correta, possibilitando que todos os demais conteúdos sejam compreendidos de maneira mais fácil e principalmente com uma visão acertada do que foi pensado, escrito e esperado em relação a esse documento tão importante para os projetos ágeis.

Ao final da primeira parte serão apresentadas cinco questões de fixação e duas sugestões de uso imediato dos princípios do manifesto ágil em projetos reais.

Na segunda parte será descrito todo o *framework* Scrum, com suas características, cerimônias, regras, papéis e responsabilidades, assim como complementos de ferramentas e ténicas ágeis que deixam o Scrum mais fácil de aplicar e com retorno de investimento mais rápido. Ainda nessa parte serão abordados conceitos avançados do Scrum, permitindo a sua aplicação em grandes projetos e equipes distribuídas e remotas, assim como o seu uso em ambientes diversos, como projetos de manutenção e suporte, e os ganhos obtidos em projetos tradicionais.

Ao final dessa segunda parte serão apresentadas 15 questões de fixação do conteúdo e três sugestões de uso imediato de parte do *framework* Scrum em projetos reais.

Na terceira parte serão abordadas outras metodologias, ferramentas e técnicas ágeis que complementam o Scrum e permitem a aplicação do manifesto ágil em projetos de diversas naturezas, além de possibilitar a transformação de um time convencional em um time ágil de gerenciamento de projetos.

Também serão abordadas algumas diferenças dessas metodologias em comparação com o Scrum. Várias dessas abordagens são voltadas para projetos de ambientes de desenvolvimento de software, mas conceitualmente podem ser aplicadas em outros ambientes.

Ao final dessa parte serão apresentadas dez questões de fixação do conteúdo e duas sugestões de uso imediato de algumas dessas metodologias ágeis complementares.

Na quarta parte abordaremos as características das certificações EXIN ASF, CSM e PSM I, contemplando dicas para se preparar para a prova, fechando com um simulado de trinta questões para medir o entendimento do conteúdo referente ao Scrum e aos métodos ágeis.

Todas as questões de fixação, bem como os simulados, terão suas respostas no anexo, incluindo comentários do autor.

PARTE I. O MANIFESTO ÁGIL

1. As Origens do Ágil

É no mínimo interessante começarmos falando que o conceito conhecido atualmente como método ágil é relativamente novo e foi divulgado em fevereiro de 2001.

Nesta data, 17 profissionais representantes de métodos de desenvolvimento de software se reuniram para discutir as semelhanças e diferenças entre os métodos que utilizavam ou defendiam e perceberam que os pontos em comum existentes em suas ideologias os levavam a um consenso e a uma complementação mútua de suas práticas, fazendo com que adotassem a partir de então o nome "ágil" e produzissem um manifesto com princípios e valores que dariam origem e serviriam de base para um gerenciamento de projetos diferenciado por sua eficiência e eficácia.

Anteriormente a essa data, o termo conhecido e utilizado era o "peso leve", do inglês *lightweight*, e foram justamente os praticantes de métodos "peso leve" que estavam presentes no encontro relatado anteriormente.

A mudança do nome de "peso leve" para "ágil" se deu porque muitos tinham a impressão de que o termo "peso leve" era mais uma reação a algo contrário do que uma crença em algo realmente eficiente e bom para os times de projetos. A referência existente naquela época eram os métodos tradicionais, também conhecidos e principalmente citados pelos praticantes dos métodos "peso leve" como "peso pesado", do inglês *heavyweight*, e que hoje também são conhecidos como *waterfall* ou cascata.

O cascateamento das atividades sugeria que todo projeto deveria ser planejado no início de tudo, depois executado totalmente e por fim finalizado, gerando inúmeros e infinitos documentos, prolongando excessivamente o período de planejamento e fazendo com que os softwares demorassem muito para ser entregues e na maioria das vezes perdessem a sua função devido ao tempo que ficavam em desenvolvimento.

Por conta dessas características destacadas, especialmente naquele momento, os métodos tradicionais eram totalmente contrários e antagônicos às ideologias defendidas pelos praticantes do "peso leve".

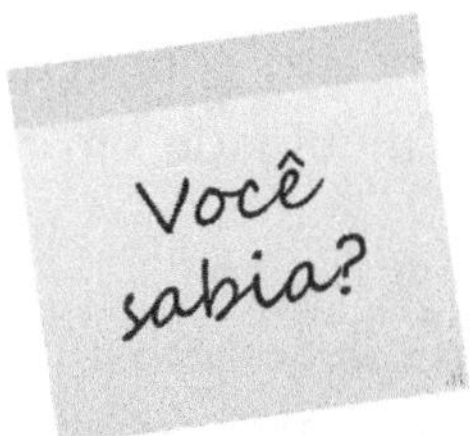

Você sabia que o ciclo "cascata" de gerenciamento e execução de projetos é apenas um dos ciclos sugeridos por métodos tradicionais, e que na verdade não é sugerido para aplicação em projetos onde as mudanças ocorrem muito rapidamente e de maneira feroz, como no desenvolvimento de sistemas?

Você sabia que há vários tipos e formatos de ciclos de desenvolvimento de sistemas e produtos nas metodologias tradicionais?

- **Preditivo** (*waterfall*/cascata): define todo o escopo, planeja todo o desenvolvimento e o executa completamente. As mudanças são muito cuidadosas, porém existem.
- **Iterativo e incremental** (ondas sucessivas): quebra o produto em pedaços menores e realiza o ciclo preditivo para cada pedaço. O produto cresce a cada iteração.
- **Adaptativo** (método ágil): é iterativo e incremental, com ciclos curtos de tempo e custo fixo. Cada ciclo dura de duas a quatro semanas e é orientado a mudança, além de sugerir que o time determine quanto trabalho irá realizar.

O termo "peso leve" também não era muito aceito pelos seus próprios defensores e praticantes porque permitia a interpretação incorreta de que tais métodos só serviam para pequenos projetos, que utilizavam pequenos processos e poucos artefatos.

No que diz respeito a só servir para pequenos projetos, realmente não é uma verdade e de fato era uma interpretação incorreta do objetivo dos métodos ágeis, especialmente porque vários métodos e *frameworks* foram criados com a intenção de resolver problemas no desenvolvimento de produtos complexos.

Já no aspecto de processos pequenos e poucos artefatos, a interpretação correta é que os processos se tornam menores e o uso de poucos artefatos se torna uma prática real como consequência do uso dos princípios ágeis, e não como ponto focal da aplicação desses métodos.

Um dos pontos mais importantes que nortearam as semelhanças entre os métodos ágeis que estavam naquela reunião de 2001 foi o tratamento a respeito das questões de mudança em projetos, sendo um dos pontos de maior aumento da complexidade no desenvolvimento de produtos e no próprio gerenciamento de projetos.

No entanto, outros pontos em comum embasaram a união dos praticantes de diversos métodos "peso leve" em um conceito único denominado ágil, tais como:

- A busca pela mínima documentação e pelo processo necessário e suficiente.
- A alta importância das pessoas e das comunicações entre elas.
- O maior foco no cliente e na sua participação direta no ambiente de projeto.
- Uma entrega frequente e de valor conhecido e esperado pelo cliente.

A partir desses pontos originou-se o "Manifesto Ágil", com seus quatro valores e seus 12 princípios.

O Manifesto Ágil

O Manifesto para o desenvolvimento ágil de software, ou simplesmente o Manifesto Ágil, foi criado de forma colaborativa pelos 17 profissionais que estavam presentes no encontro de 2001 relatado anteriormente.

A principal justificativa para a criação do Manifesto Ágil veio da seguinte afirmação, feita por eles, e que é parte integrante do documento publicado:

Estamos descobrindo maneiras melhores de desenvolver software fazendo-o nós mesmos e ajudando outros a fazê-lo.

A partir dessa simples afirmação, que também demonstra um estilo de trabalho e uma filosofia de organização e estrutura colaborativa, o Manifesto Ágil traz seus quatro valores que o sustentam e que também formam a base das principais práticas ágeis desde 2001, que são:

- Indivíduos e interações entre eles ***mais*** que processos e ferramentas.
- Software em funcionamento ***mais*** que documentação abrangente.
- Colaboração com o cliente ***mais*** que negociação de contratos.
- Responder a mudanças ***mais*** que seguir um plano.

O conceito mais importante ao ler esses valores é separá-los em duas partes, sendo a primeira parte do início da frase até a palavra ***mais***, que está grifada, e a segunda parte após a palavra ***mais*** indo até o final da frase, tendo então dois itens com valores existentes, porém distintos.

Os itens à direita são importantes e valorizados pelos praticantes do ágil, mas os itens à esquerda possuem ainda mais importância e valor, e formam o alicerce para os pilares da agilidade.

Os valores do Manifesto Ágil

Vamos entender melhor o que esses valores significam.

Indivíduos e interações

Por mais que existam tecnologias, virtualidade, softwares e ferramentas para promover discussões, reuniões remotas, armazenamento e coleta de informações e conhecimentos entre as pessoas, nada vale mais do que uma boa conversa cara a cara.

O Manifesto Ágil defende que o mais importante nas relações profissionais entre pessoas que estão trabalhando em prol de um objetivo comum (o projeto) é como elas interagem – seja uma conversa rápida, um desenho mútuo e colaborativo em um quadro ou um *brainstorming* para a resolução de um problema ao redor de uma mesa com o time reunido.

Os processos e as ferramentas são importantes para o desenvolvimento de produtos e de softwares, e devem ser utilizados durante todo o ciclo de desenvolvimento, porém não devem substituir as interações humanas.

Além disso, os processos e ferramentas precisam ser, sempre que possível, simplificados e minimizados para que não interfiram nas interações humanas e para que sirvam de apoio ao desenvolvimento de produtos, e não sejam impedimentos ou dispositivos que param ou atrapalham os trabalhos do dia a dia.

Uma das bases da agilidade em projetos é não desperdiçar tempo e recursos, e este deve ser o primeiro pensamento quando se escolher utilizar ferramentas e processos no lugar de uma breve conversa.

Dica!

Se não houver valor real em abrir um e-mail, redigir uma pergunta e esperar uma resposta do colega de time que está duas mesas à sua esquerda, levante, vá até lá e faça a pergunta diretamente.

Essas interações também devem ser utilizadas na resolução de problemas e na exposição de impedimentos para os trabalhos que estão por vir.

Quanto mais as pessoas que trabalham juntas conversam e se olham nos olhos, mais confiam umas nas outras e desenvolvem e fortalecem o trabalho em equipe, além de se ajudarem mutuamente na resolução de conflitos e de problemas do dia a dia do desenvolvimento de produtos e softwares.

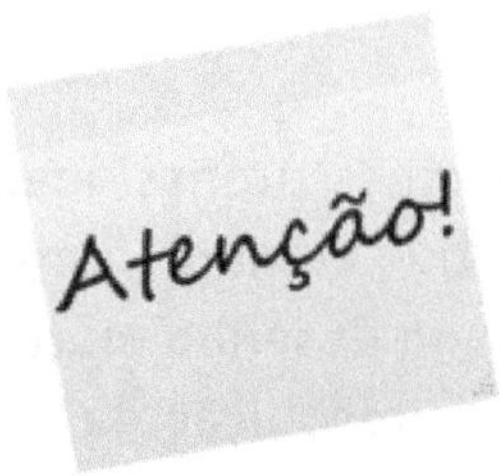

Não guarde uma dificuldade ou problema só para você, imaginando que poderá resolvê-lo sozinho e ganhar a glória de um feito ousado. Não vale o risco do fracasso e da solidão durante os trabalhos.

Exponha suas dificuldades o mais breve possível e de preferência assim que surgirem. Peça ajuda ou trabalhe colaborativamente com o seu time para descobrir a causa do problema e resolvê-lo em definitivo. Esta é a maior prova de ousadia e resolução de problemas que você poderá ter como profissional.

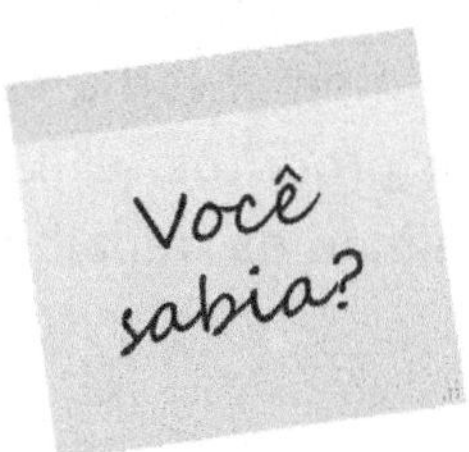

Você sabia que o *framework* Scrum apresenta várias cerimônias com regras que facilitam as interações humanas e permitem que as pessoas que trabalham juntas aprendam a se comunicar, a trabalhar de forma colaborativa e cada vez mais entenderem e aplicarem o conceito de mais interações entre os indivíduos do que processos e ferramentas?

Software funcionando

Os quatro valores são de igual importância, mas provavelmente este é o que mais gera confusão até hoje, seja por interpretações manipuladas e radicais geradas por ausência de maturidade ou até mesmo por falta de conhecimento e correto entendimento do conceito por trás do valor.

Um software funcionando e realizando exatamente o que o seu cliente esperava vale mais do que mil palavras, e isso sempre será uma verdade absoluta. Porém, não quer dizer que uma documentação a respeito desse software não seja necessária.

Softwares são produtos complexos, com regras de negócio embutidas que apenas quem as conhece intimamente sabe exatamente o que ocorre quando se pressiona um botão intitulado "processar" ou "calcular".

Usuários finais nem sempre conhecem na totalidade o software que utilizam; podem até mesmo cair em uma tela cheia de mensagens estranhas, cujo significado desconhecem. Nesse momento, o usuário pode recorrer a uma documentação de negócios, ou em alguns casos a um manual de operação que também é uma documentação. Vejamos um exemplo na vida real.

Exemplo

Uma televisão nova: quando compramos uma televisão nova sabemos ligá-la, trocar os canais e muitas vezes instalá-la corretamente na rede elétrica, no cabeamento de TV e até na rede *wi-fi*. Isso ocorre porque somos usuários há bastante tempo, e tudo isso é praticamente óbvio para nós.

Mas e quando olhamos para aquela nova entrada de áudio que nunca vimos, ou para aquele controle remoto cheio de funções novas e para tecnologias ainda recentes como *Smart TV*? O que fazemos? Ligamos para a fábrica ou pegamos o manual para ler?

Muitas vezes o mesmo acontece quando tentamos usar algum recurso que não funciona corretamente: recorremos ao manual para conferir os passos e verificar se estamos apertando os botões corretos.

As televisões atuais são controladas por softwares, e os controles remotos são como teclados de computador, as telas como monitores de vídeo – e assim como precisamos recorrer a manuais para eventuais situações, o mesmo acontece com os softwares de computadores convencionais.

Ainda na analogia da televisão, o que importa para todos os usuários é que ela funcione 100% do tempo, e que as suas funções sejam as mais simples e intuitivas possíveis. Esse é o maior valor de uma televisão, seja ela o modelo ou a marca que for. Em contrapartida, a televisão pode dar algum problema ou gerar dúvidas durante a sua operação, devido ao próprio avanço da tecnologia ou de diferentes funcionalidades disponíveis, e nesse momento a documentação, conhecida também como manual de instruções, passa a ser o artefato mais importante do produto em questão.

O que é preciso ser entendido aqui é: software funcionando é o que tem mais valor para o usuário final do produto, mas uma documentação mínima necessária também é importante e possui seu valor.

Os desenvolvedores de software questionam sempre esta afirmação, alegando que são programadores e não documentadores, e que estão fazendo o software e não digitando sua forma de funcionamento. Parte desse problema é de conceito e de responsabilidade, parte é dos próprios desenvolvedores e a outra parte é de muitos clientes e usuários que não demonstram a importância das documentações no momento certo e da maneira certa.

Quando compramos um produto, tal como uma televisão que possui um software embarcado, na caixa vem escrito: "conteúdo da embalagem: televisão XPTO, controle remoto XYZ, cabo alfa e manual de instalação e utilização". Isso significa que a documentação é parte integrante do produto que está sendo entregue, e não um complemento desnecessário ou uma tarefa desonrosa.

Uma documentação de um software, que pode conter regras de negócio e manual de utilização e operação, deve ser considerada parte integrante das entregas de um produto e especialmente como item que fará com que a entrega do produto final seja considerada completa.

O fundamental, no Manifesto Ágil, é que a documentação de um software é importante sim e deve ser realizada, porém sempre considerando o que é importante para o produto e o que é minimamente necessário e imprescindível. Por isso o próprio valor utiliza a palavra "abrangente" ao descrever a documentação.

Mais uma vez a agilidade demonstra e reforça a importância de não desperdiçar tempo e recursos. No momento em que a frase afirma que um software funcionando é mais importante do que uma documentação abrangente, isso significa de maneira resumida que uma documentação abrangente é desperdício e causa prejuízo aos projetos.

Encare as documentações do seu software como entregas a serem realizadas ao seu cliente e, assim, como um módulo do sistema a ser desenvolvido. Elas serão importantes para o cliente, sendo validadas e aceitas como parte integrante de um produto final.

Quando um desenvolvedor, um analista de sistemas ou um *Product Owner* não consegue escrever uma documentação de um software ou de parte dele, é porque algo está errado no entendimento e na compreensão do que precisa ser feito. Então pare, entenda corretamente e tenha segurança de que está escrevendo uma documentação correta e necessária, e que está coerente com o software sendo desenvolvido.

Um problema que circunda a atmosfera das documentações, e que muitas vezes é a justificativa para não escrever documentos e muito menos mantê-los, são as constantes mudanças no software e a impossibilidade de manter documentos e mais documentos.

A solução encontrada pelo próprio Manifesto Ágil é escrever apenas as documentações estritamente necessárias e jogar fora todas aquelas que são produzidas como "Ctrl+C" e "Ctrl+V" ou que apenas são realizadas porque uma etapa do processo determina, ou alguém em algum momento ordenou.

Nesse momento, o primeiro e o segundo valores andam lado a lado. Se um processo determina que um documento sem valor e desnecessário seja construído, o processo precisa ser revisto e simplificado. Ao mesmo tempo, se um documento que não contribui para o próprio desenvolvimento do software que está sendo construído está sendo feito, deve ser removido das necessidades de entrega.

A palavra entrega é fundamental, e qualquer documentação que seja feita para um software deve ser entregue a alguma parte interessada do projeto em algum momento, podendo ser um desenvolvedor, o usuário final, o gestor do projeto do cliente ou alguma outra pessoa que veja valor naquele documento. Se o documento tiver apenas como destino o arquivamento ou não possuir destinatário conhecido, não deve ser entregue.

Dica!

Os documentos essenciais e que devem ser desenvolvidos sempre, para qualquer software, são as regras de negócio que serão utilizadas pelo software para realizar operações, cálculos, gravações, recuperações de informações e outras tarefas que influenciam no comportamento ou nas respostas dadas pelo software.

Colaborando com o cliente

Dentre os quatro valores, talvez este seja o mais fácil de entender e ao mesmo tempo o mais difícil de aplicar, justamente porque envolve o cliente, que é parte integrante de qualquer projeto de desenvolvimento de produtos, mas não está sob o controle da equipe de desenvolvimento.

Mesmo dizendo que este talvez seja o valor de mais fácil entendimento, isso não significa que não gere dúvidas e interpretações diferentes a respeito de sua aplicação.

Colaborar com o cliente não significa fazer tudo o que ele queira no decorrer do projeto, e muito menos acatar todos os seus pedidos e imaginações. Colaborar com o cliente significa, acima de tudo, trazê-lo o mais próximo possível do projeto, torná-lo parte do Time de Desenvolvimento, envolvê-lo nas questões de sucesso, de riscos e de fracassos o mais breve possível.

Um cliente envolvido colabora com o Time de Desenvolvimento, ao mesmo tempo em que permite que o time colabore com ele, transformando o ambiente do projeto em um espaço colaborativo, possibilitando as tomadas de decisões conjuntas e a transparência em relação aos acontecimentos do projeto.

Negociar contratos é quando precisamos acionar as cláusulas contidas no contrato para que algo aconteça, tanto no âmbito operacional quanto no financeiro. Outra situação de negociação de contrato que tem alto impacto é quando surge a necessidade de acionar multas, processos e cláusulas punitivas para que uma entrega seja completada ou para que uma ação seja realizada.

Para ambos os lados, negociar contratos com foco em cláusulas punitivas não é positivo, por isso o próprio Manifesto Ágil orienta para que o foco seja a colaboração e não a negociação de contratos.

Quando há colaboração entre cliente e fornecedor há transparência. Quando há transparência, esta se reverte em mais colaboração, permitindo que o cliente faça parte do time de execução do projeto. Quando isso ocorre, o cliente ficará mais preocupado em fazer com que o projeto atinja seus objetivos e tenha sucesso do que em punir um fornecedor por alguma falha ou incompreensão durante as realizações.

Aliados aos pontos descritos, geralmente os riscos de falhas e incompreensões nas realizações do projeto diminuem consideravelmente quando o cliente trabalha colaborativamente com o time do projeto, pois as distâncias entre os entendimentos, as falhas de comunicações e a falta de atendimento às expectativas são diminuídas consideravelmente com o cliente próximo à equipe e envolvido com os trabalhos do dia a dia do projeto.

Frequentemente, quando um cliente não está envolvido de maneira adequada em um projeto, ele pede alterações ou insere requisitos que são tecnicamente impossíveis de ser construídos ou até mesmo são possíveis, mas causam um impacto enorme nas realizações do projeto.

Outra situação clara de não envolvimento do cliente, e da não colaboração com o time de execução do projeto, são os recorrentes episódios de desconhecimento, cobranças indevidas, punições desnecessárias e problemas não entendidos causados por uma miopia por parte do cliente e de suas partes interessadas.

A miopia em projetos significa o cliente não enxergar os problemas, as dificuldades, os gargalos e/ou a capacidade real do time do projeto em realizar as atividades necessárias para completar o produto do projeto. Isso se dá simplesmente porque o cliente não sabe o que está realmente ocorrendo com o seu projeto e/ou produto, e acredita que está tudo bem e que o time de execução é capaz de fazer absolutamente tudo o que ele quiser.

Atenção!

Um time que aceita absolutamente todos os pedidos do cliente, mesmo os mais insanos ou em desacordo com os requisitos iniciais do projeto, causa um efeito de cegueira permanente, pois o cliente se acostuma a não enxergar e a receber "sim" para todos os seus pedidos.

Satisfazer as necessidades de um cliente e entregar um produto de valor não significa dizer "sim" para todos os pedidos do cliente, não significa agradá-lo acima de tudo e muito menos abaixar a cabeça, guardar uma opinião profissional e aceitar tudo o que o cliente diz como verdade absoluta.

Quando um cliente contrata um fornecedor é justamente porque não tem capacidade, experiência ou conhecimento para realizar o serviço e/ou produto solicitado. Portanto, um bom fornecedor diz "não" no momento correto e passa confiança e segurança para o seu cliente. Dizer "sim" sempre não é sinal de atendimento preferencial ou especial; pode ser sinal de desconhecimento, inexperiência, imaturidade, falta de profissionalismo e responsabilidade.

Dica!

Traga seu cliente para conhecer o que acontece no dia a dia do seu projeto e diga "não" nos momentos certos e da maneira certa. Isso fará com que o seu cliente confie mais no seu trabalho e tenha mais segurança nos produtos que recebe.

Exemplo

Envolva seu cliente: permitir que um cliente colabore com o seu projeto e com o seu Time de Desenvolvimento não significa deixá-lo opinar sobre tudo, atrapalhar ou definir tudo por conta própria.

Envolver o cliente significa trazê-lo para acompanhar os trabalhos do time, conhecer como os processos e as realizações são executadas e entender como a equipe planeja, executa e reage a mudanças no projeto. É colocá-lo a par de como as coisas acontecem internamente no projeto e deixá-lo enxergando tudo à sua volta.

Respondendo a mudanças

As equipes de projeto geralmente encaram as mudanças de duas maneiras distintas e antagônicas:

- Aceitam tudo, respondendo totalmente às mudanças.
- Recusam tudo, mostrando-se inflexíveis às mudanças.

Ambas as atitudes extremistas não são boas para os projetos, sejam estes de qualquer natureza, origem, metodologia ou prática de gerenciamento.

O ágil não traz nenhuma inovação a respeito das mudanças nos projetos, apenas reforça o melhor dos entendimentos sobre o assunto, que é a moderação, o planejamento e a transparência.

É comum uma interpretação deturpada desse valor, e muitos profissionais e estudantes do ágil afirmam que tudo deve mudar em todo momento quando se trabalha com ágil porque é assim que deve ser de acordo com o próprio Manifesto. Porém, essa interpretação não é correta, afinal o Manifesto diz apenas: "Responder a mudanças mais que seguir um plano".

As mudanças devem ser sempre bem aceitas e tratadas pelo projeto como oportunidades e não somente como ameaças. Uma mudança pode ser uma ameaça para um projeto, mas somente depois de analisada e pontuada, levando em consideração os seus impactos.

Da mesma forma, toda mudança deve ser analisada e planejada antes de ser realizada, pois seus impactos podem ser irreversíveis ou muito difíceis de reverter. Então, mesmo no ágil, uma mudança deve ser tratada com cuidado e com planejamento prévio.

Mais importante do que realizar a mudança identificada é analisá-la e expor seus objetivos, riscos e impactos aos principais envolvidos, inserindo-a em comum acordo no momento mais oportuno ou descartando-a se assim for melhor para o projeto.

Este é o conceito por trás desse valor. Receber sempre as mudanças e analisá-las antes de impor cláusulas contratuais ou congelar planos aprovados anteriormente.

Todos os planos devem ser devidamente marcados e perseguidos ao longo do projeto, pois eles guiam o atingimento de metas e o cumprimento de expectativas, porém devem permanecer inalterados apenas enquanto condizem com a entrega de valor esperada pelo cliente e quando ainda fazem parte dos objetivos do projeto ou contribuem para o seu atingimento.

Quando um plano deixa de representar os maiores valores de um projeto e/ou do produto esperado por seu cliente, este pode, e em alguns casos deve, ser alterado e não mantido de forma congelada em direção ao fracasso. Manter o rumo em direção ao fracasso só para seguir um plano aprovado anteriormente (mas que não tem mais sentido ou valor para o momento atual do projeto, produto ou estratégia do cliente) é um erro de fato.

Atender a uma mudança e responder a ela no tempo correto, com a velocidade adequada e na direção certa é um benefício para qualquer projeto e pode ser o divisor de águas entre o sucesso e o fracasso de um projeto.

Atenção!

Empurrar todas as mudanças para a próxima iteração argumentando que este é um valor ágil e que nada pode mudar a iteração corrente pode gerar prejuízos enormes em um projeto, assim como aceitar e realizar todas as mudanças no momento em que elas aparecem, sem levar em conta os objetivos da iteração que está em andamento.

A mudança deve ser recebida e tratada imediatamente após a sua identificação, porém tratá-la não significa realizá-la e implementá-la em seu projeto, mas, sim, ter a real noção do seu propósito e do seu impacto no projeto e decidir qual é o melhor momento para aplicá-la.

Um ponto que deve ser observado atentamente quando se fala de mudanças é o alinhamento com o valor de colaboração com o cliente, além da máxima de que responder a mudanças não significa fazer tudo que o cliente quer e aceitar todas as alterações solicitadas.

Os planos neste caso devem ser seguidos no que diz respeito a orçamentos e necessidades do produto a ser desenvolvido. Se o produto ainda tem valor para o cliente, as mudanças propostas não devem afetar o objetivo principal do projeto, permitindo que planos possam ser mantidos com alterações pontuais para atender às mudanças propostas.

No entanto, caso o valor do produto tenha sido alterado drasticamente, o projeto também terá seu objetivo afetado e alterado significativamente, fazendo com que o plano também perca o seu valor e tenha que ser totalmente refeito em alguns casos.

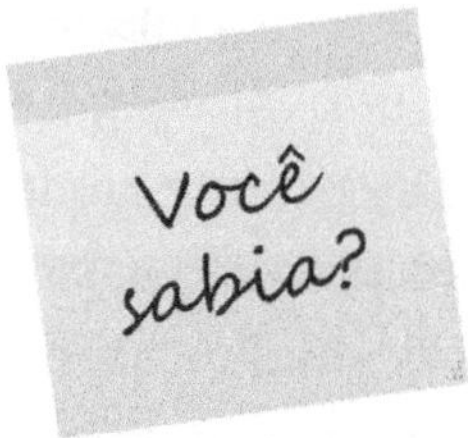

Você sabia que, no ágil, um plano não necessariamente é um documento formalizado? É verdade!

No ágil, um plano pode ser uma cerimônia ou reunião de planejamento onde os envolvidos com o projeto, também conhecidos como Time de Desenvolvimento, combinam o que será realizado no próximo período e trabalham para completar o trabalho planejado focando em um objetivo comum.

Dessa forma, quando uma mudança não afeta o planejamento do Time de Desenvolvimento e permite que este alcance o objetivo proposto no início do período, a mudança pode ser incorporada imediatamente ao projeto e à iteração em andamento.

Já no caso de a mudança alterar o objetivo que havia sido definido para o período, ou comprometer significativamente os trabalhos do time na direção de alcançar o objetivo proposto, é o caso dela ser implementada após o término do planejamento já realizado, ou até a interrupção dos trabalhos planejados para o tratamento da mudança recebida e da realização de um novo planejamento considerando a mudança identificada.

Os 12 princípios do Manifesto Ágil

Por trás do Manifesto Ágil há princípios que originaram os valores que dão sustentação às práticas ágeis de desenvolvimento de software e produtos.

De maneira geral, os princípios são os fundamentos do Manifesto Ágil. Eles foram interpretados por todos os praticantes de abordagens ágeis como pensamentos e ações em comum entre todos os métodos ágeis aplicados até o momento em que o Manifesto foi criado, e que deveriam ser princípios seguidos e defendidos a partir de então por todos.

Esses 12 princípios podem ser resumidos ou agregados nos quatro valores já apresentados anteriormente.

Princípio 1

Nossa maior prioridade é satisfazer o cliente, através da entrega adiantada e contínua de software de valor.

Este princípio deixa claro que satisfazer o cliente é a prioridade mais importante dentre todas as outras, e que a entrega de valor para o cliente deve ser feita de maneira contínua e frequente, além de o mais rapidamente possível dentro da linha de tempo de um projeto.

Isso significa que não se deve demorar muito tempo para entregar um produto, ou parte dele, para o cliente que o espera. Tal entrega adiantada e contínua deve trazer satisfação ao cliente.

A satisfação não se dá somente quando o cliente tem um produto completo, mas quando pode acompanhar a evolução do desenvolvimento de seu produto e ver com os seus próprios olhos que este existe e está sendo construído de verdade.

Outro ponto de satisfação constante é poder experimentar o produto que está sendo desenvolvido junto com o Time de Desenvolvimento e sentir seu funcionamento com as próprias mãos.

Satisfação do cliente não significa fazer tudo que o cliente quer; trata-se de entregar um produto pronto e de valor com uma frequência curta e constante.

Princípio 2

Aceitar mudanças e requisitos, mesmo no fim do desenvolvimento. Processos ágeis se adequam a mudanças, para que o cliente possa tirar vantagens competitivas.

O principal conceito a respeito das mudanças é aceitá-las sempre, independentemente do momento em que elas aparecerem no projeto.

Mudanças no início são sempre mais fáceis de ser tratadas, pois geralmente causam um impacto menor no projeto e no produto em desenvolvimento. Porém, mudanças perto do término do projeto não devem ser encaradas como ameaças ao sucesso do projeto, pelo contrário: podem ser oportunidades de melhorias e de continuidade do projeto.

É possível afirmar que novos requisitos surgem devido a novas necessidades e possíveis melhorias para um produto, e as mudanças podem ser originadas por dois motivos:

1. Erros estruturais ou conceituais que precisam ser corrigidos.
2. Melhorias identificadas.

Bom, em qualquer um dos casos fica evidente que a realização da mudança é benéfica. Independentemente da causa e da origem do erro, este precisa ser corrigido – e se há uma melhoria é interessante que ela seja aplicada.

Este princípio ágil reforça o pensamento de que as mudanças devem ser aceitas nos projetos e tratadas como benefícios para um produto em desenvolvimento.

Aceitar mudanças e requisitos a qualquer momento em um projeto não significa receber cegamente a solicitação de mudança e aplicá-la sem análise de impactos. Aceite a mudança, analise-a e aplique-a no momento adequado e da maneira certa comunicando todos os envolvidos e sendo transparente quanto aos seus impactos.

Princípio 3

Entregar software funcionando com frequência, na escala de semanas até meses, com preferência para os períodos mais curtos.

A única medida de progresso do ágil é um produto, ou parte de um produto, pronto e funcionando. Dessa maneira, quanto menor for o tempo para entregar um produto funcionando, maior será a satisfação do cliente e, em contrapartida, maior será a recompensa do Time de Desenvolvimento, seja com retorno financeiro esperado e orçado pelo próprio projeto, seja com maior confiança e liberdade de criação para o próprio time.

A preferência pelos períodos mais curtos se dá por dois simples motivos.

O primeiro é que quanto menor for o tempo entre uma entrega e outra, maiores são as oportunidades de inspecionar e testar o funcionamento do produto e maiores serão as oportunidades de correção e adaptação de ferramentas, processos e relacionamentos.

O segundo é que quanto mais rápido um cliente recebe seu produto, mesmo que parcialmente, este percebe melhor o andamento e a evolução do projeto em direção ao seu objetivo, contribuindo para um melhor relacionamento e uma melhor colaboração entre Time de Desenvolvimento e cliente.

Não trabalhe períodos longos sem inspecionar ou mostrar o produto que está desenvolvendo para o seu cliente. Quanto mais trabalhar em um produto com erros, maior será o impacto das possíveis correções ou adaptações a serem feitas.

Princípio 4

Pessoas relacionadas a negócios e desenvolvedores devem trabalhar em conjunto e diariamente, durante todo o curso do projeto.

Mais um princípio fundamental e que demonstra a importância do relacionamento e da interação dos indíviduos.

As pessoas relacionadas ao negócio são as que entendem, detalham e especificam como o futuro produto a ser desenvolvido deverá ser, levando em conta características e comportamentos. Os desenvolvedores, por sua vez, são as pessoas que irão construir o produto com base nos entendimentos, detalhamentos e especificações entregues pela pessoa do negócio.

Assim, é fundamental que tanto as pessoas do negócio quanto os desenvolvedores trabalhem juntos todo o tempo do projeto, e não somente em um período inicial ou predeterminado.

Os trabalhos no objetivo do negócio devem acontecer o tempo todo e também obedecer ao princípio de entregar o produto funcionando em uma frequência curta e constante. Uma análise do negócio do produto não deve demorar um longo tempo e ser realizada para todo o produto de uma só vez, mas, sim, também em intervalos menores e cíclicos, e sempre em contato constante com os desenvolvedores.

Não sugira e não deixe que a pessoa do negócio analise um produto na sua totalidade e despenda muito tempo escrevendo documentos formais. Incentive-a a analisar pequenos pedaços do produto que será desenvolvido pelo time em um período próximo e provoque encontros frequentes para que haja mais conversa do que documentações extensas.

Princípio 5

Construir projetos ao redor de indivíduos motivados, dando a eles o ambiente e suporte necessários e confiando que farão o trabalho.

Ambientes motivadores são um dos principais influenciadores positivos no desenvolvimento de produtos. Os indivíduos precisam estar em ambientes onde consigam trabalhar em grupo, formando equipes auto-organizadas para realizar suas próprias atividades de maneira independente e criativa.

O comando e o controle podam o senso criativo das pessoas e provocam bloqueios em desenvolvedores que poderiam ser criativos e proativos na resolução de problemas e na criação de inovação. Permitir que esses desenvolvedores se auto-organizem e controlem seus próprios trabalhos, comprometam-se com entregas e sintam segurança no que é preciso ser feito aumenta e muito o ambiente motivador e o possível sucesso de estimativas e realizações esperadas.

Além de demonstrar confiança no trabalho do Time de Desenvolvimento, é preciso oferecer e prestar todo o suporte necessário para que o time foque na realização dos trabalhos que forem definidos. Impedimentos podem minar as motivações e acabar com previsões alcançáveis.

Incentive a colaboração entre todos, especialmente no que diz respeito ao entendimento de todos os trabalhos que precisam ser realizados para construir um produto. Permita que o próprio time organize e controle seus trabalhos no dia a dia.

Princípio 6

O método mais eficiente e eficaz de transmitir informações para, e por dentro de, um time de desenvolvimento é através da conversa cara a cara.

O sexto princípio traz uma reflexão muito interessante para todos, pois, apesar de o mundo estar repleto de tecnologias, informações por todos os lados em todos os lugares e todos terem acesso a internet, e-mails, redes sociais, bancos de dados, sistemas e ferramentas de apoio, é mais importante uma conversa cara a cara.

Uma boa conversa olho no olho é a melhor forma de comunicação entre as pessoas, por mais que existam sistemas de diversas naturezas. Um diálogo colaborativo é mais direto na elucidação de questões e dúvidas, na resolução de problemas complexos e no entendimento de estratégias e caminhos a serem seguidos por um time que precisa ter a mesma compreensão acerca do que está sendo construído.

Invista mais na conversa cara a cara instituindo cerimônias frequentes para debater assuntos complexos referentes ao produto em construção. Faça com que as pessoas conversem com seus pares e indivíduos próximos e evite enviar um e-mail ou uma mensagem para o seu vizinho de mesa quando você pode ir até lá e falar pessoalmente com ele.

Princípio 7

Software funcional é a medida primária de progresso.

A maneira mais simples, objetiva e eficaz de medir a realização de tarefas e o progresso em direção ao desenvolvimento completo de um produto é através de suas partes prontas e realmente funcionando.

No ágil, mais importante do que medir o quanto já se realizou de uma tarefa, ou o quanto se construiu de um pedaço do produto, é se a tarefa está concluída ou não, se o produto está pronto ou não. A medida de progresso no ágil é como o "sim" e o "não", ou o 0 (zero) e 1 (um) da TI, ou seja, ou está pronto ou não está, e o meio do caminho não importa para uma medição eficiente.

Ainda é comum acompanhar o progresso de uma atividade ou do desenvolvimento de um produto perguntando: "quanto já foi desenvolvido?" e a resposta vem: "75%!" ou "90%!", ou pior: "está praticamente pronto".

Geralmente ao realizar essas medições, um painel de progresso do projeto é atualizado, mostrando um valor como o exemplificado anteriormente, como "75%", sendo que muitas vezes tal valor não é real, pois o que foi levado em consideração? A quantidade de código desenvolvido? A qualidade do trabalho realizado? A dificuldade da construção? Ou o valor esperado pelo cliente?

Por isso, para o ágil, qualquer uma das situações anteriormente ilustradas não seriam calculadas como avanço ou progresso do projeto, e nem mesmo de uma atividade. Tais tarefas estariam simplesmente "sendo realizadas" e "não concluídas".

Para todos os envolvidos com um projeto ágil, uma atividade ou produto em desenvolvimento está em apenas dois estados durante todo o processo:

1. Em andamento ou não concluído.
2. Concluído.

Com esse conceito simples, todos têm sempre a mesma visão da situação de qualquer realização ou desenvolvimento de um projeto, inclusive o cliente, que, ao receber um produto pronto, ou uma parte de um produto funcional e utilizável, se sente mais satisfeito e mais bem atendido.

Em andamento: toda atividade ou desenvolvimento recém-iniciado que em alguma métrica receberia um 5% ou 10% de progresso, ou uma atividade ou desenvolvimento que esteja muito próximo do seu fim, que também poderia receber um progresso de 90% ou 95%. Para o ágil esse trabalho está simplesmente "em andamento" e não necessita de uma ordem de grandeza ou medição específica.

Concluído: a partir do momento em que uma atividade ou desenvolvimento está 100% pronto, ou seja, não há nada mais para ser realizado neste trabalho (incluindo testes e validações necessárias para garantir que o produto esteja funcionando), este recebe a situação de "pronto" ou "concluído".

Como mostrado no exemplo anterior, no ágil qualquer tipo de medição e de relatório ou gráfico que aponte o progresso ou avanço das atividades, do desenvolvimento ou do produto só deve considerar os itens realmente concluídos, evidenciando o progresso real em direção à meta da iteração ou do projeto.

Quanto maior for uma tarefa ou atividade em desenvolvimento, menor será a impressão e visualização de progresso para todos que acompanham o projeto. Por isso, trabalhe com tarefas menores e que possam ser consideradas concluídas dentro de um mesmo dia. É a melhor forma de acompanhar e mostrar o progresso de um projeto.

Princípio 8

Processos ágeis promovem um ambiente sustentável. Os patrocinadores, desenvolvedores e usuários devem ser capazes de manter indefinidamente passos constantes.

Mais importante do que fazer algo previsto e com a qualidade esperada é conseguir repetir esse mesmo trabalho bem feito diversas vezes, em uma frequência constante e predeterminada.

Um ambiente sustentável é aquele em que o próprio time do projeto é capaz de manter seus trabalhos planejados e realizados em um ritmo constante, identificando problemas e corrigindo-os para o ritmo não se alterar e para que as entregas continuem acontecendo com a mesma frequência e qualidade.

Para que isso seja possível é fundamental haver processos bem definidos, entendidos e aplicados por todos que realizam os trabalhos do projeto, permitindo que ao seguir tais processos o time consiga ser capaz de melhorar o seu próprio trabalho e usar rotinas benéficas para a sustentabilidade do ambiente em que trabalham e do projeto que executam.

Quando um ambiente não consegue ser mantido, os processos são alterados a todo momento e as pessoas não trabalham em um ritmo constante de realizações e entregas. É muito difícil ter um progresso eficiente e um cumprimento esperado dos planejamentos realizados.

Dica!

Times ágeis não trabalham descompassadamente, de qualquer maneira e sem processos definidos. Os processos ágeis são marcados por períodos curtos de tempo onde cerimônias recorrentes, com regras e frequências determinadas, são realizadas, permitindo que um time realize um grupo de tarefas do mesmo tamanho repetidas vezes e com um ritmo constante.

Princípio 9

Contínua atenção à excelência técnica e ao bom design aumenta a agilidade.

Todos os princípios são complementares e juntos aumentam muito a qualidade dos trabalhos realizados e o desempenho do desenvolvimento de produtos.

Em nenhum momento se pode desprezar a busca pela excelência técnica. Tendo como ponto de partida a realização de um planejamento correto e de uma adequada projetização da arquitetura do que se pretende desenvolver, é possível entregar produtos sem falhas ou com número de falhas mínimo ou aceitável.

A projetização da arquitetura tem uma participação fundamental na busca pela excelência técnica, pois a arquitetura de um sistema determina como este funcionará em diversos aspectos, incluindo integrações com outros sistemas, linguagens, objetos e *frameworks* a serem utilizados, além de permitir até analisar performance e resultados esperados.

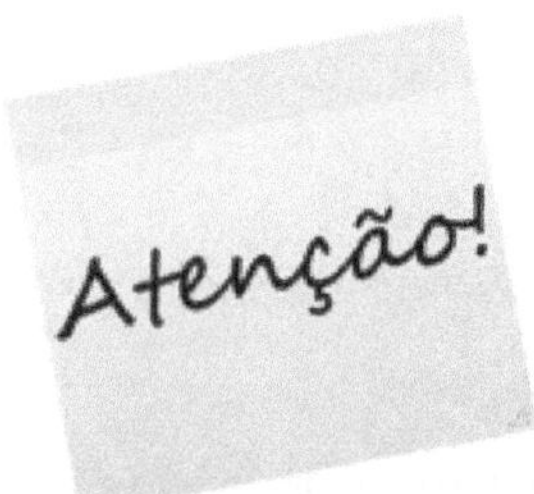

A excelência técnica não está diretamente relacionada com alta tecnologia, inovação extrema ou o uso das melhores soluções, ferramentas, softwares e tecnologias disponíveis no mercado, mas, sim, com projetar algo que atende perfeitamente à necessidade do cliente e de seu produto, que este seja bem feito, implementado e testado, de maneira a atingir uma excelência no que foi realizado.

A excelência técnica e o bom design passam pelo uso correto das melhores práticas disponíveis, incluindo as boas práticas recomendadas para bons códigos, boas rotinas de testes e o ato de seguir os processos definidos para que o desenvolvimento corra conforme o previsto. A excelência técnica está mais próxima do fazer bem feito do que do uso das tecnologias mais avançadas disponíveis no mercado.

Essa busca pela excelência técnica e pelo design[1] correto provoca nos desenvolvedores, e em todo o time envolvido com o projeto, uma maior agilidade, pois quanto mais se busca a qualidade desde o início, mais é possível alcançá-la – e quanto maior for a qualidade desde o início, maior será a velocidade final, demonstrando que o aumento da agilidade parte de fazer bem feito na primeira tentativa.

[1] Design é a ação de projetar uma solução que melhor atenda a uma necessidade, seja de usabilidade, de tecnologia empregada, de operacionalidade, de integração ou de outro requisito ligado ao produto em questão.

Dica!

Ser ágil é parar e planejar corretamente o que se pretende realizar, considerando o design mais indicado para a solução proposta e buscando desenvolver um software com excelência técnica em todas as suas funcionalidades, da menor à maior, da mais fácil até a mais complexa.

Ser ágil é realizar as atividades esperadas em uma única tentativa e evitar ao máximo fazer algo mais ou menos, sem critério de qualidade e depois ter que refazer para melhorar.

Princípio 10

Simplicidade: a arte de maximizar a quantidade de trabalho que não precisou ser feita.

Assim como dito no princípio 9, todos os princípios estão conectados e se complementam. Manter a simplicidade reforça que a excelência técnica não precisa ser o mais complexo, moderno e inovador – pode ser o simples e já utilizado há trinta anos, desde que funcione perfeitamente e atenda às necessidades do negócio.

Manter a simplicidade é um dos maiores incentivadores dos princípios ágeis, no que diz respeito à produtividade e ao atendimento aos valores mais importantes do negócio do cliente. A simplicidade ocorre desde o momento em que se realiza apenas o que é necessário para o produto funcionar, ou exatamente o que o cliente solicitou, até o cuidado em não utilizar algo nunca testado ou muito difícil de utilizar ou sem documentação disponível por ser muito novo ou recém-lançado.

Trata-se de não incluir novas características e comportamentos que possam aumentar a complexidade e gerar erros ou comportamentos não esperados no produto em desenvolvimento; é não utilizar algo extremamente complexo e desconhecido porque traz status ao desenvolvedor que o construiu.

Simplicidade é construir exatamente o necessário, contendo somente as características e comportamentos esperados, e utilizar tecnologias, ferramentas e soluções que todos do time conheçam e dominem, para que todos possam se sentir à vontade em uma futura manutenção do produto entregue.

Dica!

Converse com todos os envolvidos no projeto, revise as necessidades do produto a ser entregue com as pessoas do negócio e atenha-se somente às necessidades reais e existentes. Com as pessoas técnicas, discuta o design e a arquitetura a ser desenvolvida, levando em consideração o que os menos experientes conhecem e dando preferência às tecnologias mais dominadas e consolidadas.

Quando aumentamos a complexidade de qualquer atividade ou produto sem necessidade real, estamos indo na contramão da agilidade.

Princípio 11

Os melhores requisitos, designs e arquiteturas emergem de times auto-organizáveis.

Times criativos conseguem construir produtos melhores a partir da liberdade que possuem para trabalhar.

Quando a organização é realizada por uma pessoa apenas, um gerente ou um coordenador, por exemplo, este é obrigado a exercer o comando e o controle para que o time realize suas atividades. Quanto mais comando e controle são aplicados a um indivíduo ou um time, menos este cria e se desenvolve, pois se acostuma a ficar parado aguardando um comando para executar uma tarefa, e para novamente quando a termina, esperando um controle e um novo comando.

Times auto-organizáveis criam mais, respondem mais rapidamente e são mais produtivos porque não esperam esse comando e não param para esperar um controle e um novo comando; o próprio time se organiza para realizar as suas próprias atividades, tendo autonomia para se autocontrolar e selecionar novas tarefas dentro das suas prioridades e realizações.

Dessa maneira, times que conseguem ter o controle sobre suas próprias atividades do dia a dia e se sentem livres para criar e desenvolver produtos que acreditam ser a melhor solução para seus projetos e clientes têm mais chances de criar melhores arquiteturas, requisitos e designs.

Dica!

Não exerça o comando e o controle nas microatividades de um time, ou seja, permita que ele auto-organize suas tarefas do dia a dia após discutir e planejar as principais realizações do período, possibilitando que defina o melhor caminho para atender às necessidades da próxima entrega.

Este princípio reflete, sem sombra de dúvida, uma característica fundamental da agilidade: a auto-organização do Time de Desenvolvimento do produto. O cliente ou as pessoas do negócio devem orientar o time a seguir as metas definidas e descrever o que precisa ser construído, porém é papel do próprio time definir como o produto será construído, com qual tecnologia e com qual recurso, fazendo com que se auto-organize e tenha melhores rendimentos.

Exemplo

Cliente: ele define que precisa de uma tela de cadastro de clientes com 13 campos, como nome, endereço e dados de contato, sendo que cinco destes campos são obrigatórios, tais como CPF, e-mail e nome. Após o cadastro ser realizado, um e-mail deve ser enviado ao usuário, para que ele confirme o cadastro e passe a utilizar o sistema.

Time: tira suas dúvidas com o cliente, analisa os requisitos recebidos e, a partir desse ponto, somente o time define o que precisa ser feito para completar o trabalho da tela de cadastro de clientes. Além disso, o próprio time determina quem fará o quê e quem será o responsável por qual etapa da tela. No final, o time entrega a tela concluída, com todos os requisitos desejados, sem ter havido a necessidade de um controle sobre as atividades pequenas que o time realizou no dia a dia de trabalho.

Com liberdade e em um ambiente sustentável, o time tem condições de criar as melhores soluções para resolver seus problemas, as necessidades de seu cliente e ainda manter a excelência técnica e um bom design.

Princípio 12

Em intervalos regulares, o time reflete sobre como ficar mais efetivo e então ajusta e otimiza seu comportamento de acordo.

É difícil dizer se há um princípio mais importante do que todos os outros, mas, se isso fosse possível, este com certeza seria um forte candidato.

A oportunidade de melhoria contínua é com certeza uma alta vantagem competitiva de qualquer empresa, equipe ou produto. Um time que consegue refletir sobre como ser mais efetivo em intervalos regulares e constantes e aplicar ajustes para otimizar seu próprio comportamento torna-se com mais facilidade e em um intervalo de tempo menor um time de alto desempenho.

Este princípio permite que todos que aplicam o ágil em seus projetos e ambientes promovam cerimônias de reflexão para que os times observem suas últimas realizações e avaliem o que funcionou e o que não deu certo em seu trabalho, para que no futuro possam ajustar e otimizar seus processos e ficar mais eficientes.

Essa reflexão (e validação) sobre o que foi feito, com o objetivo de fazer melhor no futuro próximo, é uma variação da melhoria contínua, que permite continuar a fazer ainda melhor da próxima vez, e é com certeza uma forte característica ágil.

Para que seja possível aplicar essas reflexões regulares sobre como o time pode ser mais efetivo, é necessário ter processos bem definidos, que quando aplicados promovam ambientes mais sustentáveis, contribuindo para o avanço do time em passos constantes, melhorando também a excelência técnica e aumentando a agilidade, entre outros benefícios.

Sempre que um time desenvolver um produto, ou partes importantes de um produto, provoque reflexões entre os indivíduos do time e incentive que discutam o que ocorreu de bom, de ruim e o que pode ser melhorado para a construção do próximo produto ou parte deste.

2. Questões de Fixação I

1. **De acordo com o Manifesto Ágil, qual seria a melhor sentença que descreve o tratamento em relação às mudanças que um time ágil deve realizar?**
   a) Realizar as mudanças imediatamente quando surgirem no meio do planejamento já realizado e que está sendo executado
   b) Realizar as mudanças sempre após o próximo planejamento, levando em consideração a execução que está por vir
   c) Realizar as mudanças de acordo com o seu aparecimento, sua importância e seu valor para o negócio do projeto, levando em consideração a capacidade do time e as decisões do cliente
   d) Nunca devem ser realizadas mudanças em um projeto que já teve todo o seu entendimento realizado no início

2. **Qual das seguintes afirmações é um dos valores do Manifesto Ágil?**
   a) Indivíduos e interações combinados proporcionalmente com processos e ferramentas
   b) Negociar contratos mais do que colaborar com o cliente
   c) Software funcionando mais que processos e ferramentas abrangentes
   d) Responder a mudanças mais que seguir um plano

3. **O Time de Desenvolvimento solicitou ao seu gerente que não mais determinasse quem faria cada uma das atividades, e como deveriam ser feitas, pedindo autonomia para organizar suas**

próprias tarefas e controlar o seu próprio progresso. Que princípio o Time está buscando aplicar?

a) Contínua atenção à excelência técnica e ao bom design aumenta a agilidade

b) Software funcional é a medida primária de progresso

c) Os melhores requisitos, designs e arquiteturas emergem de times auto-organizáveis

d) Construir projetos ao redor de indivíduos motivados, dando a eles o ambiente e o suporte necessários, e confiando que farão seu trabalho

4. Qual das seguintes afirmações não corresponde a nenhum dos 12 princípios do Manifesto Ágil?

a) Entregar software funcionando com frequência, na escala de semanas até meses, com preferência para períodos mais curtos

b) Pessoas relacionadas a negócios e desenvolvedores devem trabalhar em conjunto diariamente, durante todo o curso do projeto

c) Nossa maior prioridade é satisfazer o cliente através da entrega adiantada e contínua de software de valor

d) Simplicidade: a arte de maximizar a quantidade de trabalho que precisou ser feita

5. Qual sentença melhor descreve a excelência técnica que pode aumentar a agilidade?

a) Fazer tudo com a maior perfeição possível, buscando construir produtos excelentes e só concluir quando a perfeição for alcançada

b) Utilizar as melhores e mais caras tecnologias para que a solução construída seja a mais próxima da perfeição possível

c) O design perfeito e a máxima excelência técnica são alcançados quando o time aumenta a própria agilidade

d) A excelência técnica passa pelo uso correto das melhores práticas disponíveis e está mais próxima do fazer bem feito

Confira as respostas no Anexo deste livro.

PARTE II. O *FRAMEWORK* SCRUM

3. Scrum na Teoria

O Scrum é um *framework* para desenvolver e manter produtos complexos que também pode ser utilizado no gerenciamento ágil de projetos que se destinam também à criação de produtos. O Scrum, apesar de muito difundido e utilizado na área de desenvolvimento de software, pode muito bem ser utilizado no desenvolvimento de qualquer produto complexo, principalmente pela sua característica de ser um *framework* iterativo e incremental.

Nas últimas décadas o Scrum vem sendo extensivamente utilizado no mundo inteiro para:

- Pesquisar e identificar mercados viáveis, tecnologias e funcionalidades de produtos.
- Desenvolver produtos e suas melhorias e evoluções constantes.
- Liberar produtos e suas melhorias com alta frequência, podendo chegar a várias liberações diárias.
- Desenvolver e sustentar a Nuvem, além de outros ambientes operacionais para o uso de produtos.
- Sustentar e renovar produtos.

O que reforça a flexibilidade e a possibilidade de uso do Scrum são os inúmeros casos de uso do *framework* para desenvolver software, hardware, software embarcado, redes de funções iterativas, veículos autônomos, escolas, governo, marketing, gerenciar operações e quase tudo que usamos no dia a dia nas nossas empresas e nas nossas vidas.

O Scrum é muito efetivo na transferência de conhecimento de forma iterativa e incremental, por isso está cada vez mais sendo utilizado para produtos, serviços e no gerenciamento da própria empresa.

A ideia principal do Scrum é que um pequeno time de pessoas pode tratar e resolver problemas complexos e adaptativos enquanto entrega produtos de forma criativa. O Scrum é fundamentado no controle de processos empíricos[1], mantendo o foco na entrega de valor de um negócio no menor tempo possível através do aperfeiçoamento da previsibilidade e do controle de riscos.

Uma das características mais conhecidas do Scrum é a que mostra que os trabalhos de desenvolvimento são divididos em ciclos repetitivos (iterações) e curtos (períodos de até 1 mês), permitindo que o produto possa ser modificado e adaptado corrigindo desvios encontrados (incrementos) mais rapidamente e com menor impacto.

Scrum não é uma sigla, e sim o nome de uma das jogadas mais conhecidas do rúgbi. Os jogadores disputam a reposição de bola, onde é necessária a participação de todos os jogadores do time no mesmo objetivo, sendo que se um deles falhar todos falham. Esse trabalho em equipe é bem caracterizado no *framework* do Scrum, e por isso o seu nome foi originado desta palavra.

Introdução

De acordo com o Guia do Scrum, de Ken Schwaber (2017), o Scrum vem sendo utilizado para gerenciar o trabalho em produtos complexos desde o início dos anos 90.

O Scrum não é um processo, técnica ou método definitivo, e sim um *framework* dentro do qual podem ser empregados diversos processos ou técnicas, sendo complementado com ferramentas e abordagens para melhor atender às necessidades de produtos, times, ambientes e empresas. Seu papel é fazer transparecer a eficácia relativa das suas práticas de desenvolvimento para que seja possível melhorá-las, enquanto provê um arcabouço dentro do qual possam ser desenvolvidos produtos.

De maneira simplista, o Scrum é leve em conteúdo, com regras, cerimônias, papéis e responsabilidades simples de entender e extremamente difícil de dominar e aplicar na totalidade.

[1] Processos empíricos se dão a partir da experiência e da tomada de decisões baseadas no que é conhecido.

Uma de suas características é deixar clara a eficácia relativa das práticas de gerenciamento e desenvolvimento de produtos, de modo que seja possível melhorá-las ao longo do uso e do tempo.

Scrummage

Scrum é um termo reduzido para a palavra *Scrummage*, que tem origem no rúgbi (*rugby*, em inglês) e dá nome à jogada de reinício do jogo, tendo como objetivo recolocar a bola em disputa.

A origem do nome partiu dos idealizadores do *framework* Scrum e autores do Guia do Scrum, Jeff Sutherland e Ken Schwaber, com base na analogia apresentada no *paper* publicado por Nonaka e Takeuchi em 1986. Nessa publicação eles apresentaram um estudo que compara as equipes multifuncionais e de alto desempenho com a formação Scrum do rúgbi.

A analogia gira em torno da auto-organização, da velocidade e do senso de urgência que os times de rúgbi aplicam ao reiniciar o jogo.

De maneira geral, o objetivo do Scrum, também conhecido como "formação ordenada", é recolocar a bola em jogo, sendo que para isso os jogadores da linha de frente, chamados de *forwards*, se enfrentam empurrando os adversários para frente até que a bola esteja visível pelo único jogador que está de pé atrás destes, conhecido como *scrum-half*, que poderá então pegar a bola.

A formação Scrum é ilustrada a seguir. O *scrum-half* é o único de pé na figura.

Scrum © patrimonio designs - Fotolia.com

Quando o *scrum-half* pega a bola, ele a recoloca em jogo, devendo perceber quase que instantaneamente a posição dos demais jogadores de linha do seu time e arremessar a bola com a maior precisão possível para que o jogador na posição mais livre e adequada a receba.

Todo esse movimento deve ser feito com o foco e pensamento na estratégia do time adversário, buscando realizar uma jogada que permita que os jogadores de linha consigam se organizar e fazer um ponto chamado *try*, obtido quando o time coloca a bola no chão na área adversária.

Essa rápida auto-organização do time para buscar o *try* foi a analogia criada por Nonaka e Takeuchi para a auto-organização que os times de projetos precisam obter para se tornarem uma equipe de alto desempenho.

Outra característica fundamental de um time de rúgbi que é transportada para um time Scrum é a união dos integrantes do time em um único objetivo.

Em um time de rúgbi quando um jogador *forward* da formação Scrum não está focado, faz corpo mole ou perde sua força ou posição durante a jogada de recolocação da bola em jogo, todo o time é prejudicado, sendo empurrado e perdendo a bola para o time adversário.

Essa mesma analogia pode ser feita para um time de projeto – quando um integrante está fora de sintonia com os demais, prejudica o conjunto e afeta todo o resultado da equipe, e não só o seu próprio resultado individual.

Framework

Existem dois tipos de *frameworks*:

- ***Frameworks* verticais**, também conhecidos como especialistas, são confeccionados através da experiência obtida em um determinado contexto específico, tentando resolver problemas de um certo domínio de aplicação.
- ***Frameworks* horizontais** podem tentar resolver problemas de qualquer domínio de aplicação, não se limitando a apenas um específico.

Teoria

O Scrum controla processos empíricos empregando uma abordagem iterativa e incremental para otimizar a previsibilidade e o controle de riscos. Para a implementação de qualquer controle de processos empíricos são necessários os seguintes três pilares de sustentação:

Transparência

Garante que os aspectos do processo que afetam o resultado devem ser visíveis e conhecidos aos que controlam o resultado, ou seja, quando alguém inspeciona o resultado e dá como pronto, isso deve ser equivalente à definição de pronto utilizada por quem o construiu, reforçando com isso a necessidade de um padrão comum compartilhado por todos os observadores.

Inspeção

Os processos devem ser totalmente inspecionados com uma frequência suficiente para que as variações possam ser detectadas, considerando que o processo pode ser modificado pelo próprio ato de inspecionar.

Um ponto importante que deve ser mencionado é que a inspeção não deve ser tão frequente a ponto de atrapalhar a própria execução. Ela pode ser mais benéfica se aplicada por inspetores especializados.

Adaptação

Se durante a inspeção for determinada uma variação fora dos limites aceitáveis em um ou mais aspectos do processo, e que o produto resultante será inaceitável, o processo ou material produzido deverá ser ajustado o mais rápido possível para que os desvios futuros sejam minimizados.

A primeira sugestão é que qualquer ajuste necessário seja realizado o mais breve possível para minimizar o impacto dos desvios. Para contribuir com as ações de inspeção e adaptação, o Scrum possui quatro eventos formais, que serão descritos ao longo deste livro:

- Planejamento da *Sprint*.
- Reunião diária.
- Revisão da *Sprint*.
- Retrospectiva da *Sprint*.

Valores do Scrum

Sempre que falamos na prática sobre a aplicação do Scrum e sobre como exercitar os pilares de transparência, inspeção e adaptação, defendemos e promovemos atitudes e comportamentos que não só trazem eficiência e agilidade como também desenvolvimento dos times, colaboração e melhores resultados.

Diversos profissionais especialistas defendem que a Agilidade é muito mais ligada a comportamento e pessoas do que a processos e ferramentas, e que por isso as mudanças de *mindset* são mais importantes para a implantação e manutenção de ambientes ágeis do que a adoção simples de práticas, técnicas e ferramentas tidas como ágeis.

Diante disso, o Scrum reforça esse entendimento através dos seguintes cinco valores do Scrum, que geralmente são conhecidos e praticados por muitos times de alta performance mesmo sem utilizar Scrum ou explicitar a origem desses valores:

- **Coragem:** o Time Scrum precisa ter coragem para fazer a coisa certa e trabalhar em problemas difíceis. Um time ágil precisa ser corajoso para praticar a transparência ao falar e tratar de problemas difíceis, assim como traçar estratégias e resolver todos os seus maiores problemas.

- **Foco:** todos focam no trabalho da *Sprint* e nos objetivos do Time Scrum. Todos os integrantes de um time ágil precisam focar mais nos trabalhos do time do que em trabalhos individuais e não devem perder o foco em trabalhos que não vão em direção ao objetivo da *Sprint* do time.
- **Comprometimento:** as pessoas se comprometem pessoalmente em alcançar os objetivos do Time Scrum. Para um time atingir seu objetivo coletivo, é preciso que cada um dentro do time se comprometa individualmente o máximo possível na direção do objetivo coletivo.
- **Respeito:** os membros do Time Scrum respeitam uns aos outros para serem pessoas capazes e independentes. Integrantes de um time ágil respeitam uns aos outros praticando escuta ativa, empatia e contribuindo para o aperfeiçoamento e o aprendizado de todos.
- **Abertura:** o Time Scrum e seus *stakeholders* concordam em estar abertos a todo o trabalho e aos desafios com a execução dos trabalhos. As mudanças acontecem o tempo todo, e um time ágil precisa estar aberto para tratar essas mudanças assim que aparecerem, de maneira a serem flexíveis e adaptativos.

Quanto mais as pessoas se tornam mais proficientes na vivência desses cinco valores, maior é o sucesso do uso do Scrum.

Papéis e responsabilidades

Os times de Scrum são pequenos e realizam eventos com uma duração fixa (ciclos iterativos) com o objetivo de construir produtos e entregar valor para seus clientes.

Cada um desses componentes do *framework* Scrum serve a um propósito específico e é essencial para o uso correto e o sucesso da aplicação do Scrum.

O Time Scrum é composto por três papéis: *Scrum Master*, *Product Owner* e o Time de Desenvolvimento.

Scrum Master

É o responsável por garantir que o Scrum seja entendido e aplicado, para que o Time Scrum esteja aderindo aos valores do Scrum, às práticas e às regras, ajudando o Time e a organização a adotarem o Scrum. Também educa o Time Scrum, treinando-o e levando-o a ser mais produtivo, e a desenvolver produtos de maior qualidade. É conhecido entre os praticantes do ágil como um tipo de servo líder do Time Scrum.

O *Scrum Master* também é responsável por promover e suportar o Scrum, ajudando o Time de Desenvolvimento a entender e usar a auto-organização e a interdisciplinaridade. O *Scrum Master* não deve gerenciar o Time de Desenvolvimento.

Em resumo, o *Scrum Master* deve treinar o Time de Desenvolvimento em ambientes onde o Scrum não é totalmente adotado ou compreendido, garantindo que todos sigam o fluxo Scrum, facilitando os eventos Scrum conforme necessário e removendo todos e quaisquer impedimentos que possam interferir no objetivo do Time de Desenvolvimento e em seu progresso.

O *Scrum Master* é o técnico do Time, ou, como os americanizados gostam de dizer, um *coach*, ensinando e liderando o Time de Desenvolvimento na criação de produtos de alto valor.

Seu principal papel é orientar o Time na realização de seus trabalhos, mas não gerenciando o Time ou executando alguma tarefa que seja de responsabilidade do Time; apenas guiando e dando uma direção mais assertiva.

Ainda fazendo a analogia com o técnico, podemos compará-lo ao técnico de futebol e seu time de jogadores. Antes do jogo, o técnico reforça as posições dos jogadores e repassa as técnicas, as regras e como a estratégia para vencer o jogo deve ser realizada. Porém, quando o jogo começa, o Time é responsável por se auto-organizar e colocar as técnicas, regras e estratégias em prática.

Após o jogo começar e o Time estar jogando com suas próprias pernas, adaptando-se ao adversário e se auto-organizando para vencer a partida, o técnico interfere de fora, dando orientações, tentando corrigir posições e marcações e lembrando de estratégias e técnicas treinadas. O Scrum funciona exatamente da mesma forma.

Durante as *Sprints* e conforme ocorrerem todas as suas cerimônias e regras, o Time está sozinho, se auto-organizando, se automonitorando e executando as suas tarefas diariamente.

Não há um gerente ou um coordenador para controlá-los dentro de campo, mas há um *coach*, ou técnico, chamado *Scrum Master*, que pode gritar de fora do campo e alertar sobre regras não cumpridas, etapas não realizadas e a fuga do Time das técnicas ágeis do Scrum.

O *Scrum Master* deve ser o responsável indireto pelo Time, no sentido de acompanhá-lo em todo o processo Scrum, orientando-o a realizar todas as cerimônias, nos intervalos corretos, com os *time-boxes* definidos, e guiá-lo rumo às metas de cada *Sprint* – e, principalmente, em direção aos ganhos proporcionados pelas técnicas ágeis.

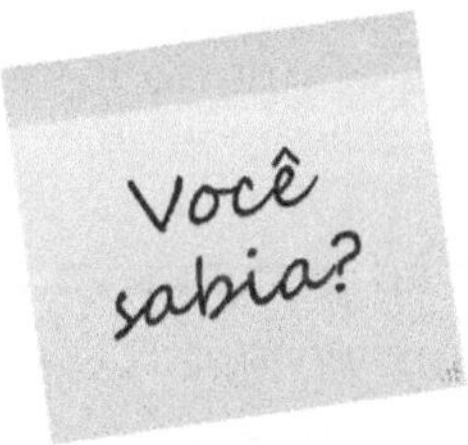

Você sabia que o *Scrum Master* pode trabalhar servindo o *Product Owner* (PO) e facilitar o seu trabalho?

O *Scrum Master* pode:

- Contribuir para que os objetivos, o escopo e o domínio do produto sejam entendidos por todos.
- Encontrar técnicas para um melhor gerenciamento do *backlog* do produto.
- Intermediar uma comunicação entre Time de Desenvolvimento e PO, contribuindo para um claro entendimento da visão, do objetivo e dos itens do *backlog*.
- Ensinar o Time de Desenvolvimento a criar itens de *backlog* de forma clara e concisa.
- Compreender e praticar a agilidade.

Você sabia que o *Scrum Master* pode trabalhar servindo a organização de várias maneiras?

O *Scrum Master* pode:

- Liderar e treinar a organização na adoção do Scrum.
- Planejar implementações de Scrum dentro da organização.
- Ajudar todos os colaboradores a compreender e aplicar o Scrum.
- Provocar mudanças que aumentem a produtividade.
- Trabalhar com outros *Scrum Masters* para aumentar a eficácia da aplicação do Scrum.

Assim, é possível dizer que o *Scrum Master* é o papel mais importante do Scrum.

A responsabilidade pelo sucesso na aplicação do Scrum não é exclusiva do *Scrum Master.* Contudo, um Time de Desenvolvimento e um *Product Owner* (PO) inexperientes, aliados a um *Scrum Master* inexperiente, é fracasso certo – ou no mínimo as chances de não ter sucesso são enormes.

Já com um Time e um PO inexperientes sendo guiados por um *Scrum Master* experiente, com boa bagagem prática em projetos ágeis e com vivência real em projetos utilizando o Scrum, as chances de atingir o sucesso se tornam bem maiores.

O segundo cenário mencionado permite também que o Time vá evoluindo e aprendendo consigo mesmo, tornando-se forte e preparado para aplicar de forma sustentável o Scrum e suas técnicas.

Atenção!

O *Scrum Master* pode ser um membro do Time de Desenvolvimento, porém isso frequentemente leva a conflitos quando o *Scrum Master* precisa escolher entre remover um impedimento e realizar uma tarefa.

O *Scrum Master* nunca deve ser o *Product Owner*, pois os conflitos serão ainda maiores.

Dica!

Se você está começando com Scrum agora na sua empresa e não pode ter todo um Time Scrum experiente e sênior, tente ter pelo menos um *Scrum Master* experiente. Isso facilitará e encurtará o caminho do Time no uso correto do Scrum e na obtenção das vantagens que o uso do ágil pode trazer para os projetos e a empresa.

Product Owner (PO)

O *Product Owner*, ou PO, é o principal responsável pelo gerenciamento do *backlog* do produto e por garantir o valor do trabalho realizado pelo Time. Além de manter o *backlog* do produto, garante que este esteja visível a todos.

Cada produto, ou parte de um produto para os casos de produtos grandes ou muito complexos, deve ter apenas um *Product Owner*, e este deverá ser o responsável por priorizar os itens do *backlog* e defendê-los das influências de fatores externos.

O *Product Owner* é o dono do produto, ou seja, o responsável por entender o negócio do produto e entregar valor ao cliente, além de garantir que o Time compreenda o produto e entregue os itens priorizados agregando valor ao produto e ao cliente. O PO é também o responsável por:

- Maximizar o valor do produto e do trabalho do Time de Desenvolvimento, gerenciando o *backlog* do produto.
- Expressar claramente os itens do *backlog* do produto.

- Ordenar os itens do *backlog* do produto seguindo uma importância para alcançar as metas esperadas pelo cliente.
- Garantir o valor do trabalho realizado pelo Time de Desenvolvimento.
- Garantir que todo o *backlog* do produto seja visível, transparente e claro para todos os interessados, mostrando o que o Time Scrum deve buscar.
- Garantir que o Time de Desenvolvimento entenda os itens do *backlog* do produto para que este seja corretamente construído.

O PO pode até delegar essas ações para o Time de Desenvolvimento, mas continua sendo o responsável por elas.

Para que possa realmente ser o responsável pelo *backlog* do produto, o PO deve representar o cliente nas decisões referentes ao negócio e que possam influenciar o desenvolvimento do produto, tais como definições, entendimentos, priorizações, trocas e retiradas.

O *Product Owner* deve ser uma pessoa e não um comitê decisório. Ele pode, em certos casos, representar um comitê de gerenciamento do *backlog* do produto, mas o único que irá responder efetivamente pelo *backlog* do produto e pelo seu valor final é o PO. Sendo assim, apenas ele pode determinar alterações e mudanças de prioridade no *backlog*.

Perceba que nenhuma outra pessoa além do *Product Owner* tem permissão para falar com o Time de Desenvolvimento sobre mudanças de prioridades, nem mesmo o próprio Time de Desenvolvimento, e este também não tem permissão para agir sob a orientação de outras pessoas.

O PO também é o papel mais importante para o entendimento das expectativas do cliente, especialmente o que deve ser entregue como produto final. Dessa forma, o papel do *Product Owner* é fundamental para que o Time entenda, compreenda e construa um produto que entregue o valor real que o cliente espera e que atenda às suas necessidades de negócio.

Essa importância é reforçada se observarmos que um excelente Time de Desenvolvimento, experiente, capacitado tecnicamente e de alto desempenho, poderá facilmente desenhar e desenvolver um produto totalmente inútil e sem valor se for orientado para isso ou caso entenda erroneamente o que deve ser feito e entregue ao cliente.

A qualidade técnica ou funcionamento perfeito de um sistema ou produto de qualquer natureza é de responsabilidade do Time de Desenvolvimento, mas se este desenvolveu um sistema tecnicamente perfeito, que até utiliza recursos avançados e modernos, mas não atende às necessidades de negócio do cliente, a responsabilidade é do PO.

Ironicamente, um produto "perfeito" que não atende às necessidades do cliente não é perfeito, muito pelo contrário. O PO, como representante do cliente, deve fazer com que o Time trabalhe no valor principal que o cliente espera e no atendimento exclusivo do negócio do cliente – apenas dessa maneira o Time poderá entregar um produto perfeito e adequado.

Resumindo: o PO é o responsável pela satisfação e pelo atendimento das necessidades do cliente, podendo ser interpretado como o papel mais importante nas definições do produto e no atendimento das expectativas do cliente.

Atenção!

O *Product Owner* pode ser um analista de negócios, ou um gerente do produto, ou um usuário final diretamente do cliente, ou um membro do Time, porém esta última função poderá reduzir a sua capacidade de lidar com as partes interessadas, gerando conflitos de papéis em momentos de decisão, priorização e definição de valor a ser entregue. O *Product Owner* nunca deve ser o *Scrum Master*, pois os conflitos e problemas serão ainda maiores.

Dica!

Um PO precisa ter habilidades de relacionamento, influência e decisão, pois o seu trabalho será muito intenso na relação entre o cliente e o Time de Desenvolvimento. Ele será o principal responsável pela resolução de conflitos de seleção, priorização e trocas de itens de *backlog* (esses conceitos serão apresentados mais adiante).

Time de Desenvolvimento

É responsável por executar o desenvolvimento e transformar o *backlog* do produto em incrementos de funcionalidades, criando um sistema pronto que possa ser entregue ao cliente.

As equipes que utilizam o Scrum gostam de intitular esse trabalho de "mão na massa", porque é efetivamente composto pelas tarefas de construção do sistema e envolve todos os trabalhos técnicos de desenvolvimento.

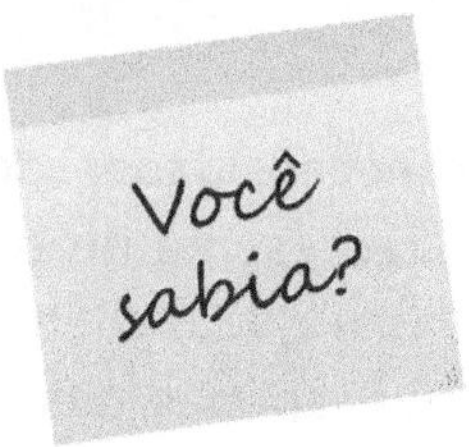

Você sabia que apenas o Time de Desenvolvimento cria incrementos para o produto?

O Time deve ser multidisciplinar e multifuncional, possuindo todo o conhecimento necessário para criar um incremento no trabalho. Seus membros podem possuir conhecimentos especializados, como controle de qualidade, programação, arquitetura, análise, banco de dados ou outros, mas o mais importante é a habilidade de pegar um requisito e transformá-lo em um produto utilizável.

Concluindo essa ideia, não há títulos no Time, e não há exceção a esta regra. Não deve existir distinção de cargos ou funções, títulos ou senioridades, e muito menos áreas determinadas ou específicas de atuação. No Scrum todos os integrantes do Time são conhecidos como "desenvolvedores".

Individualmente os integrantes do Time de Desenvolvimento podem ter habilidades específicas, mas, independentemente disso, a responsabilidade a respeito de uma entrega continua sendo do Time de Desenvolvimento como um todo.

O Time também não deve ser subdividido em subtimes para atividades específicas. Como já foi dito, seus membros devem ser auto-organizáveis, ou seja, ninguém, nem mesmo o *Scrum Master*, deve dizer ao Time como transformar o *backlog* do produto em funcionalidades prontas para entrega. O Time precisa descobrir isso por si só.

Por isso o Time é o único responsável por determinar como transformará o *backlog* do produto em um sistema pronto, decidindo sobre tecnologias, designers, melhores implementações, arquiteturas de softwares, necessidades de especificações, melhores padrões de códigos e outras definições técnicas para que o produto possa ser construído com a máxima qualidade e o máximo potencial de entrega possível, ou seja, mesmo que não seja formalmente entregue para o cliente ao final da construção do incremento, este deve estar pronto para ser entregue a qualquer momento, especialmente se solicitado pelo cliente.

O Time de Desenvolvimento é o papel mais importante para a qualidade técnica e funcional do sistema ou produto que está sendo construído e entregue ao cliente. Se a orientação foi construir uma tela de cadastro de informações com os campos código e nome e ao final mostrar uma mensagem de sucesso, o Time de Desenvolvimento deverá garantir o sucesso dessa pequena/parcial entrega.

Segundo o Guia do Scrum, o tamanho ideal do Time de Desenvolvimento é pequeno o suficiente para se manter ágil e grande o bastante para completar uma parcela significativa do trabalho sem ultrapassar os limites da *Sprint*.

Uma sugestão que funciona muito bem é que o Time de Desenvolvimento varie de três a nove integrantes.

Esse tamanho se dá porque geralmente menos que três pessoas pode gerar pouca interação, relacionamentos e comunicações, acabando por provocar menor produtividade. Por outro lado, mais do que nove pessoas pode gerar falta de conhecimento ou limitações de entendimento devido à alta complexidade das comunicações e relacionamentos entre as várias pessoas, podendo causar problemas nas entregas, além de ser necessária maior coordenação e até gestão dos integrantes.

O *Scrum Master* e o *Product Owner* não estão incluídos no tamanho do Time de Desenvolvimento, a menos que eles também executem o trabalho de desenvolvimento do *backlog* da *Sprint*. Esses dois papéis devem ser fixados no início dos trabalhos do time e continuar nas suas funções até o final. Já os integrantes do Time de Desenvolvimento devem ser mantidos o máximo de tempo possível juntos, pois isso proporciona maiores ganhos de conhecimento e produtividade. Então, quanto mais tempo o tamanho do time se mantiver conservado, maiores serão os ganhos do próprio time e de seu produto.

A permanência do tamanho e da composição do Time proporciona uma velocidade constante de entregas, além de permitir um aproveitamento melhor das oportunidades de melhoria e frequente aprendizado do Time com ele mesmo.

A composição do Time pode mudar a cada *Sprint*, porém, após cada mudança, a produtividade adquirida através da auto-organização é reduzida. Portanto, deve-se tomar cuidado ao mudar a composição do Time. Considere dar um tempo para a adequação e estabilidade.

O Time ou Time de Desenvolvimento é composto apenas pelos desenvolvedores. Porém, quando for mencionado **Time Scrum**, devem ser considerados todos os papéis e suas responsabilidades, ou seja, o *Scrum Master*, o *Product Owner* e o próprio Time de Desenvolvimento.

Multidisciplinaridade e interdisciplinaridade

A multidisciplinaridade consiste em um conjunto de disciplinas estudadas de maneira não relacionada e não dependente entre si. É o conhecimento sólido de vários assuntos que não precisam se relacionar entre si.

Já a interdiciplinaridade é justamente um conjunto de disciplinas estudadas de maneira correlata, buscando criar, ou manter em evidência, um vínculo entre os assuntos.

Um terceiro termo denominado **multifuncional** pode surgir para descrever também esta habilidade do time.

Na prática, todos estes termos são mencionados como a característica de poder realizar várias funções diferentes, ou de conhecer várias disciplinas, podendo aplicá-las na resolução de problemas ou no desenvolvimento de produtos.

Trata-se do poder de realizar mais de uma função – por exemplo, administrar um banco de dados, planejar a arquitetura de um sistema, programar códigos em Java, realizar uma análise de negócio ou um levantamento de requisitos, testar um sistema e gerenciar tarefas.

Para o Scrum, o Time de Desenvolvimento deve ser composto por profissionais que consigam realizar atividades de implementação de código, prototipação de telas, ou design de interfaces, banco de dados, arquiteturas, imagens, integrações entre sistemas, entre outras habilidades que possam ser necessárias para a execução dos trabalhos e a entrega do projeto.

Quando o Scrum determina que o Time deve ser multidisciplinar, ou multifuncional, a regra é simples: o Time deve ser, e não os indivíduos. Muitos contestam essa regra porque entendem (ou são ensinados) que os indivíduos devem ser todos multidisciplinares dentro do Time, ou seja, todos devem saber e poder fazer tudo.

O correto entendimento dessa regra é que o **Time** deve ser multidisciplinar, ou seja, dentro do Time deve-se ter vários indivíduos, cada um com a sua especialidade individual, e juntos formarem uma equipe multifuncional, e que o Time como um todo possa realizar todas as tarefas e atividades do projeto.

O grande desafio proposto pelo Scrum é formar um Time multidisciplinar, com vários profissionais especialistas em cada necessidade do projeto, e que todos se ajudem mutuamente para completar os trabalhos. Aqui está o grande segredo, e também o que normalmente gera a confusão. O Scrum provoca o Time a desenvolver essa multidisciplinaridade, expandindo e espalhando os conhecimentos a respeito das disciplinas envolvidas e disseminando entre o Time as capacitações adquiridas.

No entanto, não podemos confundir isso com "todos devem saber tudo e fazer tudo". Isso sim é um mito. O que a multidisciplinaridade tenta provocar no Scrum é que os indivíduos aprendam uns com os outros e com isso sejam capazes de ajudar o Time e realizar tarefas que antes não conseguia.

Exemplo

Temos em um Time um DBA Oracle, um programador sênior Java e um *tester*. Cada um tem as suas tarefas direcionadas de acordo com o seu perfil. Porém, digamos que o programador finalizou todas as suas tarefas e o DBA também, fazendo com que o *tester* acumulasse tarefas e surgisse um gargalo na finalização da história. Para evitar isso, e contribuir para completar a história de uma *Sprint*, tanto o programador quanto o DBA podem aprender com o *tester* e ajudá-lo a completar as suas tarefas, fazendo com que as tarefas sejam de todos. Lembrando que isso não significa que o programador e o DBA se tornaram, ou deviam se tornar, especialistas em testes. Na verdade, as tarefas mais complexas ou que precisam do especialista serão realizadas pelo *tester*, e as mais simples pelos outros dois.

Time Scrum

O Time Scrum é a união de todos os papéis do Scrum delimitando-se aos três papéis e às suas responsabilidades conhecidas.

O *Product Owner* define o que é preciso ser construído e a ordem de construção. O Time entra no processo entendendo as necessidades trazidas pelo *Product Owner* e definindo como realizará os trabalhos necessários para atingir a meta do projeto, além de também ser o responsável por determinar a sua própria capacidade e velocidade de trabalho.

Por fim, o *Scrum Master* assume a responsabilidade de garantir que o Time siga as regras do Scrum durante os trabalhos de desenvolvimento, além de ser a pessoa mais indicada para remover obstáculos, orientar a resolução de problemas que atrapalhem a evolução dos trabalhos do Time e fazer com que o trabalho flua sem interrupções e com a produtividade mais alta possível dentro dos padrões estabelecidos pelo próprio Time.

O Time Scrum também é auto-organizado e multifuncional, escolhendo qual é a sua melhor forma de trabalhar e sendo capaz de completar todo o trabalho sem depender de outros que não façam parte do Time Scrum.

Gerentes e o Scrum

As funções gerenciais não são prescritas como papéis e responsabilidades contidos no *framework* Scrum. Tanto os gerentes de projetos como os gerentes funcionais não devem interferir nos trabalhos do Time Scrum.

Uma organização pode conter gerentes em sua estrutura funcional, porém um Time Scrum deve se auto-organizar para trabalhar de forma independente e ser capaz de entregar valor ao seu cliente sem a interferência de gestores externos.

Dentro desse contexto, os únicos papéis reconhecidos pelo *framework* Scrum e que devem compor uma equipe de desenvolvimento de produtos são o próprio *Scrum Master*, o *Product Owner* e o Time, sendo que qualquer outro papel incorporado pode descaracterizar o Scrum como prática válida.

Em um projeto ágil, o Time Scrum absorve as atividades que um gerente de projetos faria em um projeto tradicional.

Em um resumo bem breve, é possível considerar que os trabalhos de liderança, especialmente aqueles relativos a facilitação, servo líder, *coach* e remoção de impedimentos, são realizados pelo *Scrum Master*. As atividades de gerenciamento de escopo, tempo e qualidade são realizadas inicialmente pelo *Product Owner*, com colaboração do Time de Desenvolvimento. Por fim, o Time de Desenvolvimento realiza a execução do projeto, as tarefas de monitoramento, qualidade e de microgerenciamento de suas próprias atividades diárias.

Outros papéis

Como dito anteriormente, os três papéis reconhecidos pelo Scrum são o *Scrum Master*, o *Product Owner* e o Time de Desenvolvimento, porém diversos outros papéis podem contribuir para um melhor redimento do Time de

Desenvolvimento e um maior aproveitamento de habilidades e competências técnicas.

Papéis como arquitetos de softwares, especialistas em linguagens de programação específicas, administradores de banco de dados, especialistas em infraestruturas, testes, analistas de qualidade, entre outros, podem ser benéficos ao Time de Desenvolvimento, fazendo parte dele e oferecendo suas habilidades e competências técnicas para situações em que tais habilidades sejam requeridas.

O fundamental é que todos os papéis específicos se tornem integrantes do Time de Desenvolvimento e passem a trabalhar e a respeitar as regras do Scrum.

Sendo assim, o Time de Desenvolvimento se torna um contêiner de diversos papéis e responsabilidades ligados ao desenvolvimento de produtos e com focos técnicos específicos e multifuncionais que contribuirão para que o Time de Desenvolvimento seja capaz de realizar todos os trabalhos necessários para atingir o objetivo do projeto e entregar o valor esperado pelo cliente.

Programadores são os integrantes mais comuns de um Time de Desenvolvimento, porém se o desenvolvimento de um sistema específico necessitar de um especialista em banco de dados Oracle, o Time precisa conter pelo menos uma pessoa com essas características. Isso reforça inclusive a característica de time multifuncional.

Artefatos

O Time Scrum usa como apoio artefatos específicos e aplica regras que unem os eventos, os papéis e os artefatos.

Para visualizar e entender um pouco melhor, adiante estão descritos de maneira breve esses papéis, responsabilidades, eventos, artefatos e regras que formam o conteúdo do Scrum.

Backlog

O *backlog* é o principal artefato do Scrum. Ele reúne os requisitos do produto a ser entregue, bem como todo o entendimento necessário para atender aos requisitos, produzir funcionalidades e, por fim, entregar o produto.

Em outras palavras, é uma lista de todas as características, funções, tecnologias, melhorias e correções que constituem o produto a ser entregue.

Um *backlog* bem escrito precisa conter todo o trabalho a ser realizado, e seus itens devem representar um futuro previsível e ser bem definidos. No entanto, os itens de *backlog* serão revisitados futuramente para definições complementares.

O *backlog* frequentemente é dividido em conjuntos menores que contribuem para objetivos específicos, como será descrito ao longo deste livro. Pode assumir os seguintes conjuntos:

- ***Backlog* do produto** é todo o *backlog* que será trabalhado ao longo do projeto.
- ***Backlog* da versão de entrega** é parte do *backlog* que será trabalhado na versão de entrega definida entre o Time Scrum e o cliente.
- ***Backlog* da *Sprint*** é somente a parte do *backlog* considerada "preparada" e selecionada para ser trabalhada na versão da *Sprint*.

Oficialmente, o único artefato descrito no Guia do Scrum é o *backlog*. No entanto, há outros amplamente utilizados e que contribuem muito para as práticas ágeis dos Times que os utilizam. Mesmo não estando no guia oficial, são consideradas técnicas e ferramentas do Scrum.

Dica!

Esses artefatos não oficiais são as Histórias, o Quadro de tarefas (*Taskboard*) e o *Burndown*, que serão detalhados mais adiante, juntamente com as sugestões de uso de cada um.

Eventos Scrum

Alguns eventos são definidos no Scrum para criar uma rotina e minimizar a necessidade de reuniões.

Todos os eventos do Scrum são uma oportunidade de inspecionar e adaptar alguma coisa. Sua não utilização provavelmente resultará na redução dos ganhos proporcionados pelo Scrum.

Sprint

Sprint é uma iteração e um evento com duração fixa. Pelas regras do Scrum, devem durar um mês ou menos e possuir uma meta estabelecida com um objetivo claro.

É possível considerar que as *Sprints* são pequenos projetos com duração de no máximo um mês. Como qualquer projeto, toda *Sprint* deve servir para realizar algo.

A *Sprint* é o coração do Scrum, sendo uma espécie de contêiner para os outros eventos do Scrum. Ao executar uma *Sprint* completamente, se realizam todas as outras cerimônias do Scrum.

Time-boxed

Os eventos com duração fixa no Scrum são chamados de *time-boxed*, mas não é só em relação ao tempo que este conceito se aplica, mas ao trabalho também.

Dividindo em duas partes para um melhor entendimento do seu significado e sua aplicabilidade, temos:

- ***Time*:** o evento tem uma duração fixa e deve ser encerrado quando este tempo terminar – por exemplo, uma reunião diária de 15 minutos deve ser encerrada ao final do 15º minuto e não se estender por mais trinta minutos ou uma hora.

- ***Boxed*:** é uma caixa fechada de trabalhos, ou seja, há uma definição de trabalho a ser realizada, e é imprescindível que o trabalho proposto seja realizado, nem a mais, nem a menos.

Sendo assim, temos o *time-boxed* como um evento com um trabalho fechado e determinado para ser realizado dentro de uma duração fixa.

A *Sprint* contém cerimônias do Scrum, que são: as reuniões de planejamento da *Sprint*, o trabalho de desenvolvimento, a revisão da *Sprint* e a retrospectiva da *Sprint*. Devem ocorrer uma após a outra, sem intervalos e na sequência correta.

Planejamento da *Sprint*

Aqui a iteração toda é planejada. Este é um evento *time-boxed*, geralmente de oito horas para uma *Sprint* de um mês de duração, e deve ser utilizado para que o Time Scrum defina "**o que será feito**" e "**como**".

Reunião diária

Este é o momento em que o Time se encontra diariamente para uma reunião de no máximo 15 minutos. O nome é originário do inglês *daily meeting*.

Este é um evento *time-boxed*, e a ideia é que ocorra sempre no mesmo horário e no mesmo local durante as *Sprints* e tenha como objetivo o Time de Desenvolvimento sincronizar atividades e planejar as próximas 24 horas.

Revisão da *Sprint*

Originada do inglês *Sprint Review*, é também conhecida como apresentação da *Sprint*. Seu maior objetivo é a revisão do *Product Owner*, ou do cliente, em todos os itens concluídos pelo Time.

Esta cerimônia é um evento *time-boxed* de até quatro horas. Na *Review*, será possível conferir e avaliar o que foi considerado pronto, levando em conta o que está sendo entregue *versus* o que deveria ter sido entregue.

Retrospectiva da *Sprint*

É o momento mais indicado para o Time voltar no tempo e inspecionar como ocorreu a última *Sprint*, levando em consideração as pessoas, as relações entre elas, os processos e as ferramentas utilizadas.

Esta cerimônia é um evento *time-boxed* de até três horas, tendo como propósito:

- Inspecionar como a última *Sprint* foi em relação às pessoas, aos relacionamentos, aos processos e às ferramentas.
- Identificar e ordenar os principais itens que foram bem e as potenciais melhorias.
- Criar um plano para implementar melhorias no modo que o Time Scrum faz seu trabalho.

No final da reunião de retrospectiva, o Time deve sair com uma identificação factível de medidas de melhoria que serão aplicadas na próxima *Sprint*.

Esta é a cerimônia que mais influencia e provoca a melhoria contínua nos projetos e no Time.

Ciclo de vida Scrum

O ciclo de vida de um projeto Scrum tem sua estrutura, seu sequenciamento e seu ritmo ditados pelas *Sprints*. Cada *Sprint* possui início, conteúdo, execução e fim. Projetos ágeis gerenciados com Scrum podem possuir fases, e estas podem ser divididas por *Sprints* ou por um conjunto delas.

A seguir é possível visualizar o ciclo de vida Scrum com todas as suas cerimônias, de forma estruturada e sequenciada. Ele permite a execução de um projeto em iterações menores, em um modelo sequencial e repetitivo, gerando incrementos do produto até o encerramento completo do projeto.

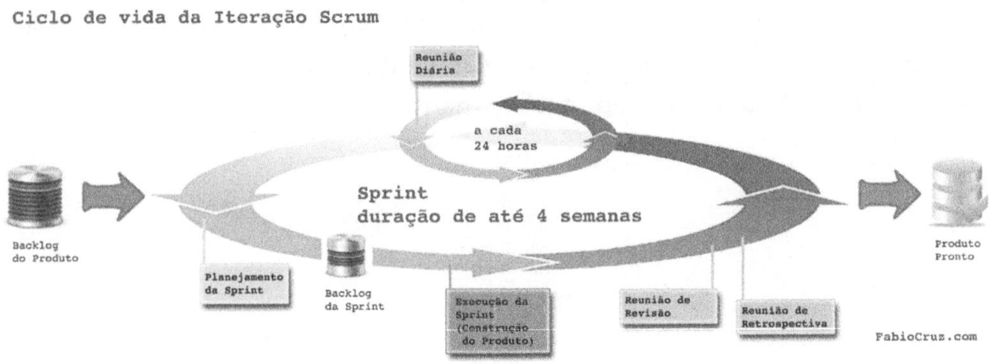

Figura 1

Sugestão de aplicação

Apesar de o Scrum poder ser aplicado em qualquer projeto, de qualquer tamanho e de qualquer natureza, inclusive os complexos, seus resultados positivos são mais facilmente alcançados em projetos de natureza tecnológica e com equipes pequenas, geralmente de três a sete integrantes.

O Scrum costuma influenciar melhor projetos curtos e que utilizam o modelo de precificação *time & material*, também conhecido como homem/hora.

Outro fator relevante sobre o Scrum é que ele não possui referências para o gerenciamento de áreas como custos ou aquisições, tampouco para etapas como iniciação ou encerramento de projetos. A sua aplicação é bem direcionada e focada na etapa de execução de um projeto, onde o Time precisa desenvolver e entregar produtos completados rapidamente.

Uma das regras do Scrum é que o Time seja auto-organizável e multidisciplinar, gerando com isso uma premissa muito forte para que os projetos tenham bons resultados: a equipe precisa ser formada por profissionais experientes e seniores. Quanto mais sênior o Time for, melhor o desempenho.

O Scrum pode ser aplicado em projetos com configurações diferentes das citadas anteriormente, porém a complexidade da sua aplicação e do seu gerenciamento poderá ser aumentada em muitas vezes, inviabilizando os objetivos do projeto ou comprometendo a confiabilidade do uso do próprio Scrum se o Time não for experiente o suficiente para se auto-organizar com eficiência e eficácia, ou se não receber mentoria ou *coaching* externos.

4. Rodando o Scrum

Ao colocarmos o Scrum para rodar, estamos ao mesmo tempo trabalhando na execução do projeto, planejando, realizando testes, entregas e outras etapas e tarefas. Tudo ao seu tempo, mas, devido ao ambiente ágil, de forma mais dinâmica, breve e recorrente, seguindo um estilo de ciclos com iterações de curta duração.

Cada fase iniciará um novo ciclo do Scrum, conhecido também como *Sprint*, sempre começando pela visão de produto (valor) a ser entregue no final da fase e terminando com o pacote entregue e aceito pelo cliente.

Dessa maneira, é preciso entender o produto esperado pelo cliente na sua abrangência total, planejar as entregas que serão realizadas prevendo a entrega de pequenas partes do produto, construir essas partes do produto de maneira cíclica e incremental, até completar o trabalho do projeto.

Para realizar todas essas ações é preciso entender como todo o Scrum funciona e como suas regras, cerimônias, papéis e responsabilidades contribuem para a agilidade em projetos.

Planejando a versão de entrega

A reunião de planejamento da entrega estabelece uma meta para a versão de entrega do produto que o Time Scrum e o resto da organização entendam.

O planejamento da *Release*, como também é chamado o planejamento da versão de entrega, precisa responder pontualmente às seguintes questões:

1. Como podemos transformar a visão do produto em um produto real da melhor maneira possível?
2. Como podemos alcançar a satisfação do cliente e o ROI[1] desejados?
3. Quando, no pior cenário, podemos entregar a versão X do sistema?

Respondendo a essas questões, o plano da versão para a entrega deverá estabelecer a meta da versão, as maiores prioridades do *backlog* do produto, os principais riscos, as características gerais e as suas funcionalidades.

Um dos objetivos de planejar a versão de entrega é prever quando será possível obter uma versão do produto que entregue um valor esperado ao cliente. Nesse caso, normalmente se prevê o pior cenário, ou seja, qual o tempo mais longo para realizar a entrega completa, pois quando se trabalha com ágil a meta é entregar o mais cedo possível e de preferência antes dessa previsão pessimista.

Por fim, o plano da versão deve estabelecer também uma data de entrega. A partir desse primeiro planejamento o Time Scrum poderá, a cada *Sprint*, inspecionar o progresso e fazer mudanças nesse plano da versão de entrega buscando manter a meta estipulada.

Processo de planejamento iterativo

No Scrum, os produtos são construídos iterativamente, começando pelo de maior valor e maior risco, de modo que a cada *Sprint* se tenha um incremento do produto.

Cada *Sprint* concluída adiciona incrementos ao produto, e cada incremento é um pedaço potencial para a entrega do produto completo. Quando são obtidos incrementos suficientes para que o produto tenha valor e uso para seus investidores, o produto está pronto para a entrega.

---

[1] ROI (*Return on Investment*), ou retorno sobre o investimento, é um termo usado em finanças para medir a relação entre o lucro e o custo.

O objetivo principal é realizar um planejamento inicial mais breve e, no momento de execução de cada reunião de revisão e planejamento de *Sprint*, bem como também durante as reuniões diárias, serem realizados planejamentos complementares.

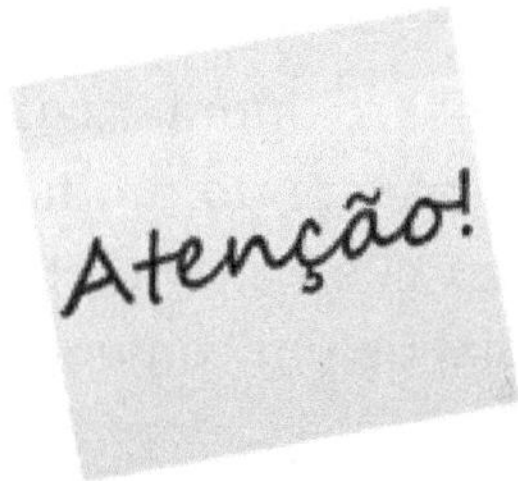

Não pense que o Scrum tem pouco planejamento, ou que requer menos esforço que o planejamento tradicional. Na verdade, normalmente o esforço com planejamento no Scrum é ligeiramente maior do que no método tradicional. A diferença é que o planejamento também é iterativo e incremental.

Esta é uma característica que diferencia o Scrum do modelo tradicional mais conhecido, que geralmente realiza todo o planejamento da versão no início do trabalho, e este não é modificado ao longo do tempo.

Com o planejamento da versão para entrega, tem-se o primeiro artefato para a montagem do Gráfico de *Burndown* do produto.

O planejamento da versão de entrega poderá ser realizado apenas uma vez, no início do conjunto de *Sprints* em que o Time irá trabalhar para completar a próxima entrega. Porém, isso não é uma regra e dependerá muito do tamanho e do tipo de projeto, sendo que em alguns projetos maiores podem ser definidas várias entregas na linha do tempo, e para cada uma deverá ser realizado um planejamento da versão de entrega.

Dica!

Alguns entendem que todas as *Sprints* devem ser entregues ao cliente, por definição do Scrum. Isso não é necessariamente verdade – pode ser de acordo com as entregas definidas com o cliente e com base no valor agregado de cada entrega.

Em projetos grandes, normalmente demora mais que uma *Sprint* para construir um pacote do produto que realmente agregue valor ao cliente, então a entrega normalmente é feita ao final de um conjunto de *Sprints*.

Por isso é utilizada a expressão "potencialmente entregue". Todo final de *Sprint* deve gerar uma parte do produto potencialmente entregue, mas não necessariamente entregue ao cliente.

Essa sugestão de aplicação é uma indicação para a maioria dos projetos, porém é possível haver um planejamento da versão de entrega para cada *Sprint*, ou algum dos processos contidos nesse planejamento pode ser realizado antes de cada *Sprint*. Essa versatilidade é uma das maiores qualidades do planejamento ágil.

Atenção!

Note que as cerimônias realizadas na fase de planejamento da entrega podem, como sugestão, ser executadas antes do Time Scrum iniciar a primeira *Sprint* porque geralmente as decisões tomadas nessa etapa se manterão válidas para todas as *Sprints* que compreendem a próxima entrega definida.

Ciclo Scrum – versão de entrega

A figura a seguir destaca em preto em que etapa do ciclo Scrum o fluxo de desenvolvimento de produto se encontra e qual é a cerimônia principal do Scrum que o Time irá trabalhar.

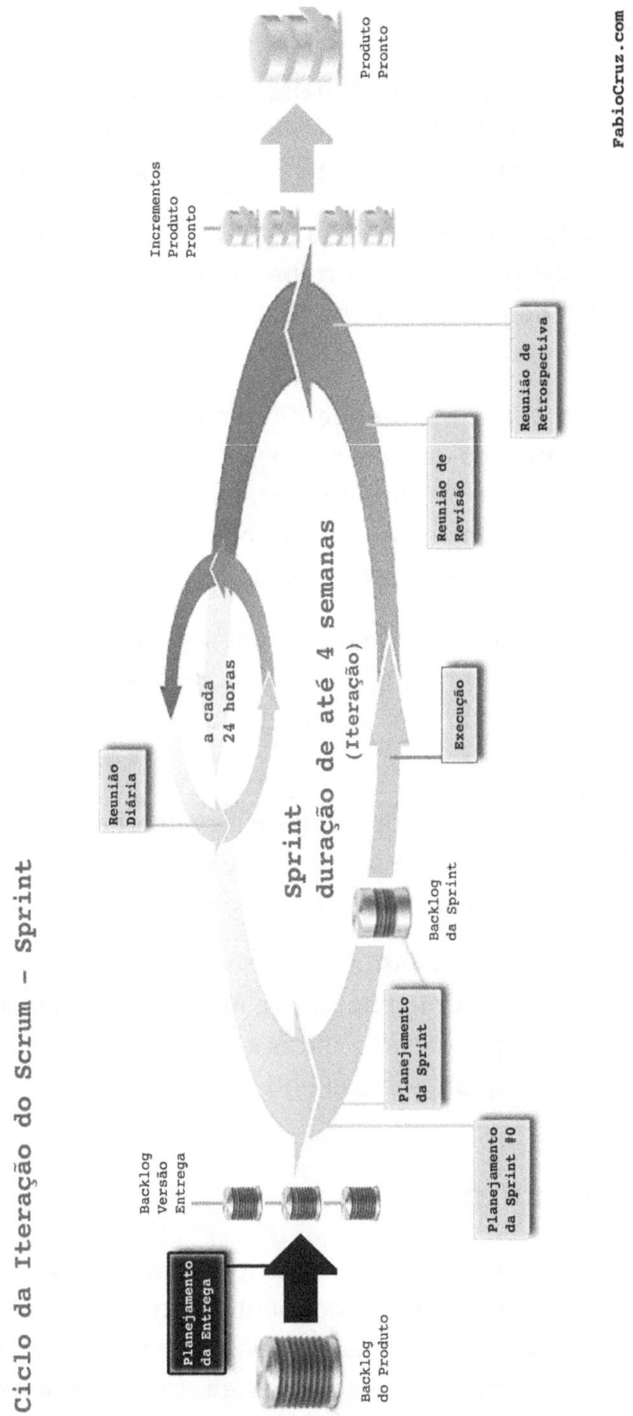
Ciclo da Iteração do Scrum - Sprint
Backlog do Produto
Planejamento da Entrega
Backlog Versão Entrega
Planejamento da Sprint #0
Planejamento da Sprint
Backlog da Sprint
Sprint
duração de até 4 semanas
(Iteração)
Reunião Diária
a cada 24 horas
Execução
Reunião de Revisão
Reunião de Retrospectiva
Incrementos Produto Pronto
Produto Pronto
FabioCruz.com

Figura 2

Visão do produto

A visão do produto descreve de maneira clara e objetiva a meta da fase e suas principais realizações. Cada fase do projeto deverá ter uma meta que compreende e deve atender completamente ao produto descrito.

Essa visão do produto da fase deve dar ao PO as informações necessárias sobre em que requisitos ele deverá trabalhar ao longo da fase para elicitar, definir e fornecer todo o escopo detalhado de que o Time precisa para completar o produto da fase.

A visão pode ser descrita e entregue diretamente pelo cliente ao PO, para que este inicie os trabalhos da fase, ou o PO e o cliente descrevem essa visão juntos, já iniciando a fase do projeto. Geralmente essa segunda alternativa é mais comum e acaba funcionando bem, pois o PO consegue entender melhor os valores que o cliente espera para o produto.

Com a visão do produto determinada e entendida, o PO poderá iniciar os trabalhos no *backlog* do produto na sua totalidade (para um projeto com apenas uma fase) ou apenas para as partes do produto que compreendem a fase em questão.

A visão do produto deve fornecer informação suficiente para o time a respeito da meta da fase e o que será entregue no final das realizações.

Sem a visão do produto determinada e entendida, um time fatalmente investirá esforços em atividades que não são claras e que não levarão ao objetivo esperado pelo cliente e não trará resultados positivos.

Backlog do produto

O *backlog* é uma origem única dos requisitos do produto que precisam ser entregues, bem como todo o entendimento necessário para se atender a esses requisitos, produzir funcionalidades e por fim entregar um produto completo, incluindo mudanças e evoluções em produtos já existentes.

O *backlog* é uma lista ordenada de itens a fazer, composta por todas as características, funções, tecnologias, melhorias e correções que constituem a versão futura de um produto.

O PO é o responsável por manter todo o *backlog* do produto, principalmente porque este é um documento vivo e nunca estará completo, evoluindo à medida que o produto e o ambiente em que ele será utilizado se desenvolvem.

Uma das características mais marcantes do *backlog* é ser dinâmico. Ele está constantemente mudando para identificar do que o produto necessita para ser apropriado, competitivo e útil. Por isso é possível afirmar que enquanto existir um produto, o *backlog* deste produto também existirá.

Um *backlog* do produto raramente está completo. Ao iniciar o desenvolvimento dos primeiros incrementos do produto, estarão estabelecidos apenas os requisitos inicialmente conhecidos e mais bem compreendidos.

Dica!

O *backlog* é fruto do entendimento do produto e do negócio do cliente. Análises de negócio são muito bem-vindas para obtenção de um *backlog* completo e válido. Alguns documentos que podem compor o *backlog* são épicos, histórias, protótipos, especificações de regra de negócio, casos de uso, especificações técnicas ou funcionais, entre outros.

O *backlog* do produto tem esse nome porque é o conjunto de requisitos de todo o produto, ou seja, representa o produto final que será entregue após a execução do projeto. Esse entendimento é importante, pois mais à frente será apresentado o *backlog* da *Sprint*, que representa apenas os requisitos inerentes à finalização da *Sprint*, ou seja, um conjunto menor que cabe dentro do *time-box* da *Sprint*.

O *backlog* do produto geralmente é separado, ou quebrado, em itens de menor tamanho, complexidade e dimensionamento, sendo chamados então por itens de *backlog*.

Quando se fala em *Sprint*, é natural que o primeiro pensamento seja o de realizar o planejamento, onde são definidos, estimados e separados os itens de *backlog* que serão transformados em produto, ou seja, completados dentro da próxima *Sprint* para entrega ao cliente.

Alguns esquecem que, para trabalhar nos itens, é preciso coletá-los, analisá-los, entendê-los e detalhá-los antes de, por fim, distribuí-los para que a equipe possa construir o produto esperado e descrito no *backlog*.

Para que o Time Scrum possa trabalhar no *backlog* do produto e transformá-lo em algo completo e funcional, ou seja, pronto e que potencialmente possa ser entregue ao cliente, é preciso que existam detalhes suficientes sobre os itens do *backlog*. Essa afirmação reforça que, mesmo no ágil e utilizando Scrum, a documentação é um insumo muito importante e fundamental para que um produto seja desenvolvido com sucesso e traga resultados positivos.

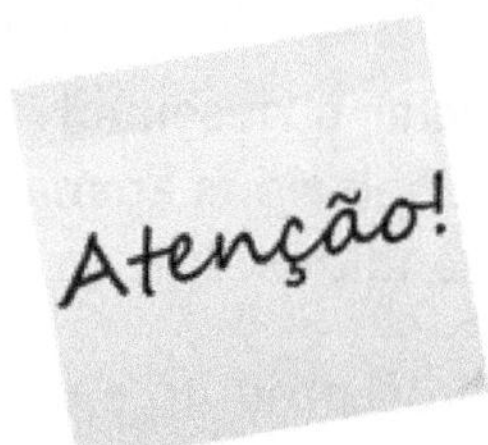

O único responsável pelo *backlog* do produto é o PO, sendo que é possível existir mais de um PO para o mesmo *backlog* do produto, desde que para partes diferentes desse *backlog*.

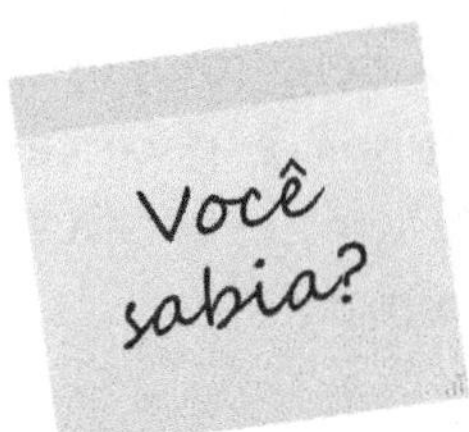

Você sabia que um cachorro com dois donos costuma passar fome? É com base nessa metáfora que não se recomenda que mais de um PO cuide da mesma parte do *backlog* do produto. Um item de *backlog* só pode ter um PO responsável, porém itens de *backlog* diferentes podem ser de responsabilidade de POs diferentes.

Montando o *backlog* do produto

O PO basicamente procura os *stakeholders*, ou partes interessadas, e identifica todos os requisitos necessários para entregar o projeto. Aqui a principal atividade é a elicitação de requisitos.

O termo elicitar é muito conhecido no meio técnico por onde circulam analistas de sistemas ou negócios, profissionais de tecnologia da informação, *Product Owners*, entre outros. Porém, muitos não sabem como descrevê-lo.

É preciso entendê-lo com profundidade para ter a real noção da sua importância. Elicitar é:

- Fazer com que vá para fora; fazer sair; expulsar.
- Conseguir obter resposta ou reação de.
- Extrair enunciado linguístico de (informante).

Como pode ser visto, o ato de elicitar requisitos não significa somente listá-los ou identificá-los, mas extrair das partes interessadas todas as suas necessidades e fazer sair de seu conhecimento tácito[2] toda a informação necessária para que nenhum requisito fique subentendido ou de fora do entendimento indispensável para que se complete o produto.

Há várias técnicas para elicitar requisitos com eficiência e eficácia. Algumas são:

a) **Entrevistas, dinâmicas de grupo e oficinas** permitem conversas diretas unindo especialistas, partes interessadas e moderadores que podem ajudar muito na identificação, coleta e documentação dos requisitos do projeto.

b) **Técnicas de criatividade em grupo** podem ser *brainstorming*, técnica *Delphi*, mapas mentais ou ideias (*idea/mind mapping*) e diagrama de afinidade.

c) **Técnicas de tomada de decisão em grupo**, onde uma avaliação de múltiplas alternativas é realizada e uma resolução é escolhida entre unanimidade, maioria, pluralidade ou ditadura.

d) **Questionários, pesquisas, observações e protótipos** permitem ilustrar e modelar o resultado esperado para o produto.

---

[2] É o conhecimento implícito que o indivíduo adquiriu ao longo da vida através da experiência e que normalmente é difícil de ser formalizado ou explicitado a outra pessoa.

A coleta de requisitos e os trabalhos de listá-los e extrair os entendimentos dos *stakeholders* referentes a eles é um trabalho útil e fundamental. Como iniciar os trabalhos no *backlog* do produto sem elicitar primeiro os requisitos que irão compor o futuro *backlog*?

Montar um *backlog* é coletar e elicitar seus requisitos, e esta é uma tarefa que acaba sendo feita naturalmente, mesmo sem ser percebida, quando o PO trabalha no detalhamento do *backlog*.

> **Atenção!**
>
> O *backlog* do produto não é apenas uma lista de itens ou um conjunto de histórias. Ele é composto pelos itens de *backlog* e todo o entendimento necessário para atender a esses requisitos, contendo características, funções, detalhamentos, melhorias e correções necessárias que constituem a versão futura do produto.

Para montar um *backlog* do produto completo é preciso detalhar os requisitos identificados.

O maior objetivo do PO é conseguir obter todas as respostas indispensáveis para que o restante do Time entenda perfeitamente o que precisa ser realizado para obter um produto de acordo com as expectativas das partes interessadas.

Ao conseguir essas respostas, o PO detalhará os requisitos e terá material e entendimento para gerar histórias que permitam ao Time iniciar seus trabalhos de construção do produto.

> **Dica!**
>
> Seguindo os fundamentos ágeis do Scrum, não é necessário que todo o *backlog* do produto esteja completamente entendido e detalhado nessa etapa inicial.
>
> O objetivo maior nesse momento é ter todo o *backlog* do produto da próxima entrega, que precisa estar entendido o suficiente para que o Time saiba o que fazer e quanto esforço será necessário para completá-lo.

A partir disso, o Time inicia os trabalhos e durante a execução da *Sprint* poderá detalhar mais ou solicitar esse detalhamento complementar ao PO, que poderá fazê-lo ao longo da *Sprint*.

Atenção!

Não ter todo o detalhamento do *backlog* do produto não significa que o produto ou a entrega irá mudar o tempo todo e que o Scrum é um caos.

As estimativas iniciais precisam ser determinadas, por isso esse é o momento de o PO obter todo o detalhamento necessário para prever e estimar a próxima entrega.

O material e o entendimento que o PO obtiver nessa fase a respeito do escopo da próxima entrega deverá permitir um detalhamento em maior profundidade do *backlog* contido na próxima entrega, sem grandes surpresas ou alterações radicais.

O principal e mais importante item do planejamento de um projeto é o *backlog*. Ele influencia em todas as outras áreas do projeto, e os trabalhos realizados para o seu entendimento e detalhamento são um dos mais importantes para o sucesso do projeto.

O *backlog* tem o papel de delimitar o que deve ser feito no projeto, e o crucial para o sucesso do projeto é que o entendimento, o detalhamento e a preparação de documentos necessários para o entendimento do *backlog* sejam realizados em fases e ou ciclos. É altamente recomendável que os requisitos contidos na fase sejam totalmente entendidos, detalhados e documentados da maneira necessária antes do início da construção do produto referente ao *backlog*.

O fundamental é que, antes da *Sprint* iniciar, o detalhamento dos requisitos que serão construídos na *Sprint* esteja concluído, para que o Time possa trabalhar no produto e completá-lo antes do término da *Sprint*.

Refinando o *backlog* do produto

O refinamento do *backlog* do produto é a ação de detalhar e ordenar os itens de *backlog*, além de adicionar informações como tamanhos e estimativas.

Esse processo de adicionar detalhes não acontece apenas uma vez, sendo continuamente realizado pelo *Product Owner* com apoio colaborativo do Time de Desenvolvimento. Ambos analisam e revisam os itens até o ponto em que mutuamente decidem que o refinamento está "pronto".

Frequentemente esse refinamento não consome mais do que 10% da capacidade do Time de Desenvolvimento; no entanto, é preciso lembrar que o *backlog* do produto é vivo e poderá ser atualizado a qualquer momento pelo *Product Owner*, provocando novas ações de refinamento.

Uma regra básica para refinar o *backlog* do produto é que os itens mais prioritários, que compõem o topo da lista, devem ser mais claros e detalhados que os itens de ordem mais baixa.

Isso ocorre porque os itens mais prioritários serão trabalhados primeiramente, e é necessário que estejam mais refinados para que possam ser estimados.

Os itens que irão ocupar o *backlog* da próxima *Sprint* precisam estar refinados a ponto de ser possível entendê-los e estimá-los com a certeza de que poderão estar "prontos" dentro do *time-box* da *Sprint* que está por vir.

Os itens refinados que o Time de Desenvolvimento pode deixar "prontos" dentro da *Sprint* são considerados "preparados" para seleção no planejamento da *Sprint*. Somente o Time de Desenvolvimento estima e pode considerar um item "preparado", sendo que o *Product Owner* pode influenciar e contribuir para o refinamento do item, mas não determiná-lo como "preparado".

O PO traz para a reunião de planejamento todos os detalhes que conseguiu obter sobre os itens.

Durante a reunião de planejamento o Time colabora com o PO para refinar os itens até considerá-los "preparados" para seleção e composição do *backlog* da *Sprint*.

Com os itens "preparados", o Time de Desenvolvimento seleciona e monta o *backlog* da próxima *Sprint*, e durante a sua execução poderá refinar ainda mais itens para atender às necessidades de construção e adaptação.

O que são histórias?

História é uma descrição resumida, porém clara e objetiva, de alguma funcionalidade que deverá ser fornecida pelo produto a ser entregue, sempre do ponto de vista do usuário final. Uma história não é uma especificação completa da funcionalidade, mas uma promessa de discutir uma funcionalidade, ou, simplesmente, um lembrete de que a discussão já aconteceu.

As histórias devem possuir uma descrição curta e objetiva, para que caibam em um *post-it*, como o ilustrado na imagem mais adiante. Um modelo simples de como escrever uma história seria:

"Como um <tipo de usuário>, eu quero <um objetivo> para que <atenda a uma necessidade>."

As palavras entre os sinais de <> (maior e menor) devem ser substituídas pelas características, ações e necessidades reais para que a história atenda a um requisito, como por exemplo:

Como um comprador, eu quero poder consultar livros para que eu possa escolher qual comprar.

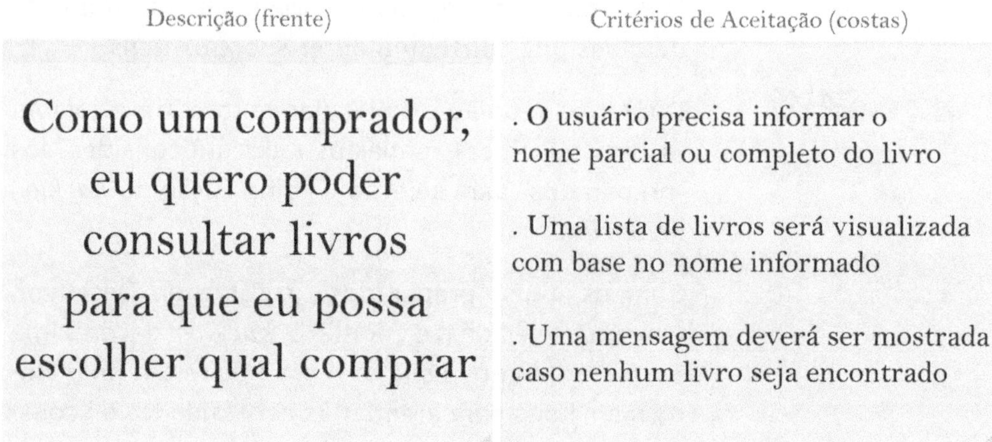

Figura 3

Para que uma história seja considerada completa, além de sua descrição, é preciso definir os seus critérios de aceite. Os critérios de aceite de uma história representam o que ela precisa fazer para ser considerada válida pelo PO e futuramente pelo cliente.

A maneira mais simples de definir os critérios de aceite de uma história seria listar no verso do *post-it* os itens de negócio que expressam a forma de usar a funcionalidade construída, com o objetivo de o PO e o cliente validarem se a história foi completada da maneira solicitada.

A descrição representa de forma resumida o requisito a que a história deverá atender ao ser completada. Da mesma forma, os critérios de aceite devem ser breves e objetivos, mostrando uma lista simplificada de itens que ajudarão na validação e conferência da história e que também podem servir de lembretes para regras de negócio que precisam ser atendidas, tais como:

- O usuário precisa informar o nome parcial ou completo do livro.
- Uma lista de livros será visualizada com base no nome informado.
- Uma mensagem deverá ser mostrada caso nenhum livro seja encontrado.

Dica!

Escreva as histórias com uma linguagem do cliente e não técnica, ou seja, utilize português natural e comum e evite termos técnicos que possam gerar confusões ou dúvidas.

Como complemento ao entendimento das histórias, o *Product Owner* pode produzir especificações de regras de negócio, protótipos e outros documentos específicos, como diagramas, plantas de engenharia, casos de uso, entre outros. Esse complemento reforça o entendimento do *backlog* do produto.

Algumas interpretações erradas do Scrum ou do Manifesto Ágil dizem que não há documentação em metodologias ágeis e que esta é perda de tempo.

Tal conclusão é totalmente incorreta. Se lermos com calma o Manifesto Ágil, veremos a seguinte afirmação:

Software funcionando mais que documentação abrangente.

Essa afirmação não diz que não é para haver documentação: significa que produto funcionando é mais importante que documentação excessiva.

Definindo as histórias

O *Product Owner* define as histórias do produto, complementando com os documentos que forem necessários e preparando o *backlog* do produto para que o entendimento seja completo.

De acordo com o tamanho do projeto, o PO não deve definir todas as histórias no início do projeto, e sim ao longo de sua execução, realizando planejamentos iterativos e detalhamentos incrementais do escopo e das histórias.

Essa divisão geralmente é feita por entregas do produto acordadas com o cliente. Essas entregas são frequentemente divididas de acordo com os valores que agregam ao negócio do cliente. Identificar quais são os valores mais importantes para o cliente, priorizá-los por grau de importância e dividi-los em entregas incrementais e úteis devem ser o objetivo e a meta do PO.

As entregas determinam o primeiro nível de quebra do trabalho de detalhamento das histórias para formar o escopo do produto do projeto, que, nesse caso, formará o escopo da parte do produto da entrega. Assim, o escopo contido fora dos limites da próxima entrega não precisa ser detalhado em um primeiro momento.

O segundo nível de quebra do trabalho de detalhamento das histórias se dá com as próprias *Sprints*, ou seja, é preciso ter todo o escopo definido e detalhado para iniciar a próxima *Sprint*, mas não para todas as *Sprints* contidas na próxima entrega. Assim como nas entregas, apenas as histórias da próxima *Sprint* precisam estar detalhadas e entendidas por completo. Das próximas *Sprints* basta ter um entendimento macro e superficial para conseguir identificar pendências ou influências.

Vamos a um exemplo mais prático para reforçar esse entendimento, pois este é um dos mais importantes conceitos relacionados ao esforço do trabalho do PO.

O projeto de desenvolvimento de um sistema de captura e armazenamento de imagens médicas possui um escopo grande e foi inicialmente estimado em pelo menos dois anos de trabalho a partir da análise do escopo macro entregue.

São sete módulos diferentes que devem capturar imagens de diferentes tipos de máquinas com diferentes tipos de exames.

Nas premissas do projeto o módulo 1 de captura de exames de ressonância magnética e o módulo 4 de exames de endoscopia precisam entrar em operação no primeiro semestre, pois representam o maior movimento do complexo hospitalar que contratou o serviço. Já o módulo 7, referente a exames de endoscopia por cápsulas, não será realizado antes do segundo ano de funcionamento do complexo.

Olhando para esse cenário rapidamente, tem-se a definição de que os módulos 1 e 4 são prioritários e o 7 não, pois não será utilizado em breve.

Sendo assim, o PO e o cliente podem definir que a primeira entrega contemplará o módulo 1 e a segunda entrega será do módulo 4.

A partir disso o PO precisará detalhar o escopo do módulo 1 primeiro, antes de iniciar os trabalhos de construção do sistema. Quanto ao módulo 2, basta saber qual será o seu escopo macro para ver se há dependências muito importantes que precisam ser iniciadas anteriormente, ou até funcionalidades que influenciem diretamente o módulo 1. Esse exercício pode ser feito com todos os outros módulos.

Ao começar pelo módulo 1, o PO não precisa detalhar tudo de uma vez, principalmente porque o Time irá trabalhar uma *Sprint* de cada vez. Então o PO prioriza as funcionalidades dentro do módulo 1 de acordo com a importância de cada uma e parte para o detalhamento das funcionalidades mais importantes que possivelmente serão encaixadas como histórias da *Sprint* 1 ou 2. Para as demais *Sprints* contidas no módulo 1, o PO mantém apenas o entendimento macro das histórias e vai avançando iteração após iteração.

Com o mesmo raciocínio do exemplo anterior, o PO pode trabalhar todo o escopo do projeto criando histórias, detalhando-as em documentos de especificação quando necessário, seguindo sempre os ciclos de *Sprint* e entregando pacotes de histórias detalhadas ao Time antes das próximas *Sprints* iniciarem.

Essa estratégia simples de quebra de esforço permite que o PO consiga focar em objetivos menores, alcançando maior entendimento desses pacotes e diminuindo bastante os riscos de mudança de escopo e os impactos no *backlog* do produto.

Essa diminuição de risco se dá pelo fato de que ao longo de todo o projeto serão trabalhadas partes pequenas do produto que possuem menos chances de se alterarem naquele momento do trabalho de detalhamento e de construção, que será curto. Os módulos futuros estão aguardando a sua vez na fila.

Quando o PO chegar a esses módulos futuros muita coisa poderá ter acontecido ou mudado, inclusive alterações de necessidade, porém sem terem sido trabalhadas em detalhes, então o impacto das mudanças provavelmente será bem menor.

Dica!

Invista maior esforço na entrega atual e na próxima *Sprint*. Isso diminui os riscos e mantém o foco nos trabalhos mais importantes.

Priorizando as histórias

No Scrum é decisivo definir as prioridades dos itens de *backlog* que serão construídos pelo Time. Essa priorização se dá pela determinação de importâncias para cada um dos itens. Os mais importantes devem ser trabalhados primeiro, desde o seu entendimento até a sua construção e entrega.

O Scrum defende que é preciso investir em mais detalhamento, análise e esforço nos itens mais importantes do *backlog.* Deve-se entender por mais importante aquele item que agrega mais valor ao cliente.

Deve-se trabalhar primeiro nos itens mais importantes porque são eles que realmente farão a diferença para o cliente na entrega que ele espera receber. Tais itens geralmente são os maiores, ou os mais complexos, e, por consequência, sofrerão mais com riscos e mudanças. Como os maiores riscos geralmente estão nos itens mais importantes, é melhor tratá-los o quanto antes, pois é no início que o Time terá tempo de recuperação e adaptação, caso os riscos se transformem em problemas.

Dica!

Não pense no que é mais importante para você ou para a sua visão de importância para o projeto. Pense na visão do cliente, pergunte a ele, converse com os envolvidos no projeto e entenda o que é realmente mais importante para o projeto.

Definindo a importância

Um pensamento interessante que vem do ágil e que o Scrum utiliza muito bem é a ideia de que o mais prioritário é o que é mais importante para o cliente. Para se estabelecer o mais importante usa-se o número mais alto, e para o menos importante o mais baixo, ou seja, 100 é mais importante do que 10.

Um valor qualquer é escolhido para ser o item mais importante, por exemplo 100, e os itens menos importantes recebem um valor qualquer abaixo de 100, mas com um intervalo razoável entre um e outro. Por exemplo: do 100 vai-se direto para o 80. Se durante as próximas análises dos itens for descoberto um menos importante que o 100 e mais importante que o 80, será possível encaixá-lo sem mexer na ordem de importância dos outros e sem repetir uma importância já utilizada.

Exemplo

História 35 – Valor de importância **50** (mais importante/prioritária)

História 4 – Valor de importância **30**

História 89 – Valor de Importância **15**

História 13 – Valor de importância **5** (menos importante/prioritária)

Perceba que no exemplo as histórias foram sendo priorizadas por importância sem valores sequenciais ou intervalos fixos. Esses padrões não importam, principalmente porque a ideia não é pontuar com o objetivo de dizer que um item é 10% mais importante que um ou 37% menos importante que outro; o primordial aqui é apenas identificar qual item deve ser feito antes do outro.

Dica!

Pense como se houvesse apenas uma pessoa para fazer as atividades e parta do princípio básico de que uma pessoa não faz duas coisas ao mesmo tempo e não pode estar em dois lugares no mesmo momento. Logo, se ela só pode realizar uma tarefa por vez, qual é a de maior importância que deverá ser feita primeiro?

Usando o exemplo dado anteriormente, vamos exercitar um pouco:

- E se aparecer um item mais importante que o **50**? Simples: defina para este novo item um valor acima de **50**, tal como o **65**. Não é preciso se prender a intervalos ou valores predefinidos.
- E se surgiu uma história mais importante que a **15**? Não há mistério nenhum também: verifique apenas qual a importância dessa nova história com as outras acima de **15** e encaixe-a entre elas. Digamos que a nova história foi identificada como sendo de menor importância que a **30** – então basta definir uma importância tal como **20** e encaixá-la no meio.

Veja o exercício ilustrado no exemplo a seguir:

História 22 – Valor de importância **65** (passou a ser a mais importante/prioritária)

História 35 – Valor de importância **50**

História 4 – Valor de importância **30**

História 18 – Valor de importância **20**

História 89 – Valor de importância **15**

História 13 – Valor de importância **5** (menos importante/prioritária)

Esta é a maneira mais fácil de determinar uma ordem de importância para os itens de *backlog* definidos como histórias, permitindo também atribuir uma importância distinta para cada item, não sendo necessário repetir prioridades ou refazer a priorização por falta de números.

Procure dar uma importância distinta para cada item. Isso realmente vai ajudar no futuro a identificar rapidamente qual item é mais importante que outro. Tenha em mente que em um momento de decisão sempre há algo mais importante.

Aplicando a técnica MoSCoW como auxílio na priorização

Quando houver problemas ou conflitos de definição de importância com o cliente, uma sugestão é usar o MoSCoW, que é uma ótima técnica para ser exercitada pelo *Product Owner* em conjunto com o cliente, pois facilita o entendimento do que realmente é importante para o projeto.

O significado da sigla MoSCoW está ilustrado na próxima figura e o seu funcionamento é o seguinte: separe primeiro as histórias de acordo com a indicação MoSCoW, sendo que os itens "Deve ter" (*Must have*) e "Deveria ter" (*Should have*) devem ser os primeiros da lista, e "Poderia ter" (*Could have*) e "Não terá" (*Won't have*) ficam no final – inclusive, este último item pode ser considerado para versões futuras do produto, não fazendo parte do projeto corrente.

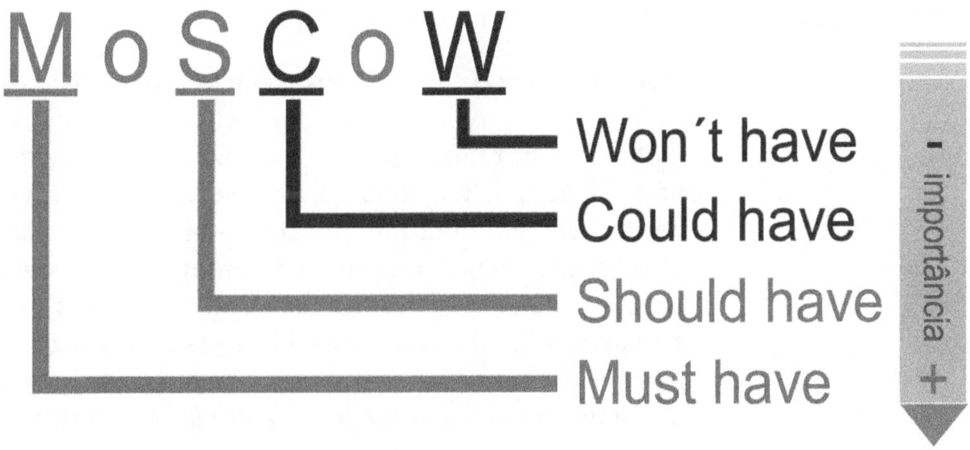

Figura 4

Definindo o Time Scrum

Esta etapa é responsável por estimar os recursos das atividades conforme as histórias definidas, determinar o tamanho do Time e das *Sprints* e ter a primeira ideia de quantas *Sprints* serão necessárias para completar o trabalho do projeto.

Para aumentar as chances de ganhos proporcionados pelo Scrum, a sugestão é que este processo seja realizado apenas uma vez, no primeiro ciclo – ou seja, na preparação da primeira *Sprint*.

Isso porque é importante que o Time se mantenha do mesmo tamanho e com os mesmos integrantes, especialmente quando é uma equipe inexperiente no uso do Scrum. Também é importante que as *Sprints* não tenham o seu tamanho alterado ao longo do projeto, para que o Time Scrum consiga realizar uma auto-organização, um monitoramento, um controle e fundamentalmente uma melhoria contínua possibilitada pelas iterações sequenciais e incrementais fornecidas pelo ciclo do Scrum.

No entanto, projetos não são estáveis, e nem sempre é possível garantir que o formato inicial seja mantido por todo um projeto. Então, em casos de necessidade, o processo pode ser realizado novamente entre as iterações buscando adaptar o Time às novas necessidades do projeto. Dessa maneira, é possível adaptar o tamanho da equipe ao longo do projeto, buscando melhorar as oportunidades de atingir as metas e os objetivos.

Experiência do Autor

Tive experiências bem interessantes com tamanhos de times em projetos ágeis. Um dos que mais me recordo foi um grande projeto com times remotos em vários países. O tamanho do Time se alterou algumas vezes, primeiro porque tínhamos necessidades de especialistas específicos que não eram requisitos em todo o projeto, mas só em algumas situações predeterminadas. Além disso, tivemos entregas mais pesadas, onde precisávamos de um Time maior justamente para aumentar a sua capacidade de entrega. A velocidade não foi necessariamente a mesma, mas foi possível mantê-la constante, proporcionalmente à quantidade de *backlog* do produto que havia para entregar *versus* o tamanho do Time que estava trabalhando.

Manter o tamanho das *Sprints* e dos Times constante durante todo o projeto é uma forma de manter uma velocidade constante e funciona em vários casos, mas os Times precisam estar preparados para se adaptar assim que o projeto necessitar de ajustes, alterando tanto a duração das *Sprints* como o tamanho do Time.

Assim, o processo de definir o Time Scrum é o momento em que o PO e os próprios possíveis integrantes do Time analisam o *backlog* do produto e os marcos já definidos com o intuito de comparar o esforço macro que é necessário para transformar o *backlog* em um produto e completar os trabalhos do projeto.

Com isso, eles poderão determinar quantos profissionais são necessários para trabalhar no *backlog* do produto, além de quais são as atribuições, características e experiências requeridas para formar um Time multidisciplinar.

Com base no número de integrantes do Time, o Time Scrum sugere a duração das *Sprints* que o projeto terá, que poderá ser de até um mês. Com essas duas informações em mãos, eles podem então determinar o número aproximado de *Sprints* que o projeto terá, baseando-se também nos marcos iniciais e em premissas que o projeto tenha como definições anteriores.

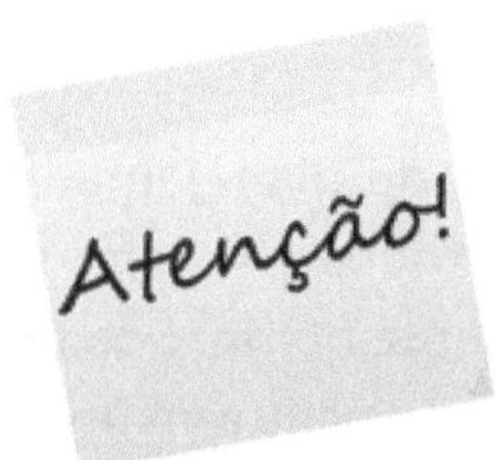

Essas estimativas de tamanho do Time, tamanho e quantidade de *Sprints* são iniciais e servirão para que o próprio Time tenha uma ideia prévia de qual será o comportamento do projeto, sua estrutura e suas necessidades. Essas definições poderão se alterar assim que o Time for inserido no projeto e os detalhamentos e entendimentos forem acontecendo, como poderá ser visto mais adiante neste livro.

Apresentando o *backlog* da versão de entrega

Após o *Product Owner* preparar o *backlog* do produto, é hora de apresentá-lo ao Time, que irá transformá-lo em funcionalidades, ou partes do produto, que poderão ser entregues ao cliente final.

Lembrando que, conforme o projeto, esse *backlog* do produto pode estar completo ou parcial, respeitando o planejamento iterativo e as entregas definidas com o cliente.

Geralmente, independentemente do *backlog* do produto estar completo ou parcial, esse é o momento de definir o planejamento da próxima entrega e como as *Sprints* serão distribuídas para completar todo o trabalho necessário para a próxima entrega.

Em alguns projetos esse planejamento da entrega é definido em alto nível na iniciação do projeto. É o momento de separar a próxima entrega e associá-la às funcionalidades específicas que a compõem, bem como às histórias criadas.

Na apresentação do *backlog* do produto, o *Product Owner* realiza os processos citados a seguir junto com o Time.

Limpando o *backlog*

Limpar o *backlog* é um exercício bem interessante e imprescindível, pois é quando o Time, com o apoio do *Product Owner*, entende o *backlog* com o qual terá que trabalhar até a próxima entrega.

Uma sugestão que funciona bem é agendar uma reunião de planejamento da versão de entrega na qual o PO apresenta ao Time todos os itens de *backlog* contidos na versão que deverá ser entregue ao cliente no final de um período. Nessa reunião o Time discute de maneira breve e sucinta os itens apresentados para ter uma ideia global do que irá trabalhar nas próximas *Sprints*.

O ideal é que a reunião seja curta e não tenha mais que uma hora de duração. O *backlog* será discutido em detalhes nas reuniões de planejamento das *Sprints* que compreendem a entrega apresentada, então essa primeira etapa é apenas para reconhecer o terreno.

Limpar o *backlog*, ou realizar a apresentação da próxima versão de entrega, também poderá servir de base de informação para que o Time já leve ideias ou questionamentos para o PO no momento do planejamento das *Sprints*, facilitando e encurtando as reuniões e o entendimento do escopo do projeto.

O PO é o principal responsável por esse processo, justamente porque o mais importante aqui é que o PO apresente, de maneira geral, todo o *backlog* contido na próxima entrega para o Time.

Definindo o tamanho das histórias

Durante a reunião de planejamento da versão de entrega, o PO apresenta o *backlog* do produto da entrega ao Time.

Para essa reunião, o PO traz as histórias definidas e já priorizadas de acordo com as importâncias identificadas anteriormente. Nesse momento o Time entende todas as histórias que devem estar contidas na próxima entrega.

Aproveitando esse entendimento breve das histórias, a sugestão aqui é que o Time também estime o tamanho das histórias, para ter uma ideia inicial do tamanho total da versão de entrega e realizar a primeira estimativa total de esforço para completar todo o trabalho do projeto ou toda a versão de entrega.

Essa estimativa de tamanho das histórias é importante nesse momento, para que o Time reforce as estimativas de recursos e pessoas, e de tamanho e quantidade das *Sprints*. A partir desse ponto o ideal é que todos esses tamanhos sejam definidos e mantidos para todo o trabalho da versão de entrega.

A forma mais indicada e rápida de realizar a estimativa de tamanho das histórias é o *Planning Poker Card*.

Jogando o *Planning Poker Card*

O *Planning Poker Card* é uma técnica que auxilia na estimativa de histórias e tarefas com base no consenso de todo o Time. É utilizado um conjunto de cartas com valores específicos que podem representar *story points* (pontos por história) ou até mesmo horas, como pode ser visualizado na figura a seguir.

Figura 5

O seu uso é simples: o *Product Owner* ou um membro do Time apresenta a história ou tarefa. Após uma breve discussão, cada um escolhe uma carta e a coloca virada sobre uma mesa, de forma que um não veja o valor da carta que o outro escolheu. Quando todos colocarem suas cartas, elas são desviradas para que todos vejam os valores.

Caso não haja consenso entre as cartas escolhidas, as diferenças são discutidas de forma breve e uma nova rodada acontece, até que haja convergência e consenso.

Vamos conhecer alguns aspectos do *Planning Poker Card*:

- São 12 cartas numeradas: 0 (zero), ½ ou 0,5 (meio), 1, 2, 3, 5, 8, 13, 20, 40 e 100.
- As cartas com símbolos são duas: "?" (interrogação) e um desenho de uma xícara de café.
- A carta 0 (zero) representa uma história ou tarefa já concluída ou com um tempo tão curto para conclusão (por exemplo, alguns minutos) que não vale a pena ser mensurado.
- A carta 100 representa uma história ou tarefa muito grande, também conhecida como Épico. O ideal é que este seja quebrado em histórias ou tarefas menores, pois, inclusive, o risco de estimar errado se torna alto em histórias/Épicos muito grandes.

Dica!

Uma história muito grande ganha o nome de Épico, e estes não devem ser trabalhados ou construídos pelo Time. Épicos não devem ser estimados. O ideal é que sejam quebrados em histórias menores e só depois estimados e construídos.

- A carta "?" (interrogação) representa uma história ou tarefa indefinida e que, além de não ser possível entender o seu tamanho, não se consegue nem dizer se é muito pequena ou muito grande.
- A carta da xícara de café representa uma pausa para um café, uma água ou um simples descanso, devido ao tempo da reunião estar muito longo.

Atenção!

Para a definição de tamanho das histórias da entrega, detalhar ao máximo e ter uma estimativa 100% precisa não é o objetivo. Para garantir mais segurança e prever uma margem para o gerenciamento de riscos, a sugestão é que seja escolhida a carta 100 para todas as histórias que não puderem ser estimadas por falta de detalhes ou entendimento.

Essa estratégia permitirá que a reunião de planejamento da versão de entrega seja mais breve, e que seja sinalizado a todos quais são as histórias potencialmente grandes e que podem trazer riscos para o sucesso da entrega, da *Sprint* ou do projeto.

Isso também permitirá que nas próximas reuniões de planejamento as histórias de tamanho 100 sejam mais bem entendidas e estimadas, garantindo que o tamanho estimado não seja excedido e diminuindo riscos de atrasos e estouro das estimativas.

Estimando com pontos por história

Jogar as cartas do *Planning Poker Card* para definir o tamanho das histórias você já aprendeu, mas como saber qual valor escolher? Como saber se uma história vale 2 ou 100? Como comparar uma história com outra para definir os seus tamanhos?

A definição de pontos por história pode ajudar a esclarecer essas dúvidas.

Pontos por história, que vem do inglês *story points*, é uma forma relativa de medir o tempo necessário, ou o esforço, para implementar uma história. Destina-se a ser uma forma de estimar a dificuldade sem se comprometer com a duração específica de tempo, de modo que as variações nos tamanhos da equipe não afetem as estimativas.

Os valores 1, 2, 3, 5, 8, 13, 20, 40 e 100 contidos nas cartas do *Planning Poker Card* representam o formato mais utilizado de pontuação. O significado dos valores é relativo – uma história de pontuação 8 demanda aproximadamente quatro vezes mais esforço que uma história de pontuação 2. Porém, note que o tempo não importa, somente o esforço.

Para começar a estimar, o Time deve pegar a história que julga ser a de menor esforço e, como sugestão, atribuir a pontuação 2. Essa primeira história é chamada de referência ou âncora, e as demais histórias deverão seguir sempre uma pontuação relativa à âncora.

Dica!

O Time deve sempre começar definindo a âncora, porém pode iniciar pela história que julgar de menor esforço ou com a de maior esforço. Essa decisão pode ser do Time, conforme o que achar mais fácil estimar no momento de iniciar a definição dos tamanhos das histórias.

O formato apresentado aqui, combinando pontos por história e *Planning Poker Card*, é apenas um estilo de estimar, mas é uma sugestão que funciona muito bem. Outras dicas podem ser interessantes quando se usa o *Planning Poker Card* com pontos por história, tais como:

- No caso de o Time jogar as cartas para estimar e a carta ganhadora for a "?" ou a 100, o Time deve devolver a história ou tarefa ao *Product Owner* para novo detalhamento, divisão ou entendimento. Significa que o Time não entendeu o que deve ser feito ("?") ou o trabalho é muito grande para ser estimado (100).
- Caso o Time não chegue a um acordo sobre a estimativa de uma história ou tarefa, mais de uma rodada deve ser realizada, sempre havendo breves discussões entre uma rodada e outra. Porém, o número de rodadas deve ser limitado. Caso o limite seja atingido sem o acordo, o Time deve optar pela estimativa mais alta e encerrar as discussões da história.
- Geralmente o número de rodadas se limita a no máximo três ou quatro por história.
- Em um Time, a velocidade do mais lento deve ser considerada a velocidade do Time todo. Por isso, quando o Time não chega a um acordo, a estimativa mais alta deve ser considerada a melhor para o caso.

Para encerrar a etapa de estimativa, considere que a cada item estimado o Time deve pegar a próxima história ou tarefa pela importância e continuar até que os itens terminem ou o tempo da reunião acabe.

Dica!

As discussões devem ser breves e objetivas, primeiro porque nesse momento não devem ser discutidos todos os detalhes da história ou tarefa. O objetivo não é estimar precisamente, mas ter uma ideia de tamanho com base na dificuldade visualizada de forma macro.

Com essas regras entendidas é só jogar – ou melhor, estimar.

Perceba que o Time é o papel mais importante nesse processo. Por quê? Porque o resultado mais importante aqui é entender as histórias e estimá-las. Quem precisa entender é o Time, pois o PO já as entende e apenas irá repassar ao Time. É o Time que irá estimar, pois apenas quem constrói pode fazer isso. Essa é uma regra que nunca deve ser descumprida em nenhuma metodologia ou abordagem de gerenciamento de projetos, muito menos na ágil.

Atenção!

Lembre-se sempre: quem estima é apenas o Time – e somente o Time. O PO não estima, o *Scrum Master* não estima, o gerente não estima, o cliente não estima, o diretor, o chefe, o coordenador ou o estagiário não estimam. Só quem pode estimar é o Time que irá construir o produto.

Triangulação

O processo de estimativa por referência que utiliza âncoras para determinar o tamanho ou esforço de uma nova história ou item também é chamado de triangulação.

A técnica de triangulação é aplicada naturalmente quando se utiliza *Planning Poker Card* para estimar, pois a triangulação se dá quando o time pega uma história e a compara com outras duas para saber exatamente onde encaixá-la.

Exemplo

O Time já estimou as seguintes histórias:

História 22 – Tem o esforço estimado de 10

História 35 – Tem o esforço estimado de 30

História 43 – Tem o esforço estimado de 5

História 18 – Tem o esforço estimado de 15

O Time recebe a nova história 89 e discute brevemente entre si: a história 89 é maior que a história 22 e é menor que a história 18.

Essa comparação de três pontos é chamada de triangulação e permite encaixar uma história entre outras duas com menor e maior esforço.

Definindo horas por pontos por história

Essa é uma passagem que não aparece nas teorias, mas na prática acontece em um percentual muito grande dos trabalhos em equipe.

Quando se pensa em estimativa, em quase 100% dos casos é por causa de uma entrega, e quando se pensa em entrega geralmente há datas atreladas, e com isso prazos e horas.

Uma maneira bem prática de ter uma ideia de horas ao definir os tamanhos das histórias é montar uma equivalência simples entre os pontos por história e as horas estimadas de esforço para completar as histórias – por exemplo, 10 pontos por história equivalem a oito horas de esforço. Vamos entender um pouco melhor a seguir.

A equivalência não precisa ser exata, até porque nesse momento o Time ainda não tem informações suficientes para estimar esforço em horas, e acertar será muito difícil. Por outro lado, será muito interessante ter um contraponto em horas de esforço para os tamanhos das histórias, especialmente porque essa informação poderá ser utilizada em momentos futuros durante os planejamentos e as inspeções do projeto.

Pense em equivalências simples, como, por exemplo, 2 pontos por história equivalem a quatro horas de esforço; ou 40 pontos por história equivalem a vinte horas de esforço. A única regra para essa equivalência é ter uma lógica constante, para que ao final das estimativas haja um total aproximado de horas de esforço.

Dica!

Com o tempo o Time será bem mais assertivo nessa equivalência do que no começo do exercício. Por isso não tenha medo de montar e usar essa equivalência, modificá-la ao longo do tempo e adaptá-la de acordo com os exercícios do próprio Time. A única regra é só realizar essa equivalência se realmente for necessária para o seu projeto.

Verificando a velocidade do Time

O exercício de limpar o *backlog* é tão importante que o seu resultado é utilizado em vários outros processos. Neste aqui o Time verifica se o *backlog* já tem uma velocidade definida, ou seja, quantas histórias (levando em conta a característica do tamanho) o Time consegue realizar por *Sprint*.

O tamanho das histórias se dá pelos pontos por história, e geralmente a velocidade do Time também. O Time mede a sua velocidade de acordo com a quantidade de pontos por história que consegue completar por *Sprint*. As *Sprints* devem ter o mesmo tamanho do início ao fim do projeto ou fase; caso contrário, a definição de velocidade perde o seu valor.

Então quando o Time determina, ou identifica, que a sua velocidade é de 1000 pontos por história, isso significa que o Time, dentro de uma *Sprint*, consegue completar um conjunto de histórias que totaliza no máximo 1000 pontos.

Essa velocidade do Time é uma definição muito importante porque determinará quantas *Sprints* o projeto ou fase terá, e qual será a duração total do projeto ou fase em *Sprints*.

Vejamos um exemplo para entender como é dada a definição de velocidade do Time e como ela influencia diretamente no projeto ou na fase.

Entradas:

- A fase possui 50 histórias e a soma dos pontos por história é 2.500 pontos.
- O Time já definido possui a velocidade de 200 pontos por história para *Sprints* de três semanas.

Análises:

- Com as entradas em mãos, o primeiro cálculo pode ser realizado – o de *Sprints* necessárias para completar as 50 histórias.
- Se em uma *Sprint* o Time consegue completar 200 pontos, então o Time precisará de 13 *Sprints* para completar os 2.500 pontos.
- Se o Time precisa de 13 *Sprints* para completar todas as histórias, e cada *Sprint* tem a duração de três semanas, então o Time precisará de 39 semanas para completar a fase ou projeto.
- Considerando que um mês tem quatro semanas, o Time concluirá a fase ou projeto em torno de dez meses.

Perceba como é imprescindível obter a velocidade do Time e aplicá-la para encontrar outros tamanhos e estimativas para o projeto.

Por fim, nessa etapa o importante é verificar se o Time já possui uma velocidade determinada, e não defini-la agora. O que isso significa?

Times experientes e que já trabalham juntos há certo tempo geralmente possuem velocidades definidas e conseguem mantê-las em vários projetos. No entanto, Times recém-formados, que nunca trabalharam juntos ou que não são experientes com o trabalho no formato do Scrum, dificilmente terão velocidades definidas e não devem criá-las do nada no início do projeto.

Então como ter uma velocidade quando ela não existe? Quando o Time não possui uma velocidade definida, deve selecionar histórias que acredita poder realizar na próxima *Sprint*, completá-la e analisar as histórias finalizadas, ajustando o tamanho do *backlog* que consegue completar na *Sprint* seguinte.

Em outras palavras, se o Time não possui uma velocidade definida, ele deve executar a próxima *Sprint* sem uma velocidade estimada, fazendo tudo que for possível na próxima *Sprint*. A partir desta primeira, será obtida uma velocidade de partida que será ainda ajustada nas *Sprints* seguintes.

Ao fazer isso durante algumas *Sprints*, o Time obterá naturalmente a sua velocidade e poderá utilizá-la no restante do projeto e em outros projetos futuros, partindo do princípio de que o Time continue o mesmo e o tamanho das *Sprints* também.

O tamanho das *Sprints* é importante e deve ser mantido. Porém, caso haja a necessidade de alterá-lo em um projeto novo, ou até mesmo ao longo do mesmo projeto, o Time pode adaptar a sua velocidade para o tamanho novo da *Sprint*.

Em outras palavras, se o Time tem uma velocidade de 300 pontos por história para uma *Sprint* de duas semanas, automaticamente o Time pode assumir uma velocidade de 450 pontos por história para uma *Sprint* de três semanas, ou até 600 pontos por história para uma *Sprint* de quatro semanas.

Essa adaptação não é uma regra a ser seguida à risca, mas o Time pode partir desse pressuposto e medir a sua velocidade ao longo das primeiras *Sprints* com o novo tamanho e realizar adaptações para assumir uma velocidade real e constante.

Note que a velocidade do Time é dada, e somente pode ser dada, pelo próprio Time. Isso também explica por que o Time não define a sua velocidade sem ter experimentado a própria velocidade ao longo de execuções de *Sprints* consecutivas.

Os papéis e suas responsabilidades no planejamento da entrega

Cada momento do projeto requer uma atenção especial de cada um dos papéis, e para que os passos sejam dados corretamente em direção ao objetivo do projeto e de suas entregas, é fundamental que cada um dos papéis execute suas atribuições e responsabilidades no momento certo e de maneira adequada.

Vamos observar quais são as responsabilidades mais comuns de cada um dos papéis do Scrum durante a etapa de planejamento da versão de entrega, bem como suas devidas importâncias.

Scrum Master

Durante a etapa de planejamento da versão de entrega, o *Scrum Master* normalmente tem uma participação discreta, atentando para definições de velocidade do Time e capacidade de entrega, tamanho e formação do Time e apoio no uso de técnicas e ferramentas para seleção de *backlog*, priorização e estimativas iniciais.

O Scrum Master pode participar da reunião de planejamento da versão de entrega.

Product Owner

Este sem dúvida é o papel mais importante na etapa de planejamento, pois deverá ser o responsável por trazer o *backlog* do produto compreendido e detalhado o suficiente para que os demais entendam o que precisa ser realizado para atender ao objetivo da próxima entrega.

Geralmente, antes mesmo de iniciar o planejamento da versão de entrega, o PO já realizou um importante trabalho junto com o cliente, o de entendimento e detalhamento necessário do escopo do projeto, seus requisitos, necessidades e expectativas do cliente, para montar um *backlog* do produto e já selecionar e priorizar os principais itens que irão compor o *backlog* da versão de entrega.

Essa tarefa é fundamental, e caso não seja feito com o entendimento e o detalhamento corretos, todos os trabalhos desse ponto em diante podem ser inúteis ou desfocados no que diz respeito à entrega de valor realmente esperada pelo cliente.

O *Product Owner* então colhe as informações necessárias para que todos os trabalhos sejam entendidos, detalhados, selecionados, priorizados e posteriormente desenvolvidos pelo Time com o objetivo de construir um produto que entregue o valor requisitado e esperado pelo cliente.

Se for necessário, o PO também deve ser o responsável por produzir materiais detalhados para a compreensão do *backlog* da versão de entrega, como especificações de negócio ou especificações mais técnicas visando um entendimento melhor para o desenvolvimento de soluções específicas.

Isso não significa que o PO deverá ser capaz de escrever qualquer tipo de documento ou especificação, mas ele deve ser o responsável pela criação desse artefato, podendo ou não contar com apoio de outros profissionais mais técnicos, por exemplo.

O Product Owner deve participar da reunião de planejamento da versão de entrega.

Time de Desenvolvimento

Em alguns formatos de trabalho, o Time de Desenvolvimento pode não ser envolvido no planejamento da versão de entrega, porém nesse caso as atividades de estimativas e entendimento do *backlog* da versão de entrega de forma macro não são realizadas.

Nos formatos mais utilizados, o Time de Desenvolvimento é envolvido e tem a responsabilidade de entender e extrair os detalhes essenciais para determinar os tamanhos das histórias do *backlog* da versão de entrega, compreendendo suas importâncias e se possível nesse momento determinando a velocidade e prevendo o esforço indispensável para completar o trabalho da versão de entrega.

O Time de Desenvolvimento não constrói nada nesse momento, mas precisa compreender o que terá pela frente e já iniciar os pensamentos de como serão realizados os trabalhos de transformação do *backlog* em um produto que poderá ser entregue ao cliente.

O Time de Desenvolvimento pode participar da reunião de planejamento da versão de entrega.

5. Planejando a *Sprint*

Nesta cerimônia, o Time deve planejar em conjunto todos os trabalhos que serão realizados na próxima *Sprint*.

Vamos então entender melhor o que são *Sprints* e a que se destinam.

Sprint

Um projeto possui um objetivo e um horizonte, que é o período de tempo para o qual o plano do projeto é válido. Quando o horizonte é muito longo, o objetivo do projeto pode mudar ou os riscos podem se tornar grandes demais. No caso do *framework* Scrum, os projetos não devem ter um horizonte maior que o período de um mês, pois já há complexidade suficiente para tal, e um horizonte maior seria arriscado demais. Assim, surge a *Sprint*, que deve ter no máximo quatro semanas e pode ser considerada um pequeno projeto, com objetivo, início, meio e fim bem definidos.

A ideia é que a previsibilidade do projeto seja controlada a cada mês, e o risco de que o projeto saia de controle ou se torne imprevisível é contido durante esse período.

Pelas regras do Scrum, as *Sprints* são iterações com duração fixa (um mês ou menos) e devem ter uma meta estabelecida com um objetivo claro. O *Scrum Master*, com o apoio do Time, é responsável por garantir que não seja feita nenhuma mudança que possa afetar a meta da *Sprint*.

Para melhor aproveitamento da *Sprint*, a composição do Time, o objetivo da *Sprint* e as metas de qualidade devem permanecer constantes durante toda a *Sprint*.

As *Sprints* incluem as reuniões de planejamento, o trabalho de desenvolvimento do produto, a revisão da *Sprint* e a retrospectiva da *Sprint*. Essas etapas devem ocorrer uma após a outra, sem intervalos, sendo que durante a *Sprint*:

- Não devem ser feitas mudanças que possam colocar em perigo o objetivo da *Sprint*.
- As metas de qualidade não devem diminuir.
- O escopo pode ser clarificado e renegociado entre o *Product Owner* e o Time de Desenvolvimento ao longo da *Sprint* conforme se aprende mais a respeito do *backlog*.

Quando um Time começa a trabalhar com Scrum, é mais interessante que as *Sprints* tenham no máximo duas semanas, para que o Time aprenda a trabalhar melhor como uma equipe, sem se afundar em incertezas e erros comumente existentes em projetos.

Caso o Time sinta que se comprometeu com mais itens do *backlog* do que poderia, pode solicitar ao *Product Owner* que remova ou reduza itens. Uma solicitação para adicionar itens do *backlog* à *Sprint* também pode ser realizada, caso o Time sinta que sobrará tempo e o trabalho será concluído antes do término do evento *time-boxed*.

A *Sprint* é um evento *time-boxed* e deve ter duração fixa e um trabalho predeterminado.

A próxima figura ilustra o funcionamento básico da *Sprint* dentro do Scrum. O *backlog* do produto é recebido e começa a ser trabalhado ao longo das *Sprints* definidas. A cada *Sprint* o Time produz um incremento ao produto, que estará pronto apenas após a última *Sprint*.

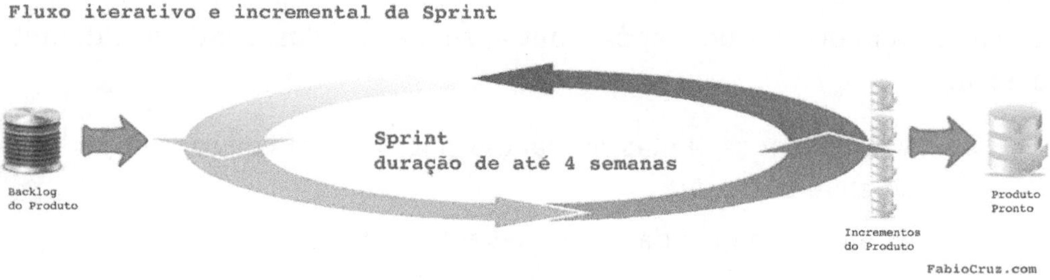

Figura 6

Cancelando uma *Sprint*

As *Sprints* poderão ser canceladas antes do seu término, mas somente pelo *Product Owner*.

O cancelamento poderá vir através de influências da gestão organizacional, do cliente, do Time, do *Scrum Master* e/ou de outras partes interessadas caso a meta da *Sprint* perca o sentido ou se torne obsoleta. Raramente esse cancelamento ocorre, justamente devido à curta duração da *Sprint*.

Caso ocorra, todos os itens do *backlog* completados e prontos devem ser revisados. Eles serão aceitos pelo *Product Owner* caso representem um incremento ao produto.

Todos os outros itens que não estiverem completados ou prontos voltam ao *backlog* do produto com suas estimativas iniciais reatribuídas, ou seja, se a estimativa inicial do item era de dez horas e/ou o seu tamanho era de 5 pontos por história, ele volta a ter essas estimativas independentemente de já ter sido trabalhado ou não e de seu percentual de conclusão ou de trabalho restante.

Atenção!

Evite o cancelamento de *Sprint*. Isso consome recursos e pode ser traumático para o Time. Toda a melhoria contínua e o aprendizado já adquiridos serão jogados fora.

Planejando a *Sprint* #0 – SP#0

Nem todos aplicam de forma independente o planejamento da *Sprint* etapa 0 (zero), ou simplesmente SP#0, e alguns não a veem como um passo distinto. Porém, é um passo importante que deve ser realizado, podendo ser dentro do planejamento normal da *Sprint* ou distintamente, como sugerido aqui.

No planejamento da *Sprint* o Time deve delinear em conjunto todos os trabalhos da próxima *Sprint*. Entretanto, a etapa 0 (zero) é o momento de preparar o ambiente de trabalho antes de iniciar a reunião de planejamento da *Sprint*, com o objetivo de evitar que algo não planejado interfira na sua execução.

A etapa 0 (zero) do planejamento da *Sprint* é pequeno e rápido, mas tem uma grande importância, sendo realizada apenas uma vez no início dos trabalhos de um novo time ou um novo produto. Antes de trabalhar em suas cerimônias é fundamental conhecer alguns conceitos sobre a *Sprint*.

A figura a seguir destaca em preto em que etapa do ciclo Scrum o fluxo de desenvolvimento de produto se encontra e qual é a cerimônia principal do Scrum que o Time irá trabalhar.

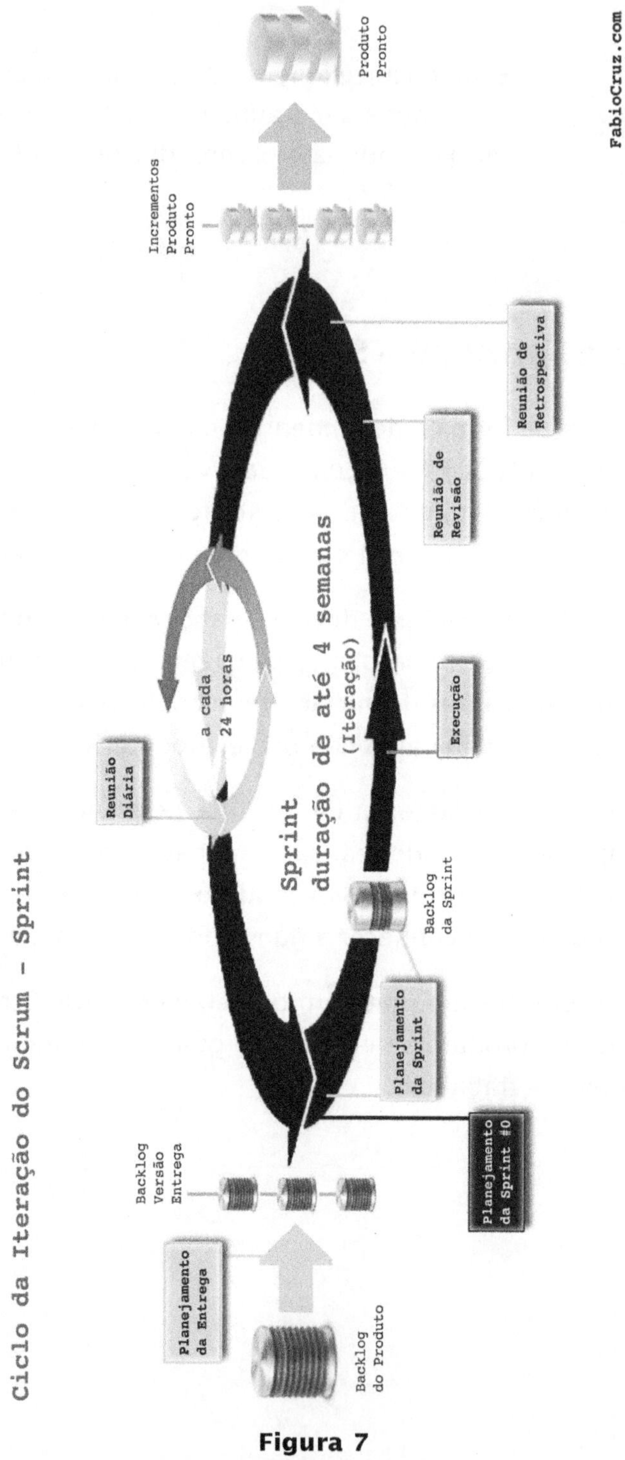
Ciclo da Iteração do Scrum - Sprint
Backlog do Produto
Planejamento da Entrega
Backlog Versão Entrega
Planejamento da Sprint #0
Planejamento da Sprint
Backlog da Sprint
Sprint
duração de até 4 semanas
(Iteração)
Reunião Diária
a cada 24 horas
Execução
Reunião de Revisão
Reunião de Retrospectiva
Incrementos Produto Pronto
Produto Pronto
FabioCruz.com

Figura 7

Preparando o ambiente de trabalho

O primeiro passo desta etapa é deixar tudo pronto para a *Sprint* ser rodada, ou seja, organizar, mobilizar e preparar tudo que for necessário para que nada interrompa, impeça ou bloqueie a execução normal da *Sprint*, como infraestrutura (equipamentos, sala, ferramentas, softwares, materiais, suprimentos) e tudo mais que for requerido para que o trabalho do projeto possa ser completado (inclusive conferir a disponibilidade da equipe e reuni-la).

Muitos fazem essa etapa de forma automática e até mecânica, sem considerá-la no planejamento, mas, como sugestão, é bom tê-la em mente para mitigar riscos e não esquecer de realizar alguma tarefa necessária.

Identificando a velocidade do Time

Caso o Time já tenha uma velocidade definida, esta pode ser simplesmente oficializada nesse momento.

Por outro lado, se não houver uma velocidade conhecida, o Time precisará defini-la e trabalhar para atingi-la durante a *Sprint*. Nessa segunda opção, o risco de errar na estimativa de sua velocidade é alto durante as primeiras *Sprints*, mas a qualquer momento durante a *Sprint* o Time poderá fazer ajustes para menos ou mais trabalho.

Da segunda *Sprint* em diante, essa etapa será utilizada para revisar a velocidade do Time de acordo com as *Sprints* anteriores e fazer ajustes mais precisos, até que se encontre a velocidade real e mais garantida para o Time.

Como dito anteriormente, é natural não existir uma velocidade identificada e definida no caso de um Time sem experiência com o Scrum, ou que nunca trabalhou junto como equipe, ou até mesmo devido a projetos inovadores ou que nunca foram realizados anteriormente.

Também é sabido que o Time não terá uma velocidade imposta ou imediata de uma hora para a outra, e muito menos na primeira *Sprint*. Porém, é estritamente necessário que o Time faça uma estimativa de sua velocidade e trabalhe para atingi-la, pois só assim conseguirá identificar sua velocidade real e utilizá-la no futuro.

Dica!

Mais importante que acertar a estimativa da velocidade é a estimativa propriamente dita.

Será muito difícil acertar na primeira *Sprint*, e é muito mais importante trabalhar com uma estimativa pouco precisa do que sem estimativa alguma.

Todas as estimativas possibilitam processos de melhoria contínua que permitem, através do refinamento e acompanhamento, um alcance de precisão que pode beirar 100%, conforme a maturidade de um Time. Então não deixe de estimar, pois só assim será possível ter um controle e atingir um alto nível de melhoria contínua.

Definindo o tamanho das *Sprints*

Esse pequeno passo, sozinho, já justifica a criação e separação da etapa 0 (zero) do planejamento da *Sprint*, pois essa definição valerá para todas as *Sprints* e não apenas para a próxima.

O tamanho das *Sprints* deve ser o mesmo para todo o projeto, pois este é um dos indicadores de desempenho e melhoria que o Scrum proporciona – e também um dos mais importantes.

Atenção!

Para que o Time tire maior proveito da melhoria contínua, o ideal é que o tamanho das *Sprints* seja o mesmo do início ao fim do projeto. Porém, isso não deve ser uma regra imutável; se o Time errou na definição do tamanho das *Sprints*, deve assumir isso e alterá-lo ao longo do projeto para obter melhores resultados.

Ocorrendo a mudança, basta o Time considerar que o trabalho de melhoria e de adaptação reiniciou a partir da primeira *Sprint* com o novo tamanho e trabalhar para melhorar novamente a partir desse novo ponto de marcação.

Se o Time identificou que precisa mudar o tamanho, já conseguiu atingir uma melhoria. Adaptar-se é um passo concreto de melhoria alcançada.

Com o resultado da preparação do ambiente, reunindo a equipe e identificando a velocidade do Time e os itens do *backlog* da entrega, é possível determinar e confirmar o tamanho das *Sprints* de maneira oficial, e assim também determinar conclusivamente o número de *Sprints* necessárias para completar o trabalho do *backlog*.

Eu mesmo, atuando como *Scrum Master*, passei por diferentes experiências na definição de tamanho de *Sprints*. Houve um projeto em especial onde os módulos de um sistema e suas entregas eram longas, e o valor percebido pelo cliente era de um conjunto razoavelmente grande de funcionalidades. Começamos o projeto com um tamanho fixo de Time e com *Sprints* de duas semanas, porém depois de quatro *Sprints* percebemos que o intervalo estava muito curto para que o Time pudesse construir uma parte do produto que tivesse potencial de ser entregue ao cliente.

Passamos o tamanho das *Sprints* para três semanas e trabalhamos mais três *Sprints*. Não atingimos o objetivo esperado e alteramos pela última vez no projeto o tamanho da *Sprint* para quatro semanas. A partir desse ponto tivemos uma boa adequação e eficiência do Time, mantendo essa configuração até o final do projeto com um nível de sucesso acima do razoável.

Definindo o conceito de pronto

Esta é uma das definições mais importantes de um projeto gerenciado de forma ágil e deve ser entendida antes mesmo de correr atrás de metas e objetivos.

O conceito de pronto deve ser o mesmo para todo o Time Scrum – em outras palavras, todos devem saber exatamente o que significa a palavra e quando esta deve ser utilizada no projeto.

O planejamento da *Sprint* #0 é o momento ideal para discutir com todo o Time Scrum o que será o "pronto" e quando o "pronto" será utilizado em uma tarefa, história, versão do produto, fase e até mesmo no projeto.

Essa definição deve existir desde o momento mais cedo possível no projeto, para que toda vez que um integrante diga a outro qualquer que algo está pronto, os dois tenham a mesma interpretação.

Não existe uma definição de "pronto" previamente estabelecida ou um padrão. Ela pode variar significativamente de um extremo ao outro para Times Scrum diferentes; no entanto, todos os integrantes de um Time Scrum específico devem ter o mesmo entendimento do que significa o trabalho estar completo.

A definição de "pronto" também deve orientar o Time no conhecimento de quantos itens do *backlog* do produto podem ser selecionados durante a reunião de planejamento da *Sprint*.

"Pronto é pronto; por que haveria dúvida e para que definir?"

Quem nunca ouviu a famosa frase "está praticamente pronto"? Ou até mesmo "está pronto! Só falta testar..."?

Como é possível estar pronto e ainda faltar alguma coisa, especialmente testar – ou como é possível estar "praticamente" pronto? Então não está pronto, correto?

Veja a seguir um exemplo simples para acabar com qualquer confusão.

Exemplo

- Pergunta 1a: "está pronto?"
- Resposta 1a: "sim!"
- Pergunta 1b: "não falta nada mesmo?"
- Resposta 1b: "falta só testar, mas está pronto!"

Geralmente o teste também faz parte dos trabalhos para completar uma tarefa, pois normalmente se encontram problemas e algo deverá ser consertado ou refeito.

Antes de qualquer coisa, o mais importante é combinar entre todos se o teste está incluído na definição de pronto. Se estiver, a resposta 1a para a pergunta 1a deveria ser "não!".

- Pergunta 2a: "está pronto?"
- Resposta 2a: "praticamente pronto!"
- Pergunta 2b: "o que está faltando?"
- Resposta 2b: "faltam pequenos ajustes, pouca coisa, e depois passar pela validação."

Se faltam detalhes ou coisas grandes, complexas ou fáceis, enfim: se falta algo não está pronto. Pronto é quando não há absolutamente mais nada a se fazer.

O mesmo se aplica à validação: se estiver incluída na definição de pronto, então não está pronto.

Dica!

Pronto é pronto mesmo e nada mais, mas desde que todos tenham o mesmo entendimento sobre o que isso significa.

Então defina o mesmo "pronto" para toda a equipe e nunca mais deixe dúvidas no ar quanto aos prontos que possam existir no projeto.

A definição de pronto deve ser apenas uma para todos.

Por fim, uma organização pode ter ou não uma convenção definida para o "pronto" dentro do desenvolvimento de produtos. Quando não há essa convenção, o Time deve definir o que é "pronto" para cada produto de forma apropriada. Caso haja múltiplos Times Scrum trabalhando no desenvolvimento de um sistema ou produto, esses times juntos e colaborativamente devem determinar uma definição de "pronto" comum a todos.

Conforme o Time Scrum se torna mais maduro, a sua definição de "pronto" costuma se expandir e incluir critérios mais rigorosos de qualidade.

O conceito de qualidade

Um ponto fundamental e importante que pode complementar a definição de pronto de um Time Scrum é o conceito de qualidade.

Diferentemente do conceito de pronto, que é definido pelo Time Scrum para cada projeto que inicia, o conceito de qualidade é definido de forma constante para os trabalhos de todos os times em todos os projetos.

O conceito é simples e deve ser seguido sempre, considerando apenas duas visões de qualidade:

1. A qualidade do negócio vem sempre do cliente.
2. A qualidade técnica vem sempre do Time.

Isso significa que quem determina as regras de negócio e os critérios de aceitação do software é o próprio cliente.

Já quem responde pela qualidade das características técnicas do sistema, ou seja, se o software será desenvolvido em Java ou .Net, ou se uma integração será feita via *webservice* ou arquivo texto, ou se uma validação será realizada na camada de interface ou na camada de banco de dados, é exclusivamente o Time.

Planejando a *Sprint*

A cerimônia de planejamento deve ter no máximo oito horas de duração para uma *Sprint* de um mês, podendo ser proporcionalmente menor para *Sprints* menores.

Uma sugestão prática para aplicação real desta cerimônia de planejamento da *Sprint* é considerar dois principais trabalhos necessários para realizar um planejamento eficiente, eficaz e produtivo.

O primeiro trabalho é definir o que pode ser pronto dentro da *Sprint* e o segundo é determinar como este trabalho será realizado pelo time para atingir a definição de Pronto esperada.

O Time Scrum pode considerar que a *Sprint Planning* é um evento para os participantes responderem a duas perguntas:

- O que pode ser pronto nesta *Sprint*?
- Como o trabalho selecionado será Pronto?

O que pode ser pronto nesta *Sprint*?

Resumidamente, nessa primeira parte da reunião de planejamento, o Time trata sobre "o que" será feito na *Sprint*. Para isso, o *Product Owner* apresenta ao Time Scrum o que é mais prioritário no *backlog* do produto, e todos trabalham colaborativamente para entender e definir quais funcionalidades serão feitas, de acordo com a importância determinada pelo PO.

As entradas para essa reunião são o *backlog* do produto, o incremento mais recente ao produto (se já houver), a capacidade e o histórico de desempenho do Time.

Observação: *se o backlog da versão de entrega foi definido, este deverá ser utilizado como entrada para o Planejamento da* Sprint

Somente o Time pode determinar o que é capaz de realizar na próxima *Sprint* e a quantidade de itens a serem selecionados do *backlog*.

Essa decisão depende da velocidade do Time.

Interferências nessa seleção podem causar grandes impactos nas realizações futuras da *Sprint*, causando atrasos, perda de qualidade e sobrecarga do Time.

Após a seleção dos itens do *backlog* do produto, é a vez de determinar a meta da *Sprint*.

Essa meta é um subconjunto da meta da versão para entrega, já definida anteriormente na reunião de planejamento. Enquanto o Time trabalha, ele está focado na meta e, para satisfazê-la, implementa as funcionalidades através dos itens do *backlog* selecionados.

Com o Planejamento da *Sprint* tem-se o primeiro artefato para a montagem do Quadro de Tarefas da *Sprint*, as histórias. Elas irão compor a primeira coluna no *Taskboard* da *Sprint*.

A figura a seguir destaca em preto em que etapa do ciclo Scrum o fluxo de desenvolvimento de produto se encontra e qual é a cerimônia principal do Scrum que o Time irá trabalhar.

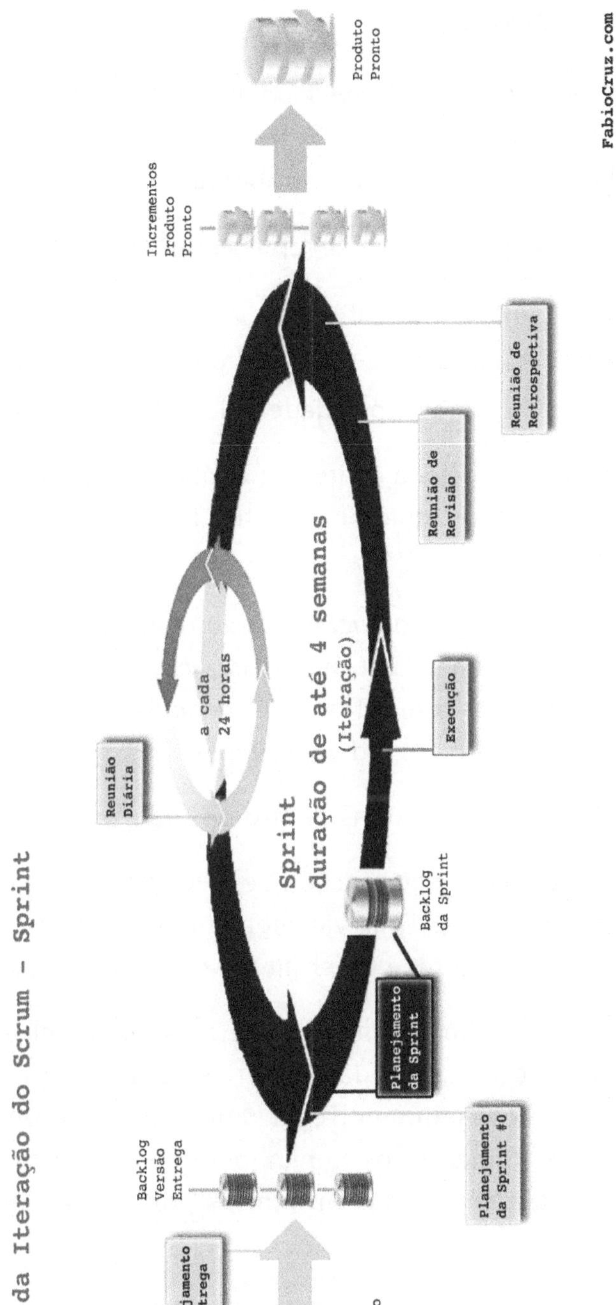
Ciclo da Iteração do Scrum - Sprint
Planejamento da Entrega
Backlog do Produto
Backlog Versão Entrega
Planejamento da Sprint #0
Planejamento da Sprint
Backlog da Sprint
Sprint
duração de até 4 semanas
(Iteração)
Reunião Diária
a cada 24 horas
Execução
Reunião de Revisão
Reunião de Retrospectiva
Incrementos Produto Pronto
Produto Pronto
FabioCruz.com

Figura 8

Selecionando o *backlog*

Aqui o Time seleciona os itens do *backlog* do produto de acordo com a prioridade definida pelo PO, considerando também a capacidade do Time com base na velocidade determinada anteriormente.

As principais entradas para que o Time possa definir as atividades são:

- *Backlog* do produto já priorizado pelo PO.
- Incremento mais recente do produto (caso houver).
- Velocidade do Time (capacidade e desempenho passado).

Baseado nisso, o Time seleciona os itens que podem receber uma estimativa de tamanho, determinando quais e quantos itens poderão ser realizados durante a próxima *Sprint*.

Essa definição de quais itens do *backlog* serão realizados deve ser feita com base na velocidade do Time. Caso não exista essa informação como dado histórico, o Time precisará determinar uma velocidade de partida na reunião e calibrá-la ao longo do projeto e das próximas *Sprints* concluídas.

Mas como o Time seleciona os itens dentro da sua capacidade de trabalho?

É simples: de acordo com a priorização que o PO já trouxe para a reunião de planejamento da *Sprint* #1, o Time vai pegando um item de cada vez, começando com o mais importante, e determina o tamanho de cada item.

Para determinar o tamanho dos itens o Time usa as técnicas descritas no processo "Definindo o tamanho das histórias" e faz isso até atingir a capacidade que o Time consegue entregar dentro de uma *Sprint*. Em outras palavras, o Time vai somando os tamanhos (pontos por história) das histórias até atingir o tamanho total em pontos por história que o Time tem como velocidade.

Vejamos um breve exemplo:

Entradas:

- Velocidade do Time: 500 pontos por história para uma *Sprint* de duas semanas.
- *Backlog* do produto priorizado: 50 histórias (itens de *backlog*).

Análises:

- O Time pega a primeira história da lista por ordem de importância e determina o seu tamanho – supondo que seja 100 pontos por história. O Time anota esse valor.
- O Time parte para a segunda história, seguindo a mesma regra de importância e determinação de tamanho, e estabelece o valor de 50.
- Da terceira à sétima história, o Time determina os tamanhos de 50, 50, 100, 50 e 50, respectivamente.
- Se o Time analisar o tamanho selecionado até este ponto, verá que já está com 450 pontos por história selecionados, ou seja, a 50 pontos por história do limite de velocidade do Time.
- Se a próxima história for de tamanho maior ou igual a 50 pontos por história, o Time deve parar de selecionar histórias para completar na próxima *Sprint*, pois a sua capacidade será estourada.

Essa é a forma mais indicada para que o Time selecione itens de *backlog* do produto ou *backlog* da versão de entrega para realizar na próxima *Sprint*. A sugestão é que o Time pare quando atingir exatamente o tamanho em pontos por história que o Time tem como velocidade, ou um pouco antes. De preferência, tal limite nunca deve ser ultrapassado.

Caso o número de pontos por história fique menor que a sua velocidade, o Time pode olhar para algumas histórias à frente na lista de importância e conferir se alguma se encaixa nos pontos por história restantes. Porém, evite ao máximo ultrapassar o número que representa a capacidade do Time, pois estará aumentando as chances de não entregar todos os itens de *backlog* selecionados.

Assim, o Time seleciona as histórias que irá completar na próxima *Sprint*, gerando um novo artefato conhecido como *backlog* da *Sprint*, ou seja, um conjunto de histórias que correspondem apenas à *Sprint* corrente, a ser trabalhada na sequência pelo Time.

O *backlog* da *Sprint* forma a primeira parte da meta da *Sprint*, que contém a definição de "o que" o Time tem como objetivo da *Sprint*.

Para selecionar corretamente os itens de *backlog* e determinar mais precisamente os seus tamanhos, é sugerido que o Time entenda o *backlog*.

Entendendo o *backlog*

Para realizar o entendimento dos itens que irá trabalhar durante a *Sprint*, o Time conta com o apoio do PO. O caminho mais utilizado é quando o PO explica item a item, e o Time faz todos os questionamentos ao PO.

Esse entendimento também é a ferramenta mais apropriada para fornecer conhecimento ao Time, que assim pode determinar o tamanho de cada item do *backlog*.

Durante a reunião de planejamento da *Sprint* #1 o Time deve conversar o máximo possível com o PO, perguntando e extraindo todas as informações necessárias para entender o *backlog,* estimá-lo e selecionar os itens que irá trabalhar na *Sprint.* Após a reunião, ou em alguns casos até antes, o Time pode ler documentações auxiliares que o PO produziu junto com o cliente, tais como especificações funcionais, protótipos, casos de uso e outros materiais que complementam e auxiliam no detalhamento e no entendimento dos itens de *backlog.*

Confirmando o tamanho das histórias – Parte 1

Na reunião de planejamento da entrega, o Time estimou os tamanhos das histórias para ter uma ideia da quantidade de trabalho da próxima versão. Ao entender o *backlog* da *Sprint,* o Time tem mais uma chance para confirmar os tamanhos definidos para as histórias e, com isso, ter um pouco mais de segurança quanto à quantidade de trabalho esperada.

O Time poderá usar as mesmas técnicas da reunião de planejamento da entrega para essa confirmação de tamanho, ou seja, o *Planning Poker Card* e os pontos por história.

Realizando essa segunda estimativa das histórias, o Time terá a primeira chance de realizar as trocas de itens de *backlog.* As trocas aparecem depois da confirmação do tamanho das histórias nas seguintes situações:

1. A retirada de itens do *backlog* por falta de capacidade do Time para realizar todo o trabalho.
2. O acréscimo de novos itens devido ao fato de o Time constatar que há espaço para tal na próxima *Sprint.*
3. A troca de itens muito grandes por menores, ou vice-versa, para acomodar melhor a capacidade e a velocidade do Time *versus* o tamanho dos itens de *backlog.*

Definindo o objetivo da *Sprint*

Com os itens de *backlog* selecionados e entendidos, o Time Scrum pode definir a meta da *Sprint.*

Trata-se de um objetivo claro que será atingido através da transformação do *backlog* do produto em uma parte do produto que pode ser entregue ao cliente.

Esta deve ser uma descrição que fornece orientação ao Time do Projeto sobre a razão pela qual está sendo desenvolvido o incremento do produto.

O responsável por determinar o objetivo da *Sprint* é o PO. Ele deve recorrer ao cliente para apoio referente às priorizações ligadas ao projeto e dar atenção às priorizações realizadas no *backlog* do produto.

Atenção!

A *Sprint* é um evento *time-boxed*, e o seu tempo de duração não deve mudar. O objetivo ou meta da *Sprint* precisa representar claramente este *time-boxed*.

Assim, tão importante quanto manter a *Sprint* dentro do seu tempo previsto, é manter o seu objetivo intacto. Caso um dos dois precise ser alterado impreterivelmente, o ideal é que a *Sprint* corrente seja cancelada e uma nova, com um novo objetivo e novas atividades, seja iniciada.

O resultado principal da meta da *Sprint* é deixar claro para o Time "o que" terá que ser completado. Este "o que" é composto por duas partes – a primeira parte é dada quando o Time seleciona os itens de *backlog* que irá trabalhar, e a segunda é fornecida com o objetivo da *Sprint*. Ambas devem se complementar e compor um único objetivo; caso contrário, o Time deve refazer os processos.

Dica!

Não é crime cancelar uma *Sprint* – isso pode vir a acontecer por diversos fatores. Porém, é um grande crime:

- Sacrificar o Time.
- Invalidar as realizações do Time com objetivos fracassados.
- Romper o evento *time-boxed*.
- Inserir mudanças sem controle ou invalidar objetivos.

Priorizando o *backlog*

O *Product Owner*, juntamente com o Time, ordena os itens de *backlog* da *Sprint*, definindo o melhor caminho para atingir o objetivo da entrega com a escolha dos itens de maior importância e impacto.

A priorização por importância foi feita inicialmente pelo *Product Owner*. Já nesta etapa o Time trabalha em cima do *backlog* da *Sprint* e ordena seus itens de forma que facilite o seu trabalho em casos de dependências, mitigue os riscos (quando estes existirem) e agregue valor para o cliente.

O Time pode simplesmente ordenar os itens no Quadro de Tarefas, conhecido também como *Taskboard*. Esses itens vão para a coluna "histórias", já na ordem definida pelo Time, seguindo a regra do mais importante para o menos importante, de cima para baixo.

Dica!

Com a SP#1, tem-se o primeiro artefato para a montagem do *Taskboard* da *Sprint*, as histórias. Estas irão compor a primeira coluna do Quadro de Tarefas.

Microgerenciamento

O microgerenciamento não é um termo oficial do Scrum, mas, ao compreendê-lo, outros conceitos e práticas se tornarão mais simples de se entender e aplicar.

Microgerenciamento é a auto-organização realizada pelo Time para executar seus próprios trabalhos de construção do produto. A auto-organização do Time não deve sofrer influência externa. Trata-se daquele gerenciamento que o Time faz sobre o seu próprio trabalho, estimando, selecionado, realizando e apenas informando aos interessados externos o resultado do que ocorre internamente nas *Sprints*.

Este é um dos momentos em que o conceito de agilidade se fortalece, reforçando o foco que o Time Scrum deve ter em seus trabalhos, sua liberdade, autoridade e auto-organização sobre as próprias realizações. Nesse microgerenciamento outras gerências não interferem.

O Time realiza a auto-organização das histórias que irá trabalhar ao longo da próxima *Sprint*, autogerenciando todas as tarefas necessárias.

Como o trabalho selecionado será Pronto?

O Time Scrum busca responder à segunda pergunta do Planejamento da *Sprint* com o objetivo de entender **como** serão desenvolvidas as funcionalidades selecionadas em um incremento do produto durante a *Sprint*.

O Time também pode convidar outras pessoas para participar, com o objetivo de obter opiniões técnicas e especializadas a respeito de domínios específicos.

O *Product Owner* deve estar presente durante todo o planejamento da *Sprint*, principalmente para esclarecer o *backlog* do produto e ajudar nas trocas, caso seja necessário.

Trocas são determinadas quando o Time identifica que tem trabalho demais ou de menos.

Trocas

Durante as estimativas e/ou entendimentos, o Time pode perceber que selecionou itens a mais do que a sua capacidade de realização, ou a menos, e por isso precisa retirar ou incluir itens da sua lista de realizações para compor uma entrega dentro de seus limites. Para o Scrum essa ação é conhecida como trocas.

Elas não são necessariamente trocas de uma atividade por outra; pode ser que atividades precisem ser retiradas para que a capacidade do Time volte ao seu limite estimado, ou novos itens podem ser incluídos para que o Time entregue mais valor ao final da *Sprint* – sempre levando em consideração sua capacidade e velocidade.

Identificando as tarefas

Tarefas são pedaços detalhados do trabalho necessário para converter o *backlog* do produto em um produto pronto para entrega. As tarefas devem ser decompostas para que possam ser feitas dentro de um dia da *Sprint*. Essa lista de tarefas complementa o já conhecido *backlog* da *Sprint*.

O próprio Time deve se auto-organizar para se encarregar do trabalho contido no *backlog* da *Sprint*, tanto durante a reunião de planejamento da *Sprint* quanto durante a execução da *Sprint*.

De forma referencial para o Scrum, as atividades são conhecidas como histórias, e a sua decomposição recebe o nome de tarefas. Quando o Time seleciona as histórias (atividades) que irá trabalhar é o momento ideal para decompor em tarefas menores e determinar o tamanho de cada uma usando a técnica de estimativa do *Planning Poker Card*.

Decompondo os itens do *backlog*

O Time deve trabalhar agora em cada história, de forma independente, decompondo-a em tarefas menores – e estas precisam ser facilmente mensuráveis e caber de preferência dentro de um mesmo dia.

A regra é simples: deve-se tentar quebrar as tarefas em pequenas atividades de quatro a oito horas, com cada uma podendo ser completada sem depender da outra.

O Time deve sempre se lembrar das priorizações e utilizá-las no momento da decomposição também. A ordem de importância deve determinar a sequência de trabalho nas histórias, começando da mais importante para a menos relevante. Essa regra é importante porque, ao final das quatro horas estimadas, o Time pode não ter conseguido decompor todas as histórias.

Dica!

Geralmente, somente 70% do total do *backlog* da *Sprint* é definido durante a reunião de planejamento da *Sprint*. O restante é deixado para ser detalhado mais tarde, ou são dadas estimativas grandes que serão decompostas mais à frente, durante a própria *Sprint*.

O primordial nesse pequeno processo é que todas as histórias sejam decompostas em tarefas menores. Sugere-se que nenhuma tarefa seja maior que um dia de duração. Caso isso ocorra, o Time deve tentar decompô-la novamente.

É importante que o Time tenha em mente que tarefas maiores que um dia de duração devem ser exceção, e não a regra. A importância das tarefas menores tem ligação especial com o fato do avanço da *Sprint*. Em outras palavras, as tarefas menores são completadas mais rapidamente, fazendo com que a quantidade de trabalho finalizado aumente e, em contrapartida, diminua a quantidade de trabalho a ser realizado.

Para completar o processo de definir e decompor as atividades, o Time deve então estimar as tarefas decompostas, para confirmar os tamanhos das histórias e para garantir que determinou bem a quantidade de trabalho que irá realizar ao longo da próxima *Sprint*.

Dica!

Com a decomposição dos itens do *backlog*, obtém-se o segundo artefato para a montagem do Quadro de Tarefas da *Sprint*, que são as tarefas. Elas vão compor inicialmente a segunda coluna, chamada "Fazer".

Veja também "Montando o painel de controle".

Atenção!

Tarefas muito grandes dão a impressão de que o trabalho não está evoluindo, o que quebra o conceito ágil de entrega de valor o mais brevemente possível.

As tarefas menores influenciam positivamente o espírito do Time, que se vê completando atividades constantemente.

Estimativa homem/hora

Esta é sem dúvida a estimativa mais conhecida de todas. Também pode ser utilizada com as histórias, porém o seu uso mais comum no Scrum é para a estimativa das tarefas que foram originadas a partir da decomposição das histórias.

Essa estimativa ocorre quando o Time entende as tarefas e determina quantas horas de esforço são necessárias para terminar cada tarefa específica – especialmente para tentar ter tarefas que possam ser completadas dentro de apenas um dia de trabalho.

Deve haver um consenso entre o Time na determinação dessas horas – quando se usa o Scrum, a sugestão é que as tarefas tenham no máximo oito horas ou menos. Com isso não haverá tarefas maiores que um dia. Essa técnica facilita as estimativas, pois quanto menor forem as tarefas dentro de uma história, mais fácil será acertar a previsão de término.

Dica!

O tempo por homem/hora pode ser usado em conjunto com a opinião especializada e o *Planning Poker Card*.

Opinião especializada

Quando guiada por informações históricas, a partir de projetos anteriores similares, por exemplo, a opinião especializada pode fornecer elementos sobre estimativas recomendadas de duração máxima para as atividades. É a melhor arma para obter uma boa estimativa de homem/hora.

Quanto mais experiente e especializado for o profissional, mais preciso este será na hora de estimar quantas horas uma tarefa levará para ser concluída.

> **Atenção!**
>
> Quanto menor a experiência dos profissionais envolvidos nas estimativas, maior será o risco de prever erradamente.

Ao decompor os itens de *backlog*, é fundamental que o Time também defina os tamanhos dos itens de *backlog* selecionados através das estimativas das tarefas decompostas.

Essa estimativa das tarefas possibilitará que o Time preveja quantas tarefas terá que realizar para completar as histórias da *Sprint* – e também confirmar se conseguirá realizar todo o trabalho previsto dentro da próxima *Sprint*.

Sendo assim, a sugestão é estimar em horas cada uma das tarefas decompostas usando as técnicas apresentadas anteriormente. Após realizar essas estimativas, o Time as utiliza para confirmar o tamanho das histórias, como será apresentado mais adiante.

Como é de praxe, a tarefa de realizar as estimativas é de exclusividade do Time. O PO participa desses trabalhos apenas para auxiliar o Time no momento das trocas ou no entendimento dos itens do *backlog* para reforçar as estimativas em definição.

Confirmando o tamanho das histórias

Com as tarefas decompostas em horas, o Time pode partir para o trabalho de confirmar a estimativa do tamanho das histórias.

Para isso, caso tenha estimado os tamanhos das histórias anteriormente, o Time poderá confirmar se após a decomposição em tarefas o tamanho da história continua o mesmo.

Uma questão importante a ressaltar é que o ideal é decompor a história em tarefas menores antes de estimá-la, pois ao quebrar a história e entender todas as suas tarefas, aumentam muito as chances de acertar o tamanho da história. Nesse caso, o Time pode decompor a história em tarefas e estimar apenas a história em Pontos por História utilizando as tarefas apenas como informação e detalhamento da própria história.

Outra questão que deve ser levada em conta quando o Time pretender comparar estimativas de tamanho de história com as suas tarefas é que, para o Time ser capaz de comparar essas estimativas, ele precisará ter por definição uma equivalência de valores. Em outras palavras, o Time precisa ter uma ideia de quanto vale, em homem/hora, os pontos por história determinados anteriormente.

Não há uma regra para essa equivalência, e o ideal é que o Time já tenha feito isso antes, chegando neste passo com dados de estimativas realizadas – tanto em pontos por história para as histórias quanto em horas para as tarefas decompostas.

Com a equivalência já realizada, basta o Time comparar as horas estimadas para as tarefas com as horas dos pontos por história.

Vejamos um exemplo para visualizar melhor essas estimativas e o seu propósito.

Pontos por história:

- História 1 = 20 pontos por história.
- História 2 = 10 pontos por história.
- História 3 = 15 pontos por história.
- Total em pontos por história = 45.

Equivalência definida em horas dos pontos por história:

- Cada ponto por história é equivalente a duas horas de esforço homem/hora.
- Então:
  a) História 1 = 40 horas.
  b) História 2 = 20 horas.
  c) História 3 = 30 horas.
  d) Total em horas = 90.

Estimativas em horas das tarefas decompostas:

- História 1:
  a) Tarefa 1 = 4 horas.
  b) Tarefa 2 = 6 horas.
  c) Tarefa 3 = 4 horas.
  d) Tarefa 4 = 8 horas.
  e) Total das tarefas da história 1 = 22 horas.
- História 2:
  a) Tarefa 5 = 8 horas.
  b) Tarefa 6 = 8 horas.
  c) Tarefa 7 = 6 horas.
  d) Tarefa 8 = 6 horas.
  e) Tarefa 9 = 2 horas.
  f) Total das tarefas da história 2 = 30 horas.
- História 3:
  a) Tarefa 10 = 8 horas.
  b) Tarefa 11 = 8 horas.
  c) Tarefa 12 = 4 horas.
  d) Tarefa 13 = 8 horas.
  e) Tarefa 14 = 2 horas.
  f) Total das tarefas da história 3 = 30 horas.
- Total de todas as tarefas em horas = 82.

No exemplo apresentado, é possível observar que os tamanhos das histórias estimados inicialmente não ficaram distantes dos totais estimados em horas para as tarefas decompostas. A partir desses números é possível fazer as análises de trocas observando as diferenças entre as estimativas.

O total estimado inicialmente pela equivalência horária foi de 90 horas. Já o total estimado para as tarefas decompostas foi de 82 horas, o que mostra que o Time tem uma folga de oito horas na sua capacidade de trabalho para a próxima *Sprint*. Voltando às equivalências, isso significa dizer que o Time pode incluir ainda uma história de no máximo quatro pontos por história.

Lembrete

Envolva o PO, tentando sempre acrescentar histórias de maior importância e retirar aquelas de menor relevância quando pensar em realizar trocas.

Com as estimativas realizadas, e com base nas equivalências dos tamanhos definidos para todas as histórias, o Time tem como determinar todos os itens que poderão ser completados dentro da *Sprint*. Assim, o Time faz a segunda seleção de itens na cerimônia de planejamento da *Sprint*, fechando então a seleção de histórias.

Mais uma vez, a tarefa de realizar as estimativas é de exclusividade do Time. O PO participa desses trabalhos apenas se for consultado no momento das trocas ou no entendimento dos itens do *backlog*.

O PO ou o Time devem sempre observar os objetivos da próxima entrega. Uma forma de mitigar riscos associados às trocas é sempre ter em mente o resultado da reunião de planejamento da versão de entrega.

Montando o painel de controle

Agora o Time Scrum começará a aproveitar ainda mais os recursos, as ferramentas e as técnicas do Scrum na dimensão operacional do projeto, ou seja, na execução das atividades no dia a dia.

Ao mesmo tempo, estará expondo suas forças e fraquezas para outras equipes – algumas vezes para a empresa toda e para o cliente. Contudo, isso não é ruim, pelo contrário: é um ótimo exercício para buscar a melhoria contínua e aprimorar os índices de trabalho completado.

Com os painéis de controle do Scrum, o Time terá uma gama imensa de dados para as análises, conferências e comunicações do projeto, não só para quem está participando do Time mas para todos os envolvidos com o projeto.

Vamos acompanhar o que este painel de controle tem a oferecer.

Quadro de Tarefas

O Quadro de Tarefas, também conhecido como *Taskboard*, é uma das principais ferramentas ágeis para exercitar a transparência, deixando visualmente claro para todos os envolvidos com o projeto o que está sendo realizado, o que está aguardando para ser iniciado e o que já foi completado.

Para isso, o *Taskboard* deve ter no mínimo as colunas de história, que agrupam as tarefas a fazer, as "fazendo" e as feitas. Como complemento, pode-se ter uma área separada para as tarefas não planejadas, tarefas de correção de *bugs*[1], entre outras.

Outra dica interessante é utilizar cores diferentes para cada tipo de tarefa, tais como amarelo para as tarefas normais, azul para as que não foram previstas ou para testes e vermelho para as tarefas bloqueadas ou que estão bloqueando outras. Isso ajudará muito na identificação mais rápida de impedimentos ou desvios.

Vamos entender um pouco mais sobre esse artefato, que é um dos mais importantes e utilizados do Scrum.

---

[1] *Bug* é um defeito desconhecido ou não tratado em um software ou hardware. Uma das histórias conta que a palavra tem origem nos primeiros e gigantescos computadores, que de vez em quando paravam de funcionar porque um inseto, *bug* em inglês, entrava em seus circuitos e causava a parada inesperada.

Originalmente, o Quadro de Tarefas não aparece como artefato no Guia do Scrum, de Ken Schwaber, mas é sem dúvida uma ferramenta fundamental, ao lado do *backlog* e do *Burndown*.

O *Taskboard* é um quadro, ou uma parede mesmo, onde o Time coloca as tarefas do *backlog* em *post-its* (aqueles pedaços de papel com adesivo) de forma organizada e ordenada. O objetivo é entender rapidamente como o trabalho está.

Geralmente as divisões são feitas em quatro colunas: histórias, fazer, fazendo e feito, nesta ordem, como pode ser observado na figura a seguir.

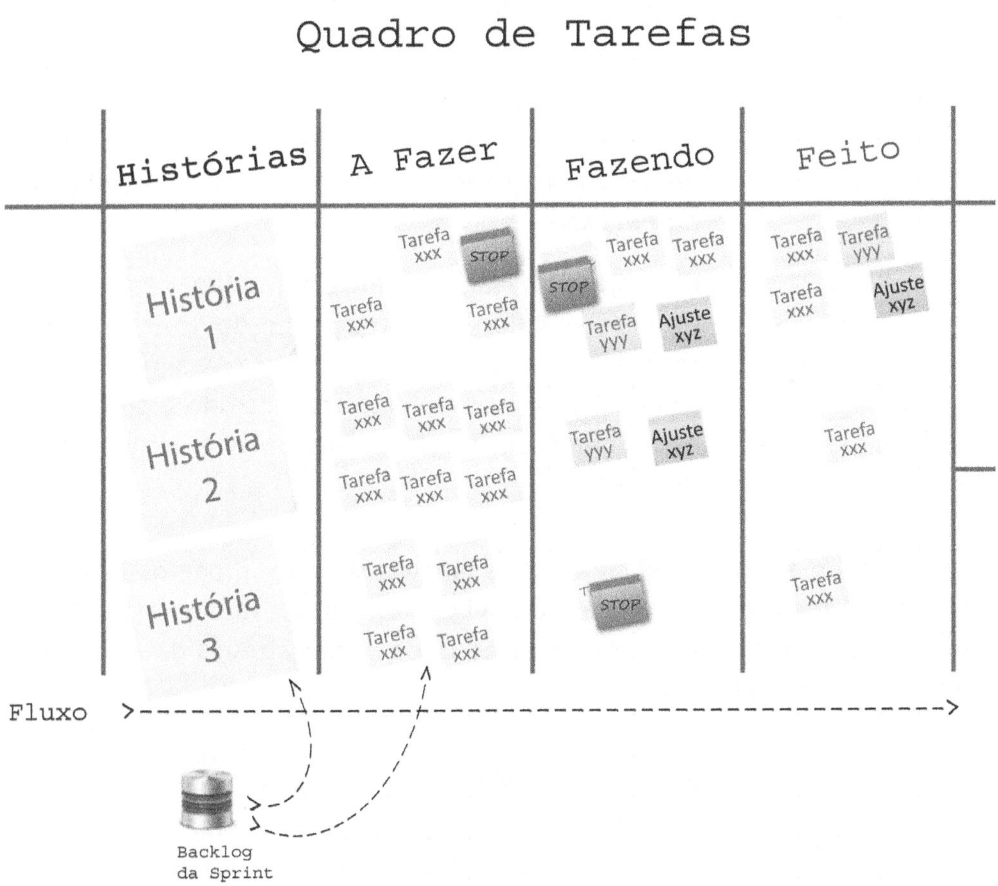

Figura 9

Na primeira coluna estão as histórias selecionadas para o *backlog* da *Sprint* e nas demais à direita, as tarefas contidas em cada história. As tarefas que não estão sendo trabalhadas devem estar na coluna "A Fazer"; quando alguém estiver trabalhando em uma tarefa, esta deve estar na coluna "Fazendo"; e quando a tarefa estiver pronta, deverá ir para a coluna "Feito".

Dica!

A capacidade do Time representa quantas pessoas estão realizando os trabalhos da *Sprint*, e este mesmo número deve ser o de tarefas em andamento.

Por via de regra, uma mesma pessoa não deve realizar duas tarefas simultaneamente, então o número de tarefas em andamento não pode ser maior do que o número de pessoas no Time.

Por outro lado, se o número de tarefas em andamento for menor do que o número de pessoas no Time, uma ou mais pessoas estão paradas sem trabalhar no *backlog*.

Para ajudar nessa identificação, coloque acima dos títulos das colunas a capacidade do Time que está realizando as tarefas do *Taskboard*. Assim será possível saber se todos estão trabalhando e se alguém está parado só de olhar os *post-its* e a capacidade do Time.

O uso é muito simples e eficiente. O efeito visual gera impactos em todos que acompanham o quadro, além de deixar claro quais tarefas estão sendo trabalhadas e até quantas pessoas estão trabalhando através do número de tarefas na coluna "Fazendo".

Dica!

Além do modelo mostrado, o Quadro de Tarefas pode conter colunas para testes de qualidade e tarefas não previstas. Não se prenda a padrões; experimente e descubra o que é melhor para o seu Time.

Gráfico de *Burndown*

O Gráfico de *Burndown* representa visualmente a soma das estimativas dos esforços restantes para completar o *backlog*, permitindo também uma comparação com os atuais trabalhos realizados.

O Gráfico de *Burndown*, juntamente com o *Taskboard*, provê informações que podem ser comunicadas e distribuídas aos *stakeholders* do projeto. A figura a seguir ilustra como ele pode ser montado, e o que os seus dados representam.

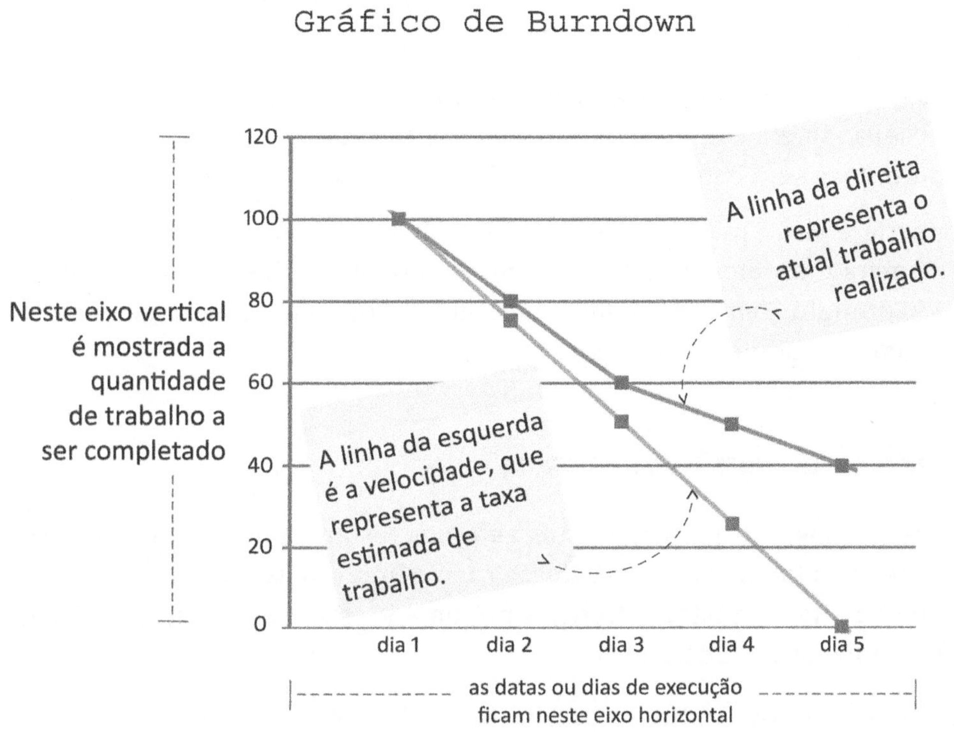

Figura 10

Assim como o *backlog*, o Gráfico de *Burndown* também possui duas visualizações: o *Burndown* do produto, o *Burndown* da versão de entrega e o *Burndown* da *Sprint*.

Vamos entender as suas diferenças a seguir.

Burndown do produto

É o gráfico que registra a soma dos esforços restantes do *backlog* do produto ao longo do tempo. O esforço estimado pode estar em qualquer unidade de medida que o Time entenda, mas geralmente são usados *Sprints*.

Dica!

Tanto o *backlog* do produto como o *Burndown* do produto devem ser mantidos pelo *Product Owner* e publicados o tempo todo. Uma linha de tendência e de trabalhos realizados pode ser traçada com base na mudança do trabalho restante.

O principal objetivo do *Burndown* do produto é mostrar qual o trabalho restante, levando em conta todos os trabalhos necessários para se completar o produto, mas sem considerar as versões de entregas ou *Sprints*.

Esta seria a visão mais ampla do desenvolvimento, aquela em que se olha de maneira mais ampla e macro como está o avanço em direção à construção do produto. Tem geralmente como eixo horizontal as entregas previstas para todo o produto.

Burndown da versão de entrega

É o gráfico que registra a soma dos esforços restantes do *backlog* da versão de entrega ao longo do tempo. Nesse caso o importante é considerar apenas o trabalho que falta para entregar a próxima versão ao cliente, e não mais a visão completa do produto.

Para essa visão do Gráfico de *Burndown*, o foco é conseguir acompanhar o progresso e o trabalho restante para atingir a próxima entrega que o cliente está esperando. Geralmente o eixo horizontal apresenta todas as *Sprints* programadas para completar a versão de entrega do produto.

Burndown da *Sprint*

É o gráfico que representa a quantidade restante de trabalho do *backlog* da *Sprint* ao longo dos dias de duração da *Sprint*. O esforço estimado pode estar em qualquer unidade de medida que o Time entenda, mas geralmente são horas ou até mesmo pontos por história.

Para montar esse gráfico, determine quanto trabalho resta somando as estimativas dos itens de *backlog* a cada dia da *Sprint* e a quantidade de trabalho restante para uma *Sprint*.

Acompanhe essas somas diariamente e utilize-as para criar um gráfico que mostre a evolução dos trabalhos de forma simples e o trabalho restante ao longo do tempo. O Time pode marcar essas somas diárias no gráfico e traçar uma linha através dos pontos, acompanhando seu progresso na *Sprint*, como pode ser visto na figura 10.

Geralmente gráficos ou ferramentas de controle mostram o quanto de trabalho foi realizado, evidenciando quais tarefas foram concluídas e que avanço foi obtido. Como resumo, pode ser dito que a quantidade realizada de trabalho vai aumentando ao longo do tempo – e isso demonstra que o projeto está progredindo.

Já o Gráfico de *Burndown* mostra quanto trabalho ainda resta para ser realizado. A quantidade de trabalho vai diminuindo, e o projeto ou fase termina ao chegar no zero.

O primeiro processo de controle sempre estará aumentando e dando a impressão de avanço, exceto quando o projeto estiver totalmente parado e nada estiver sendo produzido. É possível haver em alguns casos uma falsa impressão de avanço, pois pode acontecer de produtos estarem sendo desenvolvidos fora do objetivo do projeto e a quantidade de trabalho restante não estar diminuindo.

Esse exemplo gera uma famosa pergunta:

> *Vocês estão trabalhando há meses entregando produtos e o projeto nunca termina. Quanto falta para terminar?*

O mais impressionante é que geralmente ninguém sabe responder essa pergunta, o que prova o descontrole real *versus* um controle falso da progressão do projeto, pois construir algo não significa necessariamente que haja progresso e que o trabalho restante do projeto esteja diminuindo. Já a segunda forma de controle sugerida pelo Gráfico de *Burndown* proporciona um monitoramento mais claro e que dificilmente mostrará um falso avanço, pois ele mostra apenas a quantidade de trabalho restante do Time. Na prática, essa forma de controle é bem interessante e intuitiva, pois quando se diz que faltam cem horas, ou 500 pontos por função, e no dia seguinte faltam oitenta horas ou 400 pontos por função, claramente se entende que houve um progresso e agora resta menos trabalho a ser feito.

Quando não há avanço o número não diminui, e facilmente será visualizada uma falta de progresso real, permitindo que o Time tome providências para retomar o progresso desejado e não continuar trabalhando em prol de um falso avanço.

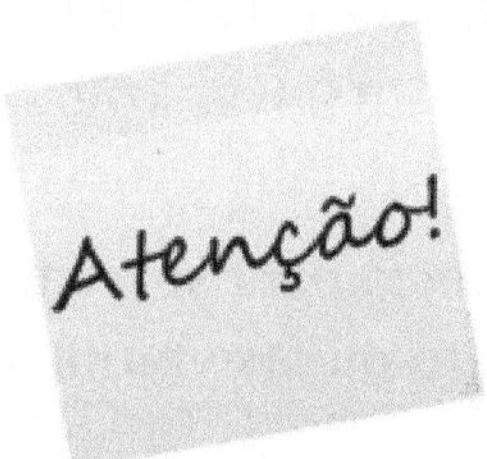

No Scrum não se mede quantidade de trabalho realizado, por isso não é importante o número de horas gastas, e sim quanto trabalho resta para ser completado – portanto, quantas horas ainda são necessárias é mais importante do que quantas horas foram aplicadas.

Em outras palavras, o trabalho passado não é tão importante quanto o trabalho restante.

Objetivo ou meta da *Sprint*

Assim que o evento de planejamento da *Sprint* é finalizado, o Time de Desenvolvimento deve ser capaz de explicar ao *Product Owner* e ao *Scrum*

Master como pretende trabalhar para completar o objetivo da *Sprint* e criar o incremento previsto.

Para que isso seja possível, o Time de Desenvolvimento precisa ter definido claramente o objetivo ou meta da *Sprint*.

> Dica!
>
> Defina o objetivo ou meta da *Sprint* apenas após realizar o planejamento da *Sprint* e selecionar todos os itens de *backlog* do produto que irão compor o *backlog* da *Sprint*.

A meta da *Sprint* é um objetivo definido que deverá ser atendido ao se implementar o *backlog* do produto selecionado para a *Sprint*. Esse objetivo fornece ao Time de Desenvolvimento uma direção sobre o porquê de estar construindo tal incremento ao longo da *Sprint*.

A própria construção dos itens de *backlog* selecionados, que entregam um incremento coerente, pode ser o objetivo da *Sprint*, ou qualquer outro objetivo coerente que faça o Time de Desenvolvimento trabalhar em conjunto em vez de em iniciativas separadas.

Backlog da *Sprint* finalizado?

O resultado da reunião de planejamento da *Sprint* é o *backlog* da *Sprint*, que inclui os refinamentos necessários para que tenha havido uma correta seleção.

Esse *backlog* da *Sprint* é um plano com detalhes suficientes para que as mudanças no progresso sejam entendidas durante as reuniões diárias e reflitam nos painéis de controle tais evoluções. No entanto, o Time de Desenvolvimento modifica o *backlog* da *Sprint* ao longo de toda a *Sprint*, ganhando mais refinamentos e novos itens conforme o Time de Desenvolvimento trabalha e aprende mais sobre o trabalho necessário para atingir o objetivo da *Sprint*.

Atenção!

Somente o Time de Desenvolvimento pode alterar o *backlog* da *Sprint* durante a *Sprint*, pois tal alteração é gerada pela ação de trabalhar no *backlog* e aprender mais sobre ele, provocando mudanças e adaptações constantes na maneira que o próprio Time de Desenvolvimento trabalha para concluir a *Sprint* e atingir seu objetivo.

Correções e adaptações

É preciso ter em mente que o *backlog* da *Sprint* (incluindo as tarefas) e o painel de controle poderão ser atualizados a qualquer momento dentro da *Sprint*, principalmente quando erros forem encontrados ou solicitações de mudança forem realizadas pelo cliente.

Uma atenção especial deve ser dada ao objetivo da *Sprint*, que deve ser preservado ao máximo. A sugestão é que alterações que possam mudar ou anular esse objetivo sejam postergadas para a *Sprint* seguinte. Para o caso de o objetivo da *Sprint* ser alterado, ou perder o sentido, poderá ser necessário cancelar a *Sprint*.

Outro fator relevante é considerar o gerenciamento de mudanças para as solicitações de mudança maiores, principalmente aquelas que possam alterar o objetivo da *Sprint*. As solicitações de mudança que possam invalidar a *Sprint* podem chegar através do PO por uma requisição do cliente ou por uma identificação interna do próprio Time Scrum.

Os papéis e suas responsabilidades no planejamento da *Sprint*

Vamos observar quais são as responsabilidades mais comuns de cada um dos papéis do Scrum durante a etapa de planejamento da *Sprint*, bem como suas devidas importâncias.

Como via de regra, todos os três papéis devem participar da cerimônia de planejamento da Sprint.

Scrum Master

O *Scrum Master* deve garantir que as reuniões de planejamento aconteçam com a frequência determinada e nos momentos corretos e esperados. Também é seu papel guiar o Time dentro do tempo restante da reunião, para que o trabalho determinado seja concluído no tempo reservado, ou seja, que o *time-box* seja atendido.

Outra função do *Scrum Master* é orientar o *Product Owner* a realizar o seu trabalho de suporte ao Time de Desenvolvimento, respondendo as perguntas de todos, contribuindo para o entendimento do *backlog* do produto e da *Sprint*, e não interferindo nos trabalhos do Time de Desenvolvimento.

Em relação ao Time de Desenvolvimento, o *Scrum Master* poderá orientar e guiar o grupo para que este planeje, estime e defina o trabalho a ser terminado dentro da *Sprint* da forma mais assertiva e correta possível, respeitando também a *time-box* dessa cerimônia.

O Scrum Master deve participar da reunião de planejamento da Sprint.

O *Scrum Master* e o cliente

Uma figura importante no desenvolvimento ágil de produtos é o cliente, que é um dos maiores influenciadores e afetados pelo projeto.

Juntamente com o PO, o *Scrum Master* pode contribuir para que o cliente entenda a importância dos trabalhos conjuntos com o PO e do fornecimento de todos os detalhes e informações necessárias para que o PO e o Time entendam perfeitamente os requisitos do produto a ser construído. Essa função é própria do PO, mas o *Scrum Master* pode contribuir para que o trabalho seja mais bem entendido e realizado, tirando proveito das técnicas e ferramentas do Scrum.

Outro apoio é no entendimento do cliente quanto à documentação necessária e não extensa ou inútil. O gerenciamento ágil prega a documentação necessária para se entender o produto e busca o não desperdício de tempo com documentação extensa e desnecessária. Nesse ponto o *Scrum Master* pode contribuir muito para que o cliente entenda o real objetivo de uma documentação correta e objetiva.

Product Owner

Nesse momento o trabalho do *Product Owner* aparecerá como em nenhum outro momento, pois será a hora de o PO apresentar todo o seu entendimento a respeito do *backlog* do produto que foi montado em conjunto com o cliente.

A tarefa principal do PO durante do planejamento da *Sprint* é passar o seu conhecimento adquirido a respeito do produto a ser desenvolvido e fazer com que o Time passe a ter o mesmo entendimento que ele e o cliente, e possa, a partir desse entendimento, determinar como construirá um produto que agregará valor ao cliente.

Em outras palavras, o PO descreverá "o que" o Time deverá construir ao final da *Sprint*, fornecendo todas as informações necessárias para que o Time consiga determinar "como" fará o trabalho para entregar o esperado.

As responsabilidades do PO passam por trazer as histórias listadas para a reunião de planejamento da *Sprint*, bem como artefatos complementares para o entendimento dessas histórias, tais como documentos de requisitos, especificações, casos de uso, *wireframes*, protótipos, modelos, exemplos, entre outros artefatos que possam servir de insumo e de apoio para que o Time compreenda da melhor maneira possível o que será trabalhado na próxima *Sprint*.

A seleção inicial do que será trabalhado na *Sprint* vem do PO, assim como a priorização do que deverá ser construído primeiro – essa é uma tarefa de exclusividade do PO e nenhum outro papel deve assumir tais seleções e priorizações.

Por fim, o PO deve estar pronto para responder qualquer questionamento do Time a respeito de detalhes importantes sobre o *backlog* do produto e sobre a seleção e definição do *backlog* da *Sprint*. Caso o PO não tenha todas as respostas nesse momento, este também deverá ser o responsável por buscá-

-las, especialmente aquelas ligadas ao negócio do cliente, e trazê-las para o Time o mais breve possível.

Na prática, nesse momento, o PO apresenta cada uma das histórias, descrevendo os detalhes necessários para que o Time entenda como cada história irá se transformar em uma parte funcional do produto.

A responsabilidade do PO é especialmente com relação aos entendimentos do negócio e do valor esperado pelo cliente ao receber o produto construído. Alguns aspectos técnicos podem ser trazidos pelo PO, porém as definições técnicas e como o produto será construído tecnicamente são de responsabilidade do Time e não do PO.

Se o PO for o cliente, melhor será o entendimento do produto e de suas necessidades. O único requisito é que o PO (cliente) esteja sempre disponível para o Time de Desenvolvimento, e isso inclui participar da reunião de planejamento da *Sprint* e de outras que ocorrerão ao longo do projeto.

O Product Owner deve participar da reunião de planejamento da Sprint.

Time de Desenvolvimento

Nessa etapa do planejamento, o Time de Desenvolvimento deve focar seus esforços no entendimento do que será trabalhado na próxima iteração para completar o objetivo da próxima *Sprint*.

O PO tem o entendimento do *backlog* do produto até o momento, mas o Time de Desenvolvimento deve ser capaz de transferir o entendimento do PO para si e determinar como construirá o produto e entregará o valor esperado pelo cliente.

Com as informações em mãos, ou, melhor dizendo, na cabeça, o Time de Desenvolvimento entende as histórias apresentadas pelo PO e determina o esforço necessário para construir uma parte do produto com base em cada uma das histórias conhecidas.

Com o entendimento, o Time prevê o tamanho das histórias e quebra todas elas em tarefas menores para que seja possível estimar com mais precisão o conteúdo da próxima *Sprint*.

O Time de Desenvolvimento é o único responsável pelas definições técnicas e por determinar como irá trabalhar nas histórias. O PO repassa o entendimento de negócio referente a cada história, mas somente o Time define como irá trabalhar tecnicamente para construir cada história, tomando decisões ligadas a arquitetura, linguagens, modelagens, codificações, tecnologias e outras características que irão influenciar o conteúdo técnico que irá compor uma entrega futura.

O PO apresenta uma história que fala sobre transferir alguns dados do sistema do cliente para outro sistema de um grande banco internacional. O PO traz as regras que influenciarão na transferência – por exemplo, todos os dias às dez horas da noite uma transferência de dados ao banco deve ser iniciada com todos os pagamentos realizados dentro daquele dia.

O Time de Desenvolvimento, ao entender esta história, define por conta própria como irá realizar a implementação da história – por exemplo, utilizando um *webservice* disponibilizado pelo banco e construindo um serviço que irá rodar no sistema operacional e disparará todos os dias às dez horas da noite o chamado ao *webservice*.

Perceba os limites de cada papel e suas responsabilidades: o PO apresenta ao Time de Desenvolvimento "o que" deve ser feito e o Time de Desenvolvimento define "como" irá realizar o trabalho para entregar a necessidade solicitada.

As previsões de tempo e esforço também são unicamente exclusividade do Time de Desenvolvimento, pois apenas quem irá desenvolver tem condições de estabelecer estimativas, sejam elas de tempo ou esforço.

No caso das estimativas, o PO pode influenciar o Time de Desenvolvimento no que diz respeito às prioridades, puxando ou empurrando histórias mais ou menos priorizadas de acordo com as estimativas de esforço apresentadas pelo Time de Desenvolvimento, mas nunca determinar qual é essa estimativa, passando por cima da definição do próprio Time de Desenvolvimento.

O Time de Desenvolvimento deve participar da reunião de planejamento da Sprint.

6. Executando a *Sprint*

O Time de Desenvolvimento coloca oficialmente a mão na massa e começa a construir o produto do projeto na fase de execução (também conhecida como etapa de desenvolvimento).

Essa fase é marcada principalmente por ser o momento em que o Time põe em prática o planejamento realizado nas etapas iniciais, especialmente o realizado no planejamento da *Sprint*.

"Colocar a mão na massa" é uma expressão utilizada para representar as atividades específicas da etapa de desenvolvimento e as tarefas que o Time realizará para construir propriamente o produto do projeto.

No Scrum, trata-se exatamente do momento entre a reunião de planejamento da *Sprint* e a reunião de revisão da *Sprint*.

Ao mesmo tempo em que o Time arregaça as mangas, oportunidades de inspeção surgem naturalmente e permitem que o Time monitore o seu próprio andamento e tenha uma percepção real da evolução dos trabalhos que está realizando.

Essa inspeção é parte da auto-organização do Time, conhecido também como microgerenciamento, que permite, além dessa pequena autogestão, um acompanhamento próprio para uma melhoria contínua constante.

A etapa de desenvolvimento é marcada também pelo início do monitoramento do avanço do projeto, que visa colher evidências do progresso das atividades e da comunicação dessas informações às partes interessadas do projeto.

Essas inspeções constantes permitem correções, adaptações e replanejamentos mais curtos.

Você sabia?

> Você sabia que, ao contrário do que muitos pensam, há mais tempo investido em planejamento nas abordagens de gerenciamento ágil do que nas tradicionais?
>
> É verdade! No gerenciamento tradicional o planejamento é maior no início e bem menor durante a execução do projeto. Já no ágil as etapas de planejamento são quase constantes ao longo de todo o projeto, sendo menores em duração contínua, porém bem mais frequentes.

Vamos agora entender como essa fase funciona e como os papéis do Time, do PO e do *Scrum Master* trabalham em conjunto para construir o produto da próxima entrega e unem forças em direção ao mesmo objetivo:

> *Entregar valor o mais breve possível para o cliente.*

A figura a seguir destaca em preto em que etapa do ciclo Scrum o fluxo de desenvolvimento de produto se encontra e qual é a cerimônia principal do Scrum que o Time irá trabalhar.

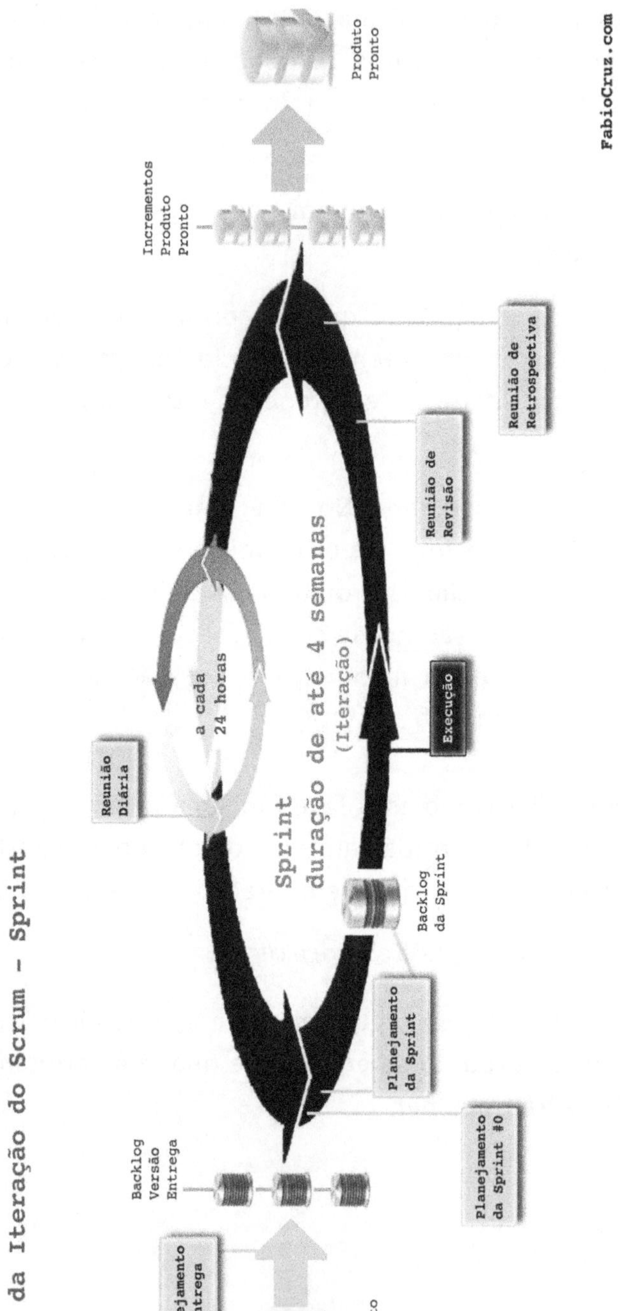

Ciclo da Iteração do Scrum - Sprint
Backlog do Produto
Planejamento da Entrega
Backlog Versão Entrega
Planejamento da Sprint #0
Planejamento da Sprint
Backlog da Sprint
Reunião Diária
a cada 24 horas
Sprint duração de até 4 semanas (Iteração)
Execução
Reunião de Revisão
Reunião de Retrospectiva
Incrementos Produto Pronto
Produto Pronto
FabioCruz.com

Figura 11

O Time de Desenvolvimento na execução

Mais do que em qualquer outra etapa, o Time de Desenvolvimento deve estar livre para realizar as tarefas diretamente relacionadas ao objetivo da *Sprint* e, consequentemente, do projeto.

O próprio Time é responsável por se auto-orientar, auto-organizar e automonitorar, proporcionando uma agilidade que facilitará os trabalhos necessários para que a *Sprint* seja completada.

Auto-orientação, auto-organização e automonitoramento significam que somente o Time deve ser o responsável pelo microgerenciamento das atividades, ou seja, as tarefas que foram decompostas na etapa de planejamento e estão disponíveis para o Time completar são de sua responsabilidade, e só interessa ao Time saber como cada tarefa menor está sendo realizada e como os objetivos determinados para a *Sprint* corrente serão atingidos.

O *Scrum Master* na execução

A principal função do *Scrum Master* é remover os obstáculos, atuando fortemente para que o Time consiga completar suas tarefas. Além disso, pode orientar o Time na utilização correta do *framework* Scrum.

Na prática, o *Scrum Master* geralmente realiza atividades objetivas com o Time, como garantir que o Time realize as cerimônias previstas pelo Scrum (por exemplo, as reuniões diárias) e que atualize o Quadro de Tarefas e o *Burndown*.

Em diversos momentos o *Scrum Master* poderá precisar de apoio para a remoção de impedimentos, principalmente quando envolverem o cliente ou as áreas externas ao desenvolvimento ou projeto.

O *Product Owner* na execução

O PO deverá contribuir para as atividades do Time auxiliando na remoção de impedimentos que possam envolver regras de negócio, dúvidas ou problemas de definição de escopo ou entendimento de requisitos e comunicações com os *stakeholders*.

Uma tarefa importante e fundamental que geralmente o PO realiza ao longo da execução do projeto é a pré-confirmação e validação das construções do produto que o Time está realizando, especialmente a conferência do atendimento aos padrões de qualidade estipulados pelo PO em conjunto com o cliente.

Atualizando e verificando o painel de controle

Com a atualização do painel, o Time estará colaborando com algumas tarefas de acompanhamento e monitoramento do avanço do projeto em direção ao seu objetivo.

A sugestão é que os próprios integrantes do Time mantenham o painel de controle atualizado diariamente. A forma mais fácil de fazer isso é cada um atualizar sempre a situação da tarefa que está realizando.

Quadro de Tarefas

Quando um integrante do Time inicia uma tarefa, ele deve movê-la da coluna "A fazer" para a coluna "Fazendo" no Quadro de Tarefas; como na prática ele não estará fazendo duas ou mais tarefas ao mesmo tempo, cada um só pode ter uma tarefa na coluna "Fazendo".

Dica!

É humanamente impossível uma pessoa realizar duas tarefas exatamente ao mesmo tempo. Na prática o que acontecerá é o término, ou interrupção, de uma para o início da outra.

Caso você não tenha se convencido da afirmação da dica anterior e acredite que realiza mais de uma tarefa ao mesmo tempo, tente fazer as tarefas descritas no exemplo a seguir ao mesmo tempo.

Exemplo

"Leia esta pequena sentença". Agora escreva-a em um papel e leia novamente.

Se você fizer este exercício básico, você verá que não conseguiu fazer as tarefas, que são três, exatamente ao mesmo tempo. Cada uma delas teve um início e um fim, e só depois de finalizar a primeira a segunda foi iniciada, ocorrendo o mesmo entre a segunda e a terceira.

Caso você tenha lido enquanto escrevia e imaginou que isso significou que você escreveu e leu ao mesmo tempo, note que você deve ter escrito uma letra, ou sílaba, de cada vez, e lido apenas esta letra ou sílaba, e só leu a próxima após escrevê-la, o que significa que realizou a segunda e a terceira tarefas de forma mais lenta. Isso só prova que você alternou entre as tarefas e continuou realizando uma de cada vez, porém alternadamente, e não exatamente ao mesmo tempo.

Assim como na dica e no exemplo citados, nos projetos é exatamente o mesmo raciocínio – com um agravante: as tarefas relacionadas a projetos são bem mais complexas do que ler e escrever uma pequena frase.

Este deve ser um entendimento de todo o Time.

Portanto, caso um integrante do Time já tenha uma tarefa na coluna "Fazendo" e ela não esteja completa, se este quiser pegar outra tarefa para si e movê-la para a coluna "Fazendo", a outra tarefa que já estava lá deve mudar de coluna ou de situação.

A mudança de coluna é simples: ou ela retorna para a coluna "A Fazer", ou ela vai para a coluna "Feito", ou ela ganha a situação de "Bloqueada" de duas maneiras:

1. Vai para uma área no Quadro de Tarefas destinada a tarefas bloqueadas.

2. Ganha uma marca de destaque que a sinaliza como tarefa bloqueada. Geralmente as tarefas ganham uma bola vermelha sobre elas – ou um *post-it* cor de rosa ou vermelho, mostrando visualmente que a tarefa não está na situação "Fazendo", apesar de estar na coluna com esse nome. A opção do *post-it* permite que seja escrito nele de forma breve qual o impedimento que bloqueou a tarefa, como mostrado na figura mais adiante.

Manter o Quadro de Tarefas atualizado e representando a realidade atual das tarefas de todos os integrantes do Time, além de fornecer um controle do que está acontecendo com os trabalhos da *Sprint* para o próprio Time de forma simples, contribuindo para a sua própria auto-organização, ainda proporciona a todos os envolvidos dados significativos sobre a situação do projeto, tais como:

- **Quantas pessoas estão com atividades em andamento.** Esse número é rapidamente obtido olhando apenas a coluna "Fazendo". É possível também descobrir se algum integrante do Time está parado sem produzir.
- **Quantas atividades estão bloqueadas e aguardando impedimentos serem removidos.** Esse número é obtido observando as tarefas marcadas como "Bloqueadas".
- **Quantas tarefas já foram completadas.**
- **Quantas tarefas ainda estão aguardando para ser iniciadas.**

Quando o Quadro de Tarefas possuir outras colunas representando situações diferentes, tais como "Em testes", poderá ser possível acompanhar a troca de situação das tarefas e monitorar o tempo que a tarefa fica em cada etapa.

Quando as tarefas possuírem cores diferentes para representar tipos distintos, como tarefas planejadas e não planejadas (por exemplo, correções de *bugs*), será possível monitorar o número de tarefas não planejadas que estão entrando ao longo da *Sprint*, permitindo, inclusive, que se tenha uma ideia da qualidade do produto. Em outras palavras, muitas tarefas não planejadas podem significar uma falha de qualidade no planejamento, e muitas tarefas de correção podem significar uma falha de qualidade na realização das tarefas.

A figura a seguir ilustra essas situações.

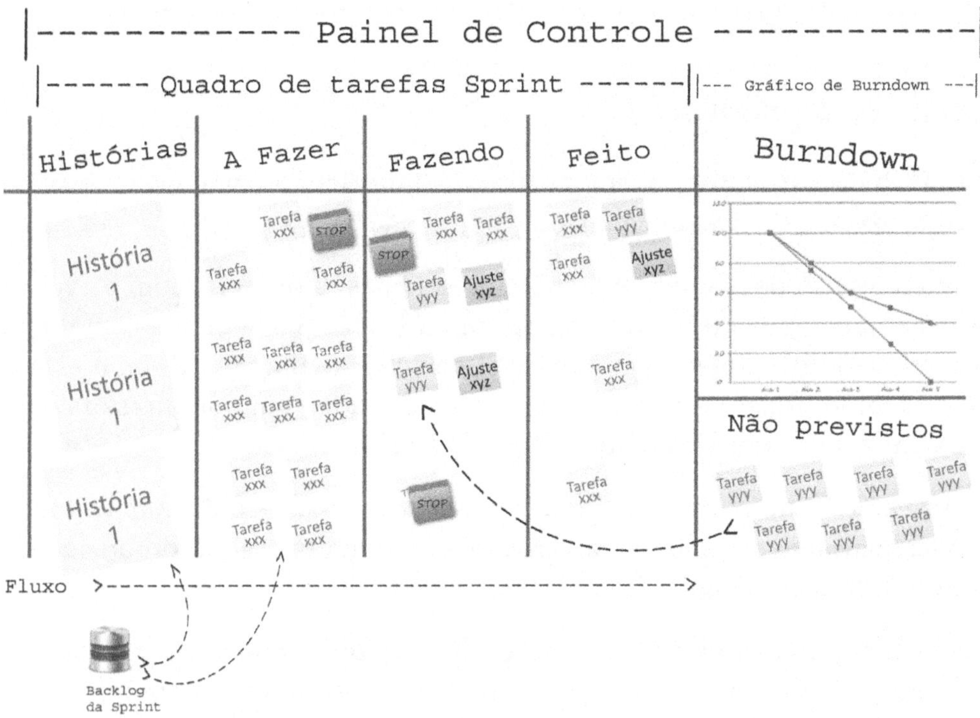

Figura 12

Itens não planejados geralmente são correções de erros encontrados ao longo da *Sprint* ou tarefas que não foram identificadas como necessárias durante o planejamento da *Sprint*.

Solicitações de mudança não devem entrar de imediato como itens não planejados; somente depois de passarem por uma análise e aprovação do PO dos impactos da mudança no objetivo da *Sprint*.

É fácil observar que uma simples atualização do painel de controle do Time pode gerar uma gama imensa de informações para quem sabe observar e ler o que está no quadro. Essa relação mostrada antes é apenas uma breve sugestão do que pode ser colhido de dados a partir do painel, porém essa lista pode ser muito maior e agregar muito mais valor a Times mais maduros e já habituados a trabalhar com essas ferramentas de comunicação.

Gráfico de *Burndown*

O Gráfico de *Burndown* poderá mostrar ao Time Scrum como está o avanço do projeto em relação ao planejado.

Como o gráfico deve mostrar sempre duas linhas, a primeira com o avanço esperado após o planejamento da *Sprint* ou versão e a segunda com o real avanço diário do projeto, será possível perceber rapidamente como está o progresso do projeto – se dentro do esperado, adiantado ou atrasado – ao observar a linha real em comparação com a linha prevista.

A sugestão é que o Time, ou o *Scrum Master*, atualize o *Burndown* todos os dias para que se tenha uma visão real do que está sendo produzido no projeto e do quanto ainda falta.

Assim como o Quadro de Tarefa, o Gráfico de *Burndown* da *Sprint* deverá ser zerado ao final da última *Sprint* e reiniciado no começo da próxima, e o gráfico da versão deverá ser zerado ao final da entrega da última versão e reiniciado no começo da próxima entrega.

Além das sugestões dadas, alguns outros processos que serão mostrados a seguir são comuns para o acompanhamento e monitoramento que o Time poderá realizar após a atualização do painel.

Não se prenda a padrões ou regras para montar o painel de controle do seu Time. O mais importante é mostrar, atualizar e monitorar o que é importante para o seu projeto e para o seu Time.

A adaptação e a melhoria contínua são as dicas aqui. Vá adaptando o seu painel conforme o seu Time for amadurecendo. Vá melhorando continuamente de acordo com os avanços de cada integrante do Time e da própria equipe.

A transparência dos artefatos

O Scrum invoca e provoca a transparência, que é um dos seus pilares de sustentação, e essa transparência deve refletir nos artefatos utilizados pelo Time Scrum para desenvolver o produto e monitorar o progresso em direção ao objetivo da *Sprint* e do projeto.

Essa transparência dos artefatos também contribui para as decisões de otimização do valor e do controle dos riscos, que são geralmente realizados com base na percepção existente do estado de cada artefato, considerando que, na medida em que a transparência se torna plena, as decisões de otimização e controle passam a ter uma base sólida.

Quanto menos transparentes forem os artefatos utilizados pelo Time, maiores podem ser as falhas nas decisões e, por consequência, menores podem ser os valores gerados e maiores os riscos no controle e monitoramento do projeto.

Uma das características buscadas pela transparência é também proporcionar o mesmo entendimento acerca de objetivos, metas e definição de "pronto" a todos que estão acompanhando o projeto e trabalhando nele.

O *Scrum Master* deve trabalhar com o Time e com o *Product Owner* para organizar o aumento da transparência dos artefatos. Todos devem considerar que essa transparência não ocorre da noite para o dia, mas é um caminho de trabalho que envolve aprendizagem, convencimento e mudança.

7. Monitorando a *Sprint*

A partir desse momento o ciclo de desenvolvimento começa a tomar uma forma mais conhecida pela maioria das equipes de desenvolvimento de produtos no geral, porém seguindo o fluxo e as regras do Scrum.

Durante a *Sprint*, um evento muito conhecido e com uma importância fundamental para o uso real do Scrum é a **reunião diária**.

A proposta da reunião diária é fornecer ao Time uma oportunidade de inspecionar o próprio trabalho e compartilhá-lo com todos os integrantes, fornecendo informações para que seja possível controlar o andamento do projeto, monitorar riscos e problemas e acompanhar a velocidade da execução.

Outro benefício é o formato, muito interessante para combater as "reunionites", aquelas reuniões muito longas que se tornam um pesadelo, ou que fogem do foco, ou que às vezes não têm um objetivo e normalmente aborrecem as equipes de projeto.

A figura a seguir destaca em preto em que etapa do ciclo Scrum o fluxo de desenvolvimento de produto se encontra e qual é a cerimônia principal do Scrum que o Time irá trabalhar.

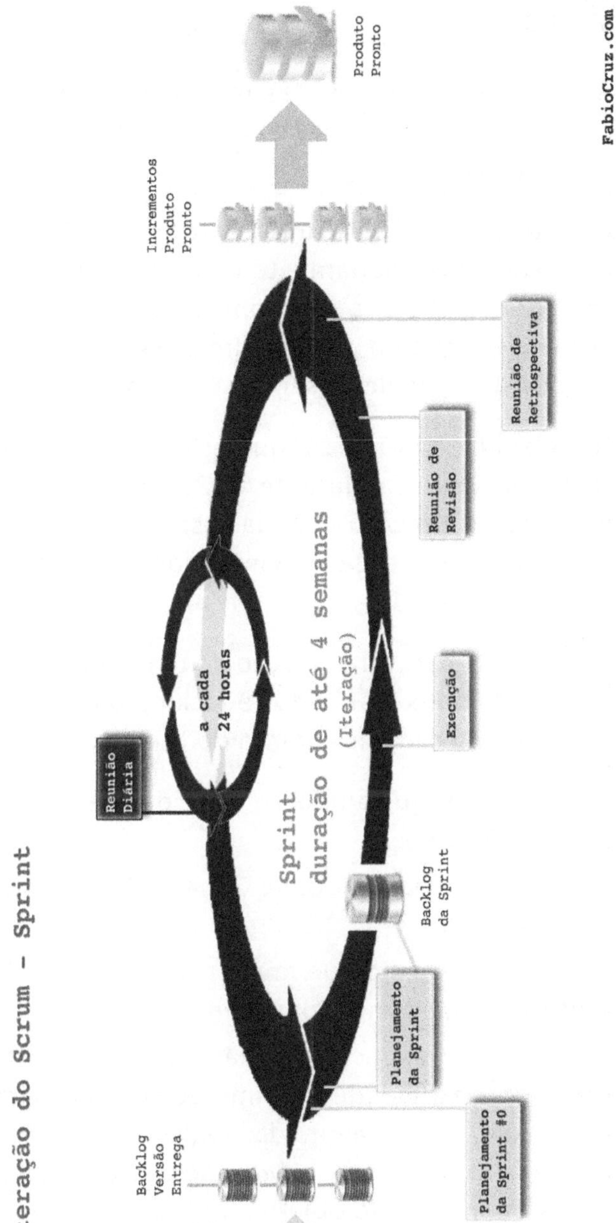
Ciclo da Iteração do Scrum - Sprint
Planejamento da Entrega
Backlog do Produto
Backlog Versão Entrega
Planejamento da Sprint #0
Planejamento da Sprint
Backlog da Sprint
Reunião Diária
a cada 24 horas
Sprint duração de até 4 semanas
(Iteração)
Execução
Reunião de Revisão
Reunião de Retrospectiva
Incrementos Produto Pronto
Produto Pronto
FabioCruz.com

Figura 13

Reuniões diárias

Essa cerimônia é uma das características mais marcantes do Scrum e contribui muito para a mudança de pensamentos e ações dos Times que trabalham com metodologias ágeis.

A reunião diária, ou *daily meeting*, é um evento para o Time de Desenvolvimento, que deve se encontrar diariamente para uma reunião de no máximo 15 minutos. O foco principal desta cerimônia é permitir que o Time de Desenvolvimento planeje o trabalho das próximas 24 horas e sincronize suas atividades entre todos do Time de Desenvolvimento.

Para reduzir a complexidade, a ideia é que essa reunião ocorra sempre no mesmo horário e no mesmo local durante as *Sprints*. Isso otimiza a colaboração e a performance do time através da inspeção do trabalho realizado desde a última reunião diária e da previsão dos trabalhos até a próxima reunião diária.

Há várias formas possíveis para a realização de uma boa reunião diária. Uma sugestão que tem trazido bons resultados e facilitado o trabalho do Time de Desenvolvimento é quando cada integrante do time explica:

- O que eu fiz ontem que ajudou o Time de Desenvolvimento a atingir a meta da *Sprint*?
- O que eu farei hoje para ajudar o Time de Desenvolvimento atingir a meta da *Sprint*?
- Eu vejo algum obstáculo que impeça a mim ou ao Time de Desenvolvimento a atingir a meta da *Sprint*?

O foco das perguntas e de suas respostas não deve ser um status dos itens, mas, sim, aumentar a probabilidade do Time de Desenvolvimento atingir o objetivo da *Sprint*. O compartilhamento das realizações e dos impedimentos deve ser levado muito a sério durante a *Daily Scrum*, pois estes podem interferir seriamente no atingimento do objetivo da *Sprint*, devendo ser evitados ou removidos o mais rápido possível.

Além de compartilhar o que está sendo produzido, os impedimentos e obstáculos devem ser levados muito a sério durante as reuniões diárias, pois podem interferir seriamente no objetivo da *Sprint* e devem ser removidos o mais rápido possível.

O mais importante da reunião diária é a comunicação, a eliminação de outras reuniões e a identificação de impedimentos para o desenvolvimento fluir e avançar sem barreiras. Essas ações promovem a tomada rápida de decisões e melhoram o nível de conhecimento de todos acerca do projeto, além de aumentar a probabilidade do Time de Desenvolvimento atingir o objetivo da *Sprint*.

É importante reforçar que o Time de Desenvolvimento é o responsável por conduzir a reunião diária, devendo utilizá-la para inspecionar o progresso em direção ao objetivo da *Sprint* e inspecionar se o trabalho completado *versus* o trabalho restante tende a completar o trabalho do *backlog* da *Sprint*.

A reunião diária também é uma inspeção do progresso na direção da meta da *Sprint*, mas não pode ser realizada para resolver problemas; o que ela pode é provocar outras reuniões subsequentes para realizar adaptações ao trabalho que está por vir na *Sprint*, otimizando a probabilidade de que o Time alcance a sua meta.

Dica!

Não é obrigatória a participação do *Scrum Master* na reunião diária, mas ele deve garantir que o Time de Desenvolvimento entenda e realize a reunião diária, mantendo-a dentro do *time-boxed* através de discussões breves.

Atenção!

Qualquer pessoa pode participar da reunião diária, porém apenas o Time de Desenvolvimento pode falar e interferir na reunião.

Stand-up meeting

Um formato muito utilizado para as reuniões diárias é o *stand-up meeting*, que significa "reunião em pé".

O conceito é tão simples quanto parece. Para aplicá-lo, reúna o Time para a reunião diária de forma que todos fiquem de pé e de preferência em um círculo pequeno, para que todos possam se olhar.

Como ninguém gosta de ficar horas em pé no mesmo local, uma reunião assim será objetiva, direta e breve.

Essa estratégia de realizar a reunião diária em pé também é uma forte arma contra as "reunionites".

A reunião é uma arma forte para o sucesso do projeto, mas também pode gerar fracassos se não for bem conduzida. Por isso use e abuse do conceito de reunião diária no formato de *stand-up meeting* e acabe com as "reunionites".

Orientando e removendo impedimentos

Um objetivo fundamental de um *Scrum Master*, e que aparece fortemente na reunião diária, é remover os impedimentos ou problemas do Time na execução de suas tarefas.

Isso pode parecer simples, mas muitas vezes o *Scrum Master* é despreparado ou nunca está presente nas cerimônias do Scrum.

A reunião diária é o principal evento onde os impedimentos aparecem, principalmente porque o objetivo é responder três perguntas – e uma delas é sobre a existência de impedimentos.

O Time deve estar livre para produzir e usar o máximo de seu tempo trabalhando ao longo das *Sprints*. Para isso, não deve haver impedimentos ou problemas que impeçam o Time de trabalhar e avançar.

A primeira tarefa do *Scrum Master* é estimular os membros do Time durante a reunião diária, para que eles comuniquem seus impedimentos e/ou obstáculos ao longo da reunião e não fiquem com seus problemas na gaveta. Apesar de essa cerimônia ter sido criada para identificar bloqueios, nada impede o *Scrum Master* de registrar problemas nas outras reuniões ou durante todos os trabalhos do Time.

A partir do impedimento identificado, o *Scrum Master* deve registrá-lo e não permitir que o problema tome todo o tempo de uma reunião diária, por exemplo, ou de outra cerimônia qualquer. A reunião diária não foi feita para resolver os problemas, e sim para identificá-los. Quando um grande ou importante bloqueio é identificado, outra reunião distinta pode ser agendada somente para discutir o impedimento encontrado.

O *Scrum Master* deve ser o responsável por remover o obstáculo que impede o avanço do Time. Isso não significa que ele próprio vai tratar totalmente o problema ou bloqueio. Vamos observar o exemplo a seguir:

> Imaginemos um componente de software que não funciona bem e apresenta erros.
>
> O *Scrum Master* deverá buscar apoio especializado e específico para a resolução do erro no componente, acompanhar a sua solução e comunicar ao Time quando o novo componente estiver disponível para uso.

> O Time alega que um *notebook* não está funcionando bem e precisa ser trocado.
>
> O *Scrum Master* vai buscar junto às áreas competentes da empresa a compra ou reposição de um novo computador e pode acompanhar essa compra até que o equipamento seja entregue ao Time.
>
> Situações semelhantes podem ocorrer com o surgimento da necessidade de contratação de um novo profissional, ou da compra de software de apoio, ou qualquer questão que o Time não consiga resolver sozinho.

Nas situações apresentadas anteriormente, assim como em outras, o *Scrum Master* pode, como sugestão, acionar gerências, parceiros e clientes, envolvendo-os nessas questões, em especial quando se tratar de recursos do projeto que indireta ou diretamente estejam ligados ao objetivo do projeto, mas que não estejam sob a autoridade do Time Scrum.

O *Scrum Master* deverá apenas guiar e orientar o Time para que as regras sejam cumpridas e para garantir a realização da cerimônia todos os dias e dentro do prazo estipulado.

Por regra, apenas o *Scrum Master* e o Time participam da *daily meeting*, mas caso o PO participe, pode ouvir e tomar atitudes para ajudar ou remover impedimentos mais graves após o término da reunião diária, tais como falta de entendimento de itens de *backlog*, riscos ou indícios de solicitações de mudança nos requisitos.

Atualizando o painel de controle

A reunião diária também pode ser o momento de atualizar o Quadro de Tarefas e o Gráfico de *Burndown*, caso estes não estejam atualizados.

Dois momentos são sugeridos para a atualização do Quadro de Tarefas durante a reunião diária:

1. O primeiro seria no início da reunião diária. Antes de cada membro do Time apresentar suas realizações e obstáculos, um dos membros ou o *Scrum Master* atualiza todas as tarefas no quadro.
2. A segunda sugestão que funciona bem é cada membro do Time, no momento em que estiver apresentando suas realizações, atualizar suas próprias tarefas no quadro.

Independentemente do momento, a atualização deve compreender as estimativas das tarefas, a mudança da situação das tarefas e as novas tarefas identificadas e não planejadas.

Por fim, ao final da reunião diária e após a atualização de todo o painel de controle, um membro do Time ou o *Scrum Master* deve totalizar as estimativas de esforço restante, considerando os itens prontos, e marcar um novo ponto no Gráfico de *Burndown*.

Esse novo ponto disponibilizará a todos que têm acesso ao painel de controle o avanço real atingido nesse novo dia e o trabalho restante atualizado.

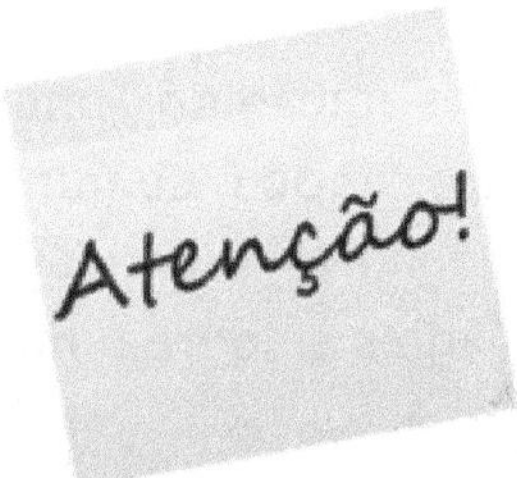

É sugerido que o Time não saia da reunião diária sem atualizar o painel de controle, que é composto pelo Quadro de Tarefas e pelo Gráfico de *Burndown*.

Os papéis e suas responsabilidades na reunião diária

Vamos observar quais são as responsabilidades mais comuns de cada um dos papéis do Scrum durante a reunião diária, bem como suas devidas importâncias.

Scrum Master

O *Scrum Master* tem o importante papel de ensinar o Time de Desenvolvimento a se auto-organizar e a manter o *Time-Boxed* da reunião diária em todos os encontros, todos os dias e sempre no mesmo horário, e quando participar deve observar e só interferir quando houver fuga do propósito da reunião (sincronizar as atividades), ou quando o tempo de duração estiver se estendendo.

Não é obrigatória a participação do Scrum Master na reunião diária, e somente o Time de Desenvolvimento determina outros participantes para a reunião.

O *Scrum Master* e o desenvolvimento do Time Scrum

O *Scrum Master* é o principal papel quando se fala em aplicação correta e bem direcionada do *framework* Scrum, justamente por ser o *coach*. Essa palavra define muito bem o *Scrum Master* em relação ao Time Scrum: técnico.

Quando o Time Scrum está armado de um *Scrum Master* experiente e bem preparado, muitos aspectos referentes à boa aplicação do Scrum se tornam mais fáceis ou mais simples de ser aplicados.

O *Scrum Master* é o papel mais indicado para realizar a orientação do Time e observar se todos estão inseridos nos conceitos ágeis e aplicando o conjunto de técnicas do Scrum de forma correta. Ele também deve ser o responsável por alertar o Time sobre desvios ou fugas dos conceitos ágeis e sobre o mau uso do Scrum.

O *Scrum Master* deve ensinar o Time de Desenvolvimento a manter a reunião diária dentro da *time-box*. As interferências do *Scrum Master* devem ser indiretas, pois ele não participa dos trabalhos do Time. Sendo assim, o *Scrum Master* pode orientar e guiar o Time na direção correta, mas quem realmente faz acontecer é o próprio Time.

O único momento onde o *Scrum Master* interfere diretamente é no registro do impedimento e no seu tratamento futuro.

Dica!

Como as reuniões diárias devem durar apenas 15 minutos, uma das tarefas do *Scrum Master* é provocar o Time a realizar tudo que for necessário dentro do tempo especificado, ou seja, respeitando a *time-box* da reunião diária.

O *Scrum Master* e o *Product Owner*

O *Product Owner* também é influenciado pelo *Scrum Master* e pode tirar muito proveito do papel do técnico (*coach*) do Scrum.

O PO é o responsável por passar todo o entendimento necessário sobre o *backlog* do produto para que o Time entregue um produto desenvolvido e pronto ao cliente.

O *Scrum Master* atua algumas vezes como acelerador e outras como freio do PO.

Em muitas ocasiões o PO tenta influenciar o Time na diminuição de um prazo. Neste caso, o *Scrum Master* deve interferir como freio e não permitir que o PO dê ou influencie a estimativa do Time.

Em outras situações o PO se omite ou não se predispõe a atender às reuniões de planejamento ou às dúvidas de entendimento do Time. Nesse caso o *Scrum Master* deve influenciar o PO a participar das cerimônias e principalmente a atender aos chamados do Time, a buscar a solução de dúvidas e a atuar no aprofundamento de entendimentos sobre os itens de *backlog* do produto ou da *Sprint*.

Outra ajuda considerável do *Scrum Master* é quando influências externas tentam entrar no terreno de domínio do Time de Desenvolvimento ou do PO. Vejamos o exemplo a seguir.

> Somente o PO pode definir as prioridades dos itens de *backlog* e os objetivos das *Sprints*. Quando alguém externo tenta influenciar ou mudar prioridades, ou até alterar as metas da *Sprint* sem o consentimento ou aprovação do PO, o *Scrum Master* pode interferir ou estimular o Time para que não realize nenhuma mudança que não venha do PO.

Como, por regra, o PO não participa da reunião diária, o *Scrum Master* pode ajudá-lo identificando impedimentos relacionados ao *backlog* do produto, ou a mudanças não planejadas nas prioridades e nos objetivos da *Sprint*, levando essas questões posteriormente ao PO e provocando encontros e conversas entre o Time e o PO para esclarecer dúvidas e colocar os planejamentos em ordem.

O *Scrum Master* e o cliente

O *Scrum Master* pode demonstrar o funcionamento dos painéis de controle, como o Quadro de Tarefas e o Gráfico de *Burndown*, ao cliente, estimulando-o a monitorá-lo e a acompanhar o andamento e a evolução das *Sprints*. O ganho de comunicação é considerável e também irá iniciar um processo de mudança no cliente, no que diz respeito a conceitos e técnicas ágeis.

Product Owner

O *Product Owner* não participa da reunião diária.

Se o Time acreditar ser necessário, o PO pode participar da reunião diária como ouvinte, atentando para contribuir com a remoção dos impedimentos ligados ao backlog do produto.

Time de Desenvolvimento

O Time de Desenvolvimento é o principal papel na reunião diária e deve tirar o máximo proveito da comunicação e do compartilhamento de informações que a cerimônia permite.

O objetivo deverá ser sempre sincronizar as atividades através da inspeção das realizações e do planejamento do que será realizado, não detalhando ou discutindo problemas – e muito menos tentando resolver impedimentos. Essas ações devem ser realizadas posteriormente.

O Time deve ser o principal preocupado em cumprir a *time-box* da reunião diária, para que nenhum tempo seja perdido fora do objetivo de entregar o valor proposto pela *Sprint*.

O Time de Desenvolvimento deve participar da reunião diária.

8. Revisando a *Sprint*

Como uma das últimas fases do ciclo de desenvolvimento dentro da *Sprint* temos a verificação, que é a validação das funcionalidades construídas para liberação de um pacote ao cliente. O evento responsável por essa atividade dentro do Scrum é a reunião de revisão da *Sprint* (em inglês, *Sprint Review*).

Em qualquer modelo de desenvolvimento de produtos, pelas boas práticas, deve haver um momento em que o responsável pelo escopo definido revise tudo que foi construído com o propósito de verificar se tudo foi realizado conforme o esperado pelos requisitos descritos e de acordo com os padrões de qualidade planejados – ou, em outras palavras, se atenderá à expectativa do cliente.

O Scrum proporciona isso através da revisão da *Sprint*, que é um evento *time-boxed* de até quatro horas de duração com o objetivo de apresentar ao *Product Owner* o que foi construído e transformado em produto, permitindo que o PO, como responsável por garantir o valor entregue pelo Time, aprove ou reprove os trabalhos completados.

A reunião de revisão é mais uma cerimônia típica do Scrum que tem uma importância fundamental na implantação das técnicas e metodologias ágeis e que proporciona ganhos ao Time Scrum e ao cliente.

Vamos conhecer um pouco mais sobre esta cerimônia do Scrum.

A figura a seguir destaca em preto em que etapa do ciclo Scrum o fluxo de desenvolvimento de produto se encontra e qual é a cerimônia principal do Scrum que o Time irá trabalhar.

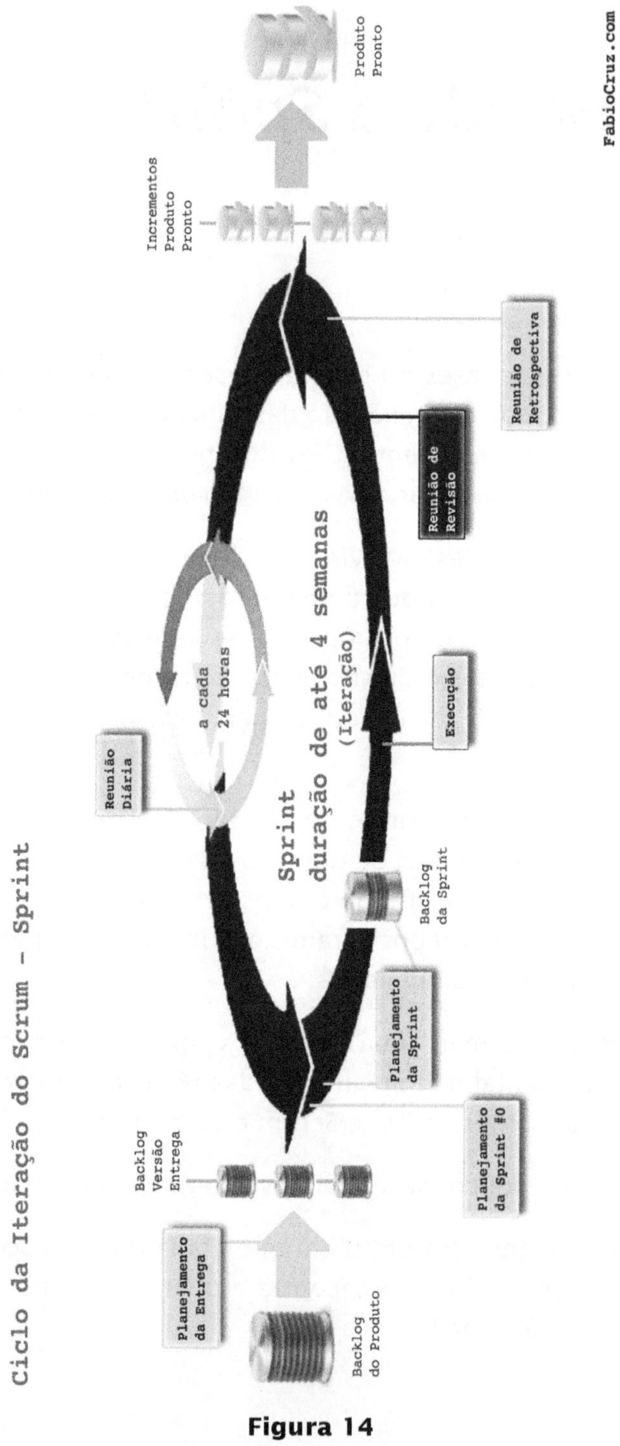
Ciclo da Iteração do Scrum - Sprint
Backlog do Produto
Planejamento da Entrega
Backlog Versão Entrega
Planejamento da Sprint #0
Planejamento da Sprint
Backlog da Sprint
Reunião Diária
a cada 24 horas
Sprint
duração de até 4 semanas
(Iteração)
Execução
Reunião de Revisão
Reunião de Retrospectiva
Incrementos Produto Pronto
Produto Pronto
FabioCruz.com

Figura 14

Reunião de revisão da *Sprint*

A reunião de revisão da *Sprint* deve ocorrer ao final do ciclo da *Sprint* e tem o objetivo de avaliar o que está sendo e o que deveria ser entregue. Todos participam dessa etapa.

Assim como as outras cerimônias, a reunião de revisão também é uma *time-box* e deve ter um tempo limitado e um objetivo bem definido. Essas cerimônias de revisão devem ter no máximo quatro horas de duração para uma *Sprint* de um mês, sendo proporcionalmente menor para *Sprint* menores.

A reunião de revisão, ou *Sprint Review*, é também conhecida como apresentação da *Sprint*. É uma parte importante do Scrum a qual muitos não dão o merecido valor – o que é um erro, porque a *Review* pode fazer uma grande diferença na aplicação e melhoria contínua do Scrum, além de ser a principal responsável por garantir uma entrega de qualidade ao cliente final.

O objetivo maior dessa reunião é a inspeção do incremento, pelo PO ou pelo cliente, e a adaptação do *backlog* do produto se necessário. A melhor maneira de fazer isso é justamente realizar uma apresentação ao PO de todos os itens completados na *Sprint*. A sugestão mais indicada é que o Time faça uma demonstração do funcionamento do produto, apresentando o que está pronto e como está realmente funcionando.

Com isso, o PO poderá conferir e avaliar o que está sendo considerado pronto, levando em conta o que está sendo entregue *versus* o que deveria ser entregue.

Para que a revisão ocorra da forma mais objetiva e produtiva possível, é importante que se defina claramente antes da reunião qual era o objetivo da *Sprint* e qual é a meta da *Review*.

Dica!

Um membro do Time pode realizar a demonstração dos itens de *backlog* prontos ao *Product Owner*, ou o próprio PO pode conferir e fazer por si só a avaliação.

Lembrete

Lembre-se da definição de "pronto" determinada durante o planejamento. Apenas os itens completados e que atendam a essa definição devem ir para a reunião de revisão e ser apresentados ao PO e/ou ao cliente.

A reunião de revisão pode proporcionar ganhos evidentes se for realizada de maneira correta. A sugestão é que o seu conteúdo inclua pelo menos os seguintes elementos:

- Além do Time Scrum, o *Product Owner* pode convidar as partes interessadas que acredita serem importantes para essa revisão.
- O Time de Desenvolvimento discute o que foi bem durante a *Sprint*, quais problemas ocorreram e como esses problemas foram resolvidos.
- O *Product Owner* discute o *backlog* tal como está e projeta prováveis datas de conclusão com base no progresso obtido até essa data.
- O grupo presente colabora sobre o que fazer a seguir, de forma a fornecer novas entradas para a reunião de planejamento da próxima *Sprint*.

A reunião de revisão fornecerá como resultado um *backlog* do produto revisado que definirá provavelmente o *backlog* da próxima *Sprint*.

O que fazer a seguir?

Essa é uma decisão importante que o Time Scrum precisa tomar em conjunto e de forma colaborativa durante a reunião de revisão da *Sprint*.

Muitas vezes é preciso realizar uma análise de como o mercado ou o uso potencial do produto pode ter mudado ao longo da última *Sprint*, e o que é a coisa mais importante a ser feita a seguir.

Esse item reforça a entrega de valor ao cliente e chama a atenção do Time de Desenvolvimento para o que é realmente "valor", e se esse valor mudou ao longo do tempo. Essa análise vai compor as entradas da próxima *Sprint*, proporcionando mais refinamento ao *backlog* do produto, que poderá ser reorganizado e novamente ordenado para compor o *backlog* da próxima *Sprint*.

Ainda como resultado do evento de revisão, o Time deve analisar a linha do tempo, o orçamento e a capacidade do Time para a próxima versão esperada do produto, considerando possíveis alterações e adaptações no tamanho do Time de Desenvolvimento e na duração das próximas *Sprints* para se adequar à capacidade esperada do *backlog* a ser trabalhado.

Rejeitando itens de *backlog*

O único que pode rejeitar oficialmente itens do *backlog* da *Sprint* durante a reunião de revisão é o PO. Apesar de o PO não testar os itens apresentados durante a cerimônia, ele irá validar a situação de pronto de cada um dos itens e comparar o que foi planejado com o que está sendo entregue.

Para isso o *Product Owner* pode utilizar como referência os critérios de aceitação da história. A sua análise como representante do cliente também faz muita diferença e poderá ser também um critério de aceitação das histórias entregues.

O Time é o primeiro a considerar uma história pronta, porém a última palavra será sempre do PO, que poderá aprovar ou rejeitar cada uma das histórias apresentadas como prontas.

Cada história rejeitada pelo PO deverá retornar ao *backlog* do produto e ser analisada para voltar na próxima *Sprint* para ajustes ou novo desenvolvimento.

Lembre-se de que a qualidade de negócio vem do cliente e a qualidade técnica vem do Time de Desenvolvimento. Assim, o PO rejeita ou aceita itens de acordo com a expectativa do cliente e com o funcionando adequado do sistema.

Importância da reunião de revisão

Muitos ainda pensam e se perguntam: "para que gastarmos tempo com uma revisão ou apresentação?". Bom, a primeira coisa é que, ao seguir as regras do Scrum, não se "gasta" tempo – investe-se. Vamos entender o porquê.

Uma coisa muito comum em projetos é o acúmulo de tarefas "quase" prontas, o empilhamento de atividades com 99% de conclusão. Quem nunca ouviu a frase: "está praticamente pronto"?

Geralmente não se tem nada pronto em 100%, mas tudo no quase. No entanto, quando se tem uma apresentação com o objetivo de demonstrar e revisar as conclusões, todo o Time se empenha em realmente ter as tarefas prontas, porque o próprio Time, o *Product Owner* e até outros envolvidos com o projeto vão participar da apresentação da *Sprint* e esperam ver um produto funcional que atenda à definição de pronto.

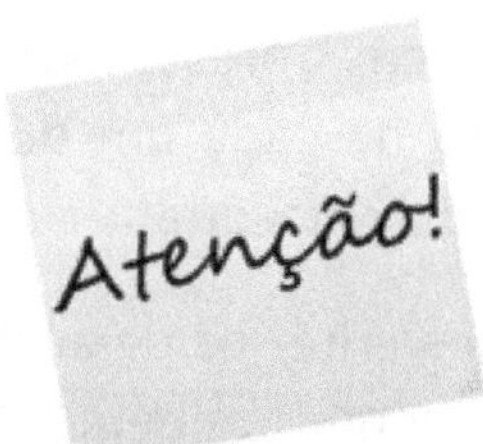

A reunião de revisão não é o momento de testar os itens entregues, mas de apresentá-los, conferi-los e avaliá-los de acordo com a indicação de pronto de cada um.

Os testes devem fazer parte da execução da *Sprint* e estar contidos na definição de pronto, vindo para a reunião de revisão apenas os itens que passaram pelos testes e atenderam à definição de pronto do Time Scrum.

O que geralmente se vê em Times novos no Scrum é a negligência ou falta de importância dada às primeiras reuniões de revisão. Com isso, acabam caindo no vício do "praticamente pronto", e o que se vê muito é o aparecimento de vários erros e até a impossibilidade de apresentações completas de produtos devido a falhas.

Isso com certeza irá ferir o ego e gerar desconforto e frustração no próprio Time, e então a mudança começa.

O próprio Time vai preferir melhorar a sua apresentação na próxima revisão de *Sprint* e naturalmente vai preferir terminar menos itens do que ter mais itens "quase" prontos. Dessa forma, será mais assertiva e real a avaliação de velocidade do Time e do produto que realmente está sendo entregue.

Quando o Time começa a melhorar a qualidade de suas entregas nas revisões, a autoestima melhora, a confiança do Time em si mesmo aumenta e a positividade começa a tomar conta, fazendo com que a sua melhoria torne-se cada vez mais contínua e constante.

Não desperdice tempo montando uma apresentação do produto ou das partes prontas. Utilize o próprio produto real, mesmo que em um ambiente de desenvolvimento ou testes, para apresentar os itens concluídos.

Ao final da reunião de revisão pode haver novos itens não planejados para a próxima *Sprint*, gerando com isso entradas muito importantes para as futuras reuniões de planejamento da *Sprint*. Inclusive, o Time precisa prestar atenção na quantidade de itens não planejados gerados ao final da revisão e também nas causas e nos motivos que levaram ao aparecimento desses itens.

Quando há muitos itens para correção ou ajustes, pode ser um sinal de falhas no planejamento, na execução, no *backlog* ou em outras áreas do trabalho. O Time Scrum precisa identificar esses problemas e tratá-los, em busca de uma melhoria contínua constante.

A *Sprint Review* também serve como apoio às atividades de qualidade e monitoramento do atingimento do objetivo do projeto.

Inspecionando

A reunião de revisão é uma inspeção técnica no produto, avaliando-o sob os aspectos de negócio, técnico e de entrega de valor ao cliente.

Essas avaliações podem ser feitas através da técnica de inspeção, que é uma apreciação de um produto para determinar se este está em conformidade com os padrões previamente estabelecidos.

Essas inspeções podem ser chamadas de revisões, revisões por pares, auditorias ou homologações (*walkthroughs*).

Dica!

A inspeção deve ser o último artifício para garantir a qualidade da entrega e o valor esperado pelo cliente, não devendo ser a única técnica.

Inspecionar é mais caro do que desenvolver corretamente, e este deve ser o objetivo de um time ágil e de alto desempenho. Tenha em mente que a inspeção será a última oportunidade de descobrir uma falha, mas trabalhe com o objetivo de não falhar desde o início do desenvolvimento.

Os papéis e suas responsabilidades na reunião de revisão

Vamos observar quais são as responsabilidades mais comuns de cada um dos papéis do Scrum durante a reunião de revisão.

Por via de regra, todos os três papéis devem participar da reunião de revisão.

Scrum Master

O *Scrum Master* deve orientar o Time para que o propósito dessa cerimônia seja realizado: a apresentação do produto pronto e potencialmente entregável ao *Product Owner* e/ou cliente.

O *Scrum Master* deve contribuir para que todos os participantes entendam claramente qual é o objetivo do evento. Também deve orientar para que todos repassem as suas impressões, aprovações ou reprovações ao Time.

Essa cerimônia é a mais importante quando se fala de inspeção e entrega, além do atendimento às necessidades do cliente e a requisitos de negócio e qualidade.

Lembrando também que o tempo é importante, e o *Scrum Master* mais uma vez é um dos responsáveis por manter a *time-box* sob controle.

O *Scrum Master* pode contribuir ainda com os trabalhos do Time, identificando correções e itens não aceitos pelo PO e destacando-os no Quadro de Tarefas.

O Scrum Master deve participar da reunião de revisão.

O *Scrum Master* e o cliente

Na situação em que o cliente precisa atender a algumas cerimônias do Scrum, como a revisão da *Sprint*, o papel do *Scrum Master* é fundamental para mostrar ao cliente qual é o seu papel na reunião e, especialmente, quais são os principais objetivos e ganhos da realização dessa reunião com o Time Scrum.

Product Owner

O *Product Owner* volta a ser o papel mais importante nessa cerimônia, onde será o responsável por avaliar e inspecionar todas as histórias que estão sendo entregues e consideradas prontas pelo Time.

O PO deve considerar a definição de pronto estabelecida anteriormente. Sendo assim, o PO pode rejeitar histórias que não se enquadrem nesses quesitos e solicitar que o Time trabalhe novamente nesses itens.

O PO também é o responsável por passar ao Time suas impressões sobre a qualidade dos incrementos do produto que estão sendo entregues e descrever de maneira objetiva e clara o que está com qualidade técnica no mínimo aceitável e o que não poderá ser aceito por não atender aos critérios mínimos de qualidade.

O Product Owner deve participar da reunião de revisão.

Time de Desenvolvimento

O Time de Desenvolvimento é fundamental nessa cerimônia, pois será o responsável por apresentar o produto ou incremento pronto ao PO.

Para que a reunião de revisão seja produtiva, o Time de Desenvolvimento não deve testar os itens prontos e também não deve discutir detalhamente e buscar entender itens rejeitados ou criticados pelo PO. O momento de entendimento dos itens de *backlog* e especialmente da compreensão para se entregar uma história corretamente deve ocorrer nos planejamentos e durante a execução da *Sprint*, e não ao seu término.

Para o caso dos itens rejeitados, o Time de Desenvolvimento deverá buscar entendê-los na próxima reunião de planejamento da *Sprint*.

O Time de Desenvolvimento deve participar da reunião de revisão.

9. Voltando no Tempo da Última *Sprint*

Estamos chegando ao final da *Sprint* corrente e, graças ao Scrum, um pensamento vem à tona de forma forte e imponente:

> *É mais importante melhorar na próxima Sprint do que simplesmente terminar a Sprint atual.*

Terminar a *Sprint* atual e entregar um produto ao cliente é importante e sempre será. Porém, sem olhar para trás, inspecionar o que ocorreu e buscar melhorar no próximo ciclo, não haverá evolução e caminhada na direção de uma melhoria contínua constante e da criação de um Time de alto desempenho.

A última cerimônia de um ciclo do Scrum é chamada de reunião de retrospectiva, que deve ocorrer sempre após a reunião de revisão e antes da reunião de planejamento da próxima *Sprint*.

A retrospectiva é o momento mais indicado para o Time Scrum voltar no tempo e inspecionar a si próprio, criando um plano para melhorias a serem aplicadas na próxima *Sprint*.

Essa inspeção deve focar em como ocorreu a última *Sprint*, levando em consideração as pessoas, as relações entre elas, os processos e as ferramentas utilizadas.

Esse evento é o segundo mais importante no Scrum, pois é a melhor oportunidade para melhorar.

Dica!

O primeiro evento mais importante é a reunião de planejamento da *Sprint*.

Isso mostra que o mais importante é planejar e saber o que será feito antes de sair fazendo.

Vamos entender como funciona essa volta no tempo proporcionada pela reunião de retrospectiva da *Sprint*.

A figura a seguir destaca em preto em que etapa do ciclo Scrum o fluxo de desenvolvimento de produto se encontra e qual é a cerimônia principal do Scrum que o Time irá trabalhar.

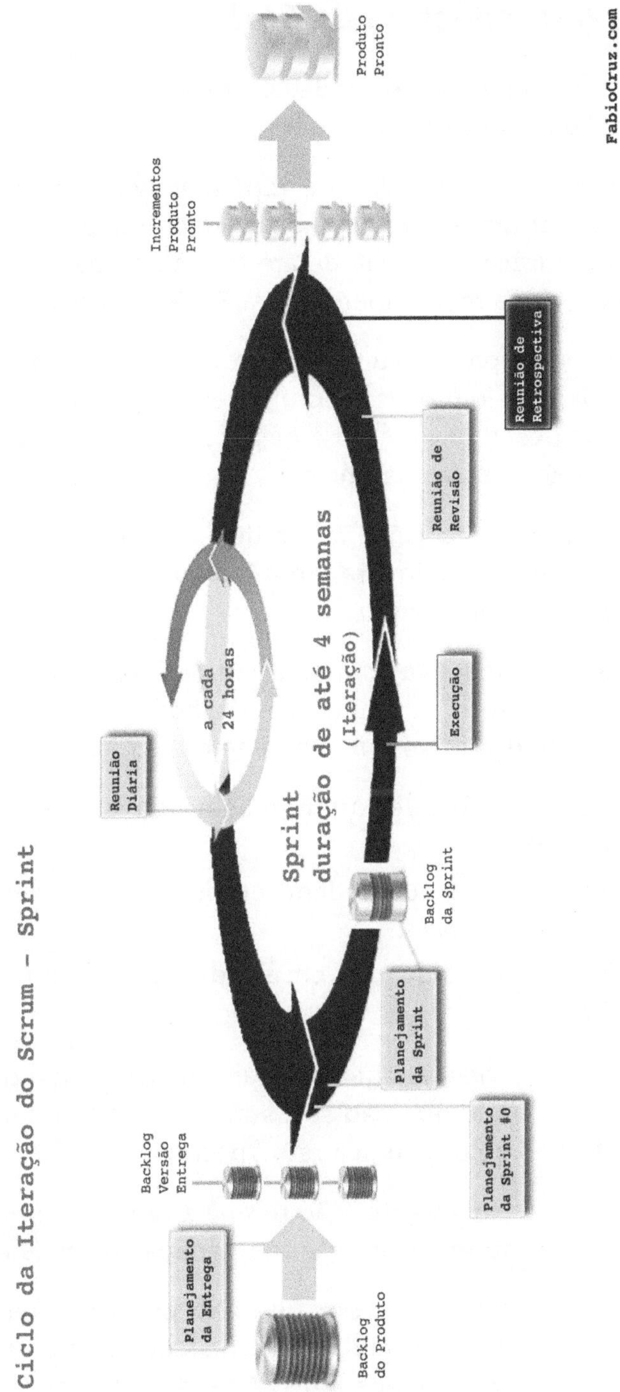
Ciclo da Iteração do Scrum - Sprint
Planejamento da Entrega
Backlog do Produto
Backlog Versão Entrega
Planejamento da Sprint #0
Planejamento da Sprint
Backlog da Sprint
Reunião Diária
a cada 24 horas
Sprint
duração de até 4 semanas
(Iteração)
Execução
Reunião de Revisão
Reunião de Retrospectiva
Incrementos Produto Pronto
Produto Pronto
FabioCruz.com

Figura 15

Reunião de retrospectiva da *Sprint*

A reunião de retrospectiva da *Sprint* deve ocorrer imediatamente após a reunião de revisão. Todos devem participar.

Assim como as demais, a reunião de retrospectiva também é um evento *time-boxed* e deve ter um tempo limitado e um objetivo bem definido. Essas cerimônias têm a duração máxima de até três horas para as *Sprints* de um mês, sendo proporcionalmente menor para *Sprints* mais curtas.

O *Scrum Master* participa da reunião como um membro do Time devido a sua responsabilidade pelo processo Scrum e encoraja o Time Scrum a revisar o seu processo de desenvolvimento e gestão, de forma a torná-lo melhor e mais gratificante para a próxima *Sprint*.

Para atingir esse objetivo, o Time Scrum deve seguir o modelo de trabalho e as práticas do Scrum, e a primeira regra fundamental é que as reuniões de retrospectiva sempre aconteçam.

A importância da retrospectiva está amarrada ao trabalho de inspeção realizado durante esse evento. Pensando em melhoria contínua, esse evento é o mais relevante e significativo, onde o Time pode focar na descoberta de:

1. Os principais itens que correram bem e devem ser mantidos para a próxima *Sprint*.
2. Os principais itens que podem ser melhorados e ainda mais positivos na próxima *Sprint*.
3. Os principais itens que devem ser descartados e retirados da próxima *Sprint*.

Dica!

Pode ser que existam muitos itens identificados, e o tempo não seja suficiente para tratar todos dentro de uma única retrospectiva.

No entanto, não rompa a regra da *time-box*; priorize todos os itens e trate apenas os mais importantes.

Isso fará com que nas próximas retrospectivas o Time aprenda a ser mais objetivo e breve nos tratamentos dos itens. A tendência é os itens irem diminuindo ao longo do tempo.

Segundo o Guia do Scrum, para realizar as ações contidas no evento *time--boxed* de retrospectiva o grupo deve:

- Inspecionar como a última *Sprint* foi em relação às pessoas, aos relacionamentos, aos processos e às ferramentas.
- Identificar e ordenar os principais itens que foram bem e as potenciais melhorias.
- Criar um plano para implementar as melhorias no modo que o Time Scrum faz seu trabalho.

Com isso, ao final da reunião de retrospectiva, o Time Scrum sairá com uma identificação de medidas de melhoria factíveis que serão implementadas na próxima *Sprint*. Uma sugestão para que isso realmente ocorra é que o Time Scrum selecione alguns dos itens mais prioritários e realize a melhoria ainda dentro da cerimônia de retrospectiva. Vamos a um breve exemplo:

O Time Scrum identificou que os documentos de especificação do *backlog* estão incompletos e faltando detalhes de comportamento e até algumas regras de negócio fundamentais.

Assim, durante a realização da própria cerimônia de retrospectiva, o Time Scrum pega um exemplo desses documentos incompletos e acrescenta os tópicos que os participantes entendem como necessários para compor um documento melhor.

Como o PO estará presente na reunião de retrospectiva, este pode acrescentar comentários breves aos tópicos, para que, após a reunião, ele complete o documento com todos os detalhes que o Time Scrum entendeu como fundamentais para realizar um trabalho melhor.

A sugestão, então, é que no mínimo uma ação prioritária seja realizada ainda durante a retrospectiva, dando passos para quebrar aquele velho paradigma de que melhorias são combinadas e acertadas entre todos, porém nunca realizadas.

Dica!

Não deixe o seu Time ser ambicioso e não queira melhorar tudo de uma vez. Foque em algumas melhorias por *Sprint*.

Atenção!

Sem as retrospectivas, o Time descobrirá a duras penas que continua a cometer os mesmos erros.

Resultados complementares podem ser gerados pela reunião de retrospectiva, tais como planejar formas de aumentar a qualidade do produto e adaptar a definição de "pronto" quando necessário e apropriado.

Participantes

Na retrospectiva é importante que todos participem, ou seja, o *Scrum Master*, o *Product Owner* e o Time.

O sentido dessa cerimônia é melhorar. Sendo assim, todos devem buscar melhorias e precisam estar dispostos a aprender a cada *Sprint*, buscando realizar melhor o seu trabalho a cada novo ciclo.

Times imaturos ou sem experiência com o Scrum e com os conceitos ágeis podem se sentir intimidados durante a reunião de retrospectiva. Porém, com o tempo vão compreendendo que não há busca por culpados na retrospectiva para justificar atrasos ou falhas no projeto, e sim uma busca constante por entender as suas falhas e as dos outros e influenciar diretamente nas próprias ações e nas dos outros para alcançar uma melhoria na próxima *Sprint*.

Dica!

O tema mais utilizado para dar rumo à retrospectiva é: "o que nós podemos fazer melhor na próxima *Sprint*?".

Uma ótima sugestão de funcionamento para a cerimônia é iniciar pelo *Scrum Master* mostrando o *backlog* da *Sprint* e resumindo a *Sprint* com a ajuda do Time. Na sequência são realizadas "rodadas" onde cada membro do Time Scrum fala sem interrupção o que foi bom, o que eles melhorariam e o que eles fariam de forma diferente na próxima *Sprint*.

Experiência do Autor

Algo interessante que utilizo em minhas reuniões de retrospectiva é entregar um bloquinho de *post-its* para cada participante e pedir que cada um deles escreva um *post-it* para cada item que funcionou bem e deve ser mantido, um para cada item que pode ser melhorado e um para cada item que deve ser retirado.

Com os *post-its* preenchidos, cada um cola os seus nas respectivas colunas ('continuam', 'melhoram' e 'param'), em um quadro na parede destinado à melhoria organizacional.

Após isso, eu junto os itens iguais ou similares em grupo e a partir daí apresento os grupos aos participantes, que discutem entre si e pontuam detalhes sobre os itens identificados.

Automaticamente os itens que apareceram mais vezes são considerados os mais importantes e podem ser destacados como prioritários.

Essa é uma forma de fazer com que os participantes não se sintam mal em listar os itens e apontar falhas nas variáveis que estão em análise na reunião de retrospectiva.

Local apropriado

O ideal é ir para uma sala fechada, confortável e não ter interrupções.

Geralmente essa reunião não é feita no mesmo espaço de trabalho, pois as pessoas tendem a perder a atenção ou ser interrompidas repentina e repetidamente.

Alguns exemplos interessantes são as salas de reuniões temáticas, que podem possuir formatos diferentes, como salas em formato de iglus, ocas indígenas, sala de estar com sofás e até caracterizadas como se fossem banheiros.

Perceba que nada é proibido ou colocado como regra. O mais importante é respeitar a cultura da empresa e o estilo de trabalho da equipe.

Gerando um painel de maturidade organizacional

Uma das sugestões para um melhor aproveitamento da reunião de retrospectiva é identificar os itens que continuam, melhoram ou param.

Dentre os itens identificados para melhorar, pelo menos um deve ser escolhido e aperfeiçoado durante a reunião de retrospectiva, com a análise do problema e o ensaio de uma solução.

O item escolhido e melhorado durante a reunião deverá ir para um quadro e permanecer lá até o final do projeto. Este quadro leva o nome de **painel de maturidade organizacional**.

Essa simples ação permite que a cada reunião de retrospectiva um item vá para o painel de maturidade organizacional, possibilitando que ao longo do projeto o Time Scrum e outros interessados consigam visualizar todos os itens melhorados no decorrer do projeto.

Uma alternativa que pode ser interessante e tem trazido avanços para alguns times que a utilizam é levar para esse painel os itens a melhorar, mantendo um histórico do que foi discutido em todas as reuniões de retrospectiva. Inclusive o painel pode ser levado para as próximas retrospectivas, e com isso o Time Scrum poderá ver de imediato quais itens já foram destacados como "a melhorar" em reuniões anteriores e ainda estão estagnados e quais foram melhorados na *Sprint* anterior.

Não há exatamente uma regra para a montagem do painel de maturidade organizacional. Alguns utilizam uma coluna a mais no Quadro de Tarefas, outros utilizam um quadro à parte apenas para a publicação dos itens melhorados. Esta última opção é a sugestão mais indicada, especialmente por separar bem os objetivos de cada artefato de comunicação e acompanhamento.

Ainda nesse formato, é possível usar a identificação de itens bloqueados através de *post-its* vermelhos, destacando melhorias que não podem ser realizadas no momento porque possuem algum impedimento.

Na figura a seguir temos um exemplo.

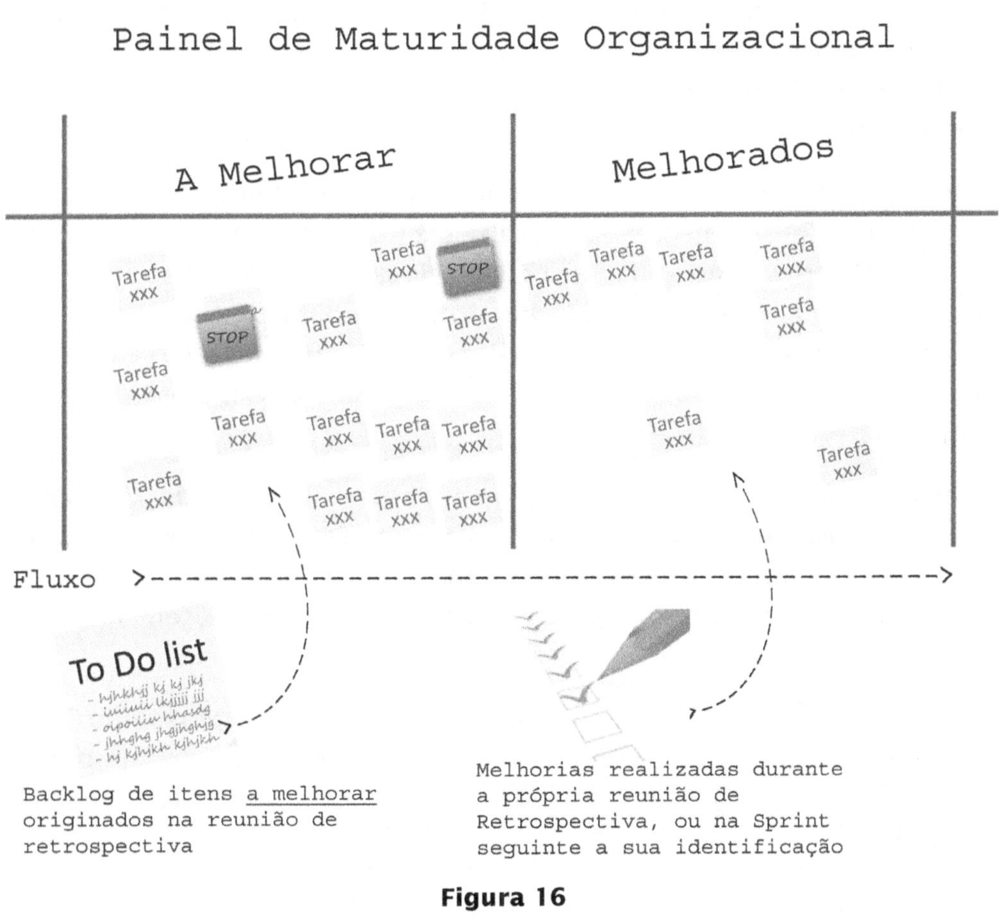

Figura 16

Qualquer integrante do Time Scrum poderá ser o responsável por registrar e publicar o item escolhido no painel de maturidade organizacional.

Os papéis e suas responsabilidades na retrospectiva

Vamos observar quais são as responsabilidades mais comuns de cada um dos papéis do Scrum durante a reunião de retrospectiva.

Por via de regra, todos os três papéis devem participar da reunião de retrospectiva.

Scrum Master

Na reunião de retrospectiva o *Scrum Master* tem o papel fundamental de orientar e provocar o Time, para que este use a cerimônia com o melhor objetivo que ela pode oferecer, o de melhoria contínua e aprendizado para o próprio Time.

Na reunião de retrospectiva acontece normalmente o fenômeno que gosto de chamar de "buraco negro". Na física se diz que nada que tenha luz escapa do buraco negro devido a sua força gravitacional – mas como não sou físico, digo apenas que tudo desaparece dentro de um buraco negro. É tudo tão escuro que não há som, luz, movimento, nem tempo e espaço; é como se dentro de um buraco negro nada existisse ou acontecesse, é um espaço de tempo nulo.

O fenômeno do buraco negro ocorre quando um integrante do Time entra mudo e sai calado, comportando-se de forma tão indiferente aos outros presentes que praticamente não ouve nada do que é dito. Algumas pessoas se sentam em um canto e se recolhem, como se estivessem tentando desaparecer.

Quando o fenômeno do buraco negro acontece com uma pessoa do Time, ou até mesmo com todo o Time, a reunião de retrospectiva perde todo o seu propósito, que é justamente poder aprender com si próprio e melhorar a cada *Sprint*.

Para que o Time Scrum melhore, ele precisa apontar os seus próprios problemas, sejam individuais ou coletivos, e corrigi-los nas próximas *Sprints*. Quando o Time fica em silêncio e não expõe seus problemas, seja por timidez, medo ou receio de ser mal interpretado, tudo vai por água abaixo, porque não há como melhorar o que não é exposto.

Assim, o *Scrum Master* deve combater o fenômeno do buraco negro dentro das reuniões de retrospectiva e fazer os membros do Time entenderem que abrir a boca para relatar problemas, dificuldades e falhas próprias não irá gerar represálias ou demissões, e que ninguém será mal visto pelo restante do Time; ao contrário, é um dos maiores sinais de maturidade e de crescimento futuro.

O Scrum Master deve participar da reunião de retrospectiva.

O *Scrum Master* e o cliente

É possível também que o *Scrum Master* influencie o cliente a realizar uma reunião de retrospectiva em conjunto com o Time de Desenvolvimento. A experiência é muito produtiva e possibilita um processo de melhoria contínua natural, fazendo com que o cliente evolua, cresça e aprenda dentro do seu próprio processo de ser cliente.

Product Owner

O *Product Owner* realiza tarefas fundamentais como membro do Time Scrum e por isso pode e deve participar da reunião de retrospectiva para melhorar a sua forma de trabalhar o *backlog* do produto e contribuir para os trabalhos do Time de Desenvolvimento.

O Product Owner deve participar da reunião de retrospectiva.

Time de Desenvolvimento

O Time de Desenvolvimento é o responsável por transformar o *backlog* do produto em um produto pronto e potencialmente entregue ao cliente, por isso é suscetível a falhas e erros frequentes, especialmente se não observar como vem trabalhando ao longo do tempo.

Assim, é fundamental a sua participação na reunião de retrospectiva, para que seja possível melhorar a sua forma de trabalhar na construção do produto e contribuir para o objetivo do projeto de maneira eficiente e eficaz.

O Time de Desenvolvimento deve participar da reunião de retrospectiva.

10. Indo para a Próxima *Sprint*

O ciclo Scrum e suas rotinas não param. Assim que uma iteração é concluída uma nova *Sprint* deve ser iniciada.

Nova *Sprint*

Assim que a reunião de retrospectiva é encerrada, o Time Scrum deve considerar iniciada a próxima *Sprint*. Uma das regras a serem seguidas é que no Scrum não há intervalo entre uma *Sprint* e outra.

O Time Scrum deve continuar o ciclo do Scrum, indo diretamente para o planejamento da *Sprint*, reiniciando uma nova rodada dos processos apresentados até aqui e assim sucessivamente, até que o projeto termine e todo o produto esteja completado.

Paralelamente ao início de uma nova *Sprint*, o Time Scrum realiza alguns processos que precisam ser feitos entre uma *Sprint* e outra, principalmente para registrar os progressos atingidos. Vejamos a seguir.

Atualizando o painel de controle

Nesse momento o Time tem mais uma oportunidade para atualizar o Quadro de Tarefas, que deverá ser limpo para que as histórias da próxima *Sprint* sejam trazidas para a reunião de planejamento da próxima *Sprint*. O mesmo deve ocorrer com o Gráfico de *Burndown*, que deve dar lugar ao monitoramento da próxima *Sprint*.

Caso o Time Scrum utilize um painel de controle para o projeto, este também deve ser atualizado.

Dica!

É interessante ter um painel de controle para a entrega ou o projeto, pois é possível aproveitar os mesmos monitoramentos e o mesmo poder de comunicação para o projeto como um todo, e não só para as *Sprints*.

Com a atualização do painel de controle, o Time Scrum terá mais insumos para monitorar e controlar o projeto, além de ter mais uma ótima oportunidade para verificar o progresso em direção ao objetivo do projeto.

Entregando valor

A figura a seguir destaca em preto em que etapa do ciclo Scrum o fluxo de desenvolvimento de produto se encontra e qual é a cerimônia principal do Scrum que o Time irá trabalhar.

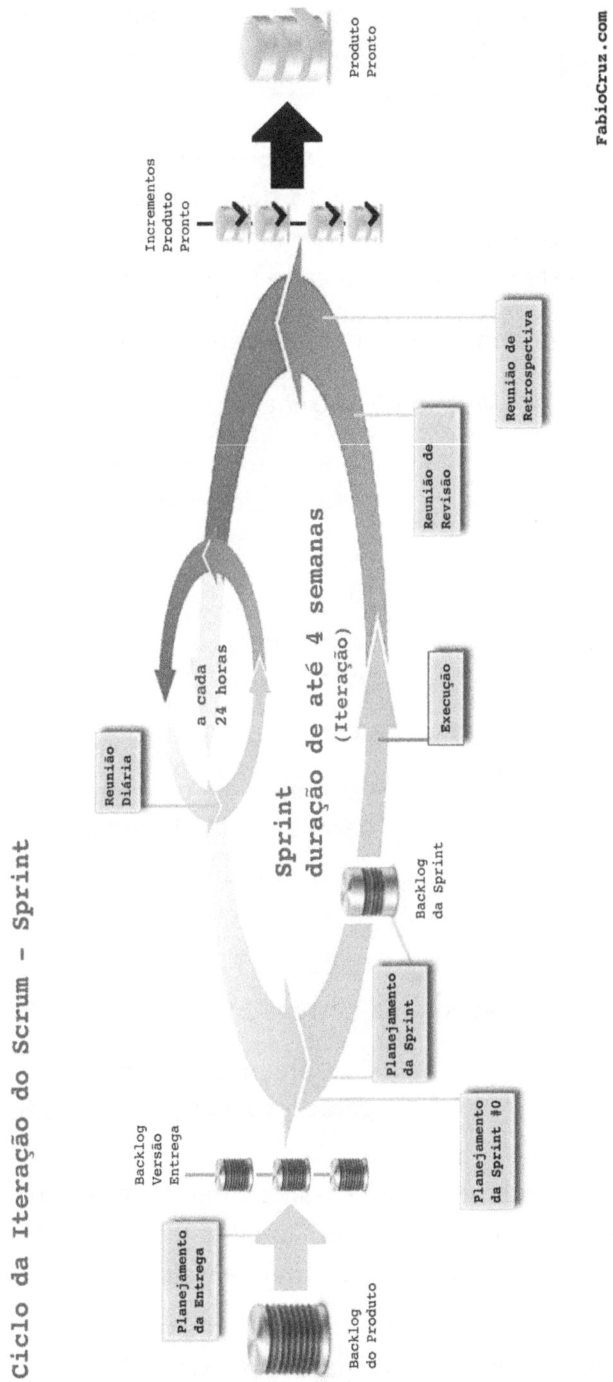
Ciclo da Iteração do Scrum - Sprint
Planejamento da Entrega
Backlog do Produto
Backlog Versão Entrega
Planejamento da Sprint #0
Planejamento da Sprint
Backlog da Sprint
Reunião Diária
a cada 24 horas
Sprint duração de até 4 semanas (Iteração)
Execução
Reunião de Revisão
Reunião de Retrospectiva
Incrementos Produto Pronto
Produto Pronto
FabioCruz.com

Figura 17

Este é o momento em que oficialmente é realizada a entrega de valor ao cliente, que se dá pela liberação do incremento de produto pronto até o momento em que o cliente o utiliza.

Esse processo se encontra fora do ciclo do Scrum, ou seja, fora da *Sprint*. Isso ocorre porque um importante conceito deve ser observado: a possibilidade de uma ou mais *Sprints* gerarem o resultado esperado de valor ao cliente. Somente quando este valor for alcançado a entrega deverá ser realizada.

Essa situação corriqueira pode ser visualizada no exemplo a seguir:

Versão da entrega 1:

- Compreende os incrementos de produto gerados pelas *Sprints*:
  a) *Sprint* 1.
  b) *Sprint* 2.
  c) *Sprint* 3.
  d) *Sprint* 4.

Versão da entrega 2:

- Compreende os incrementos de produto gerados pelas *Sprints*:
  a) *Sprint* 5.
  b) *Sprint* 6.
  c) *Sprint* 7.

Versão da entrega 3:

- Compreende os incrementos de produto gerado apenas pela *Sprint* 8, que é a última.

Aliado a isso, frequentemente um mesmo projeto possui mais de uma entrega de valor, ou seja, mais de uma versão de entrega a ser realizada ao longo do projeto, assim como apresentado no exemplo anterior.

Quando esse formato de projeto acontece, a entrega deve ser realizada ao cliente e o Time deve prosseguir para a próxima *Sprint*, sem intervalos ou paradas. No mesmo exemplo anterior, é possível visualizar que ao final da

Sprint 4 deve haver um encerramento de fase e uma entrega de valor ao cliente. No entanto, é possível observar também que há outras *Sprints* a serem realizadas (5, 6 e 7).

Ainda analisando o mesmo exemplo, a entrega 1 compreende a entrega de valor gerado por três incrementos de produto, que foram gerados por três *Sprints*. Isso representa uma quantia considerável de partes do produto que precisam ser conferidas e analisadas pelo cliente, para que este garanta e aceite que está recebendo um produto que funciona e que é útil.

Frequentemente o cliente não faz essa conferência e análise rapidamente, em um ou dois dias, ou dentro da reunião de revisão, onde são feitas as primeiras validações pelo processo de inspeção do produto pronto.

Os clientes normalmente preferem realizar testes em ambientes controlados, com equipes que serão as usuárias finais do produto.

Para não interferir no objetivo do projeto e nas próximas entregas, a sugestão é que o Time de Desenvolvimento vá para a próxima *Sprint* e seja criado um Time de Homologação para orientar e acompanhar o cliente nesses processos de controle da qualidade e verificação do escopo.

Tal ação permitirá que o Time Scrum envolvido com as *Sprints* continue os trabalhos de transformação do *backlog* em incrementos do produto, sem interferências.

Dica!

O Time de Homologação pode ser composto pelo PO e/ou por profissionais especializados em qualidade, tais como os testadores ou analistas de teste.

Quanto ao PO, só é preciso tomar cuidado com a sua agenda de atividades, para que não conflite com outros trabalhos do projeto e com o *backlog* das próximas entregas.

Caso o Time de Homologação seja composto por outros que não o PO, sugere-se que o PO acompanhe as homologações, pois este continuará sendo o responsável e o maior entendedor das regras de negócio contidas no incremento do produto que está sendo entregue.

Orientando e acompanhando a homologação da entrega

Ao entregar um valor ao cliente, ou seja, um incremento do produto pronto para o usuário final, este provavelmente preferirá testar, validar e conferir tudo que foi entregue em comparação com tudo que foi planejado e definido para ser entregue.

Essas atividades, normalmente, são chamadas de homologação do produto.

Qualquer homologação precisa ser coordenada de maneira que os trabalhos sejam realizados em um tempo determinado, com retornos e documentações de registro de questões, erros ou inconformidades para que o Time Scrum possa responder em tempo hábil e para que a homologação termine o mais breve possível e gere um aceite da versão de entrega.

A sugestão é que essa coordenação seja feita em paralelo aos trabalhos do Time Scrum no *backlog* da próxima *Sprint* e exista um grupo de atividades que trate especificamente dessas tarefas, contemplando tanto a equipe executora do projeto quanto a equipe de validação do cliente.

O PO poderá acompanhar os trabalhos de homologação, pois uma das tarefas do processo é comparar o planejado e especificado no início da fase com o que foi realmente entregue ao final da fase. Nesse momento, praticamente todas as documentações do *backlog* do produto (incluindo histórias, regras de negócio, critérios de aceitação, protótipos e todo o material produzido com o objetivo de orientar a construção) serão intensamente revisitadas.

Outra forte sugestão é que exista um Time Scrum acompanhando todos os trabalhos do cliente com testes e validações do produto, permitindo assim que o trabalho seja feito mais rapidamente e de forma mais precisa e objetiva. Esse Time Scrum pode ter seu próprio painel de controle com Quadro de Tarefas e Gráfico de *Burndown*.

Outra alternativa é que o próprio Time Scrum que entregou o incremento do produto, e que está trabalhando na próxima Sprint, seja o responsável por ações de correções ou ajustes nos itens de *backlog* retornados pelo cliente. Nesse caso a preocupação deve recair sobre a capacidade do Time de Desenvolvimento em transformar novos itens de *backlog* em novos incrementos de produto e ao mesmo tempo trabalhar em itens que deveriam estar prontos mas retornaram com algum tipo de retrabalho.

Garantindo a entrega de valor ao cliente

Durante a homologação do produto entregue surge mais uma oportunidade para monitorar a qualidade do projeto e verificar se os padrões de qualidade anteriormente definidos estão sendo atendidos.

A primeira oportunidade para isso foi na reunião de revisão, onde a prioridade era a realização desse processo pelo PO, com o foco de filtrar problemas e realizar a primeira homologação, que pode ser chamada de homologação interna e que ocorre antes da versão ser entregue ao cliente.

Nesse segundo momento, o foco principal é o cliente, e este deverá realizar o controle da qualidade com o acompanhamento e, se necessário, o apoio do PO e do Time de Homologação[1].

Durante esse processo, o cliente frequentemente produz uma documentação de registro de erros ou inconformidades que precisará ser encaminhada ao Time de Desenvolvimento para que ele trabalhe e retorne ao cliente, que confere novamente as correções e assim finaliza a homologação.

Esse encaminhamento de itens para correção (originado quando o cliente encontra erros ou inconformidades com o que foi previamente definido e planejado) gera retrabalho para o Time Scrum, que já está envolvido com a próxima *Sprint*, mas que deverá trabalhar também na correção e nos ajustes de erros e inconformidades.

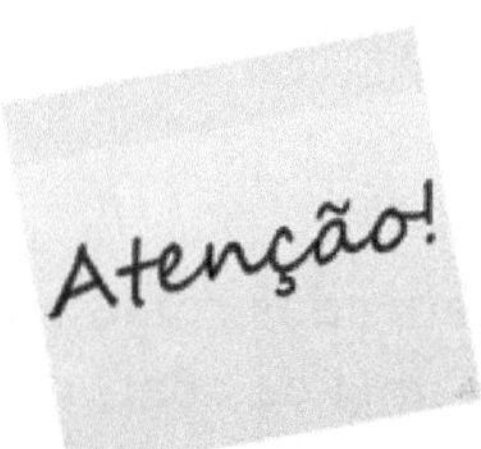

Quanto maior for a qualidade do produto completado, ou seja, dentro das definições realizadas e dos padrões de qualidade esperados pelo cliente, menores serão as chances de erros e inconformidades e menos ciclos de homologação serão necessários.

Invista na qualidade preventiva. A inspeção, a correção e o retrabalho são bem mais caros do que o investimento em prevenção.

[1] O Time neste caso é chamado de Time de Homologação apenas por ser uma forma simples de diferenciar do Time de Desenvolvimento, que, neste momento, já trabalha na próxima *Sprint*.

Nesse momento da homologação, o processo de monitoramento e validação da garantia só é finalizado quando o cliente consegue testar todo o incremento do produto entregue, independentemente do número de ciclos necessários para isso, e aceita o incremento do produto como pronto.

Os ciclos neste caso são as idas e vindas de correções e ajustes entre o Time de Desenvolvimento e o cliente.

Uma das sugestões para controlar os itens que devem ser corrigidos e ajustados a pedido do cliente é o Quadro *Kanban*, que pode ser adicionado ao painel de controle do Time.

O Quadro *Kanban* tem suas próprias tarefas, prioridades e fluxos e pode ter uma ou mais pessoas responsáveis por atendê-lo exclusivamente.

Um ponto de atenção que o PO[2] precisa ter neste momento é que nem todos os erros ou inconformidades encontrados pelo cliente vão para correção e ajustes imediatos do Time de Desenvolvimento, pois é preciso que ambos confiram se o item identificado é realmente erro ou uma nova solicitação de mudança e avaliem o seu grau de importância na entrega de valor para o cliente. Caso não seja, a solicitação pode compor o *backlog* do produto para as próximas *Sprints* do projeto e não interferir na *Sprint* em andamento.

Atualizando o painel de controle com o *Kanban*

Todos os itens encontrados pelo cliente que forem caracterizados como erro ou inconformidade podem ir para o quadro *Kanban* no painel de controle e seguir um fluxo alternativo para correção imediata.

[2] O PO deve participar no mínimo como suporte e apoio ao Time de Homologação.

Atenção!

Apenas o que for realmente erro ou inconformidade deve ir para o quadro *Kanban*. No caso das mudanças, apenas as que forem realmente importantes para o valor da entrega que o cliente espera devem ser consideradas necessárias no momento.

As alterações não devem ser tratadas indiscrimidamente, e mesmo considerando que as abordagens ágeis como Scrum incentivam e recebem bem as mudanças, estas devem ser tratadas com cuidado para não afetar o objetivo da *Sprint* corrente e do projeto.

O *Kanban* é um quadro de tarefas simples onde o Time trabalha apenas em atividades solicitadas pelo cliente com base no conceito de "sistema puxado" (*pull system*, em inglês), originário da manufatura *Lean*.

Kanban é um termo japonês que significa basicamente "cartão" ou "sinalização". Nesse quadro são usados *post-its* para indicar o andamento de fluxos de produção que atendem somente a solicitações do cliente.

O objetivo é eliminar o desperdício e aumentar o desempenho nas respostas a esses itens específicos.

O quadro *Kanban* compõe também o painel de controle do Time, que basicamente terá seu fluxo exclusivo funcionando da seguinte forma e sequência, podendo ser acompanhado na ilustração a seguir:

1. O cliente identifica erros ou inconformidades e repassa ao Time Scrum. Neste caso também é possível haver solicitações de mudança entendidas e aprovadas que podem seguir o fluxo do *Kanban*.
2. Esses itens vão para a coluna "*Backlog* de correções" com uma cor diferente, para que em qualquer passo do fluxo o item seja identificado.
3. Um integrante do Time de Desenvolvimento, ao identificar um novo item no quadro *Kanban*, busca finalizar sua tarefa corrente, ou interrompê-la, e então pega o item do *Kanban* para executá-lo o mais rápido possível.

4. O item selecionado então segue o fluxo do *Kanban*, que é prioritário sobre o Quadro de Tarefas, indo diretamente para a coluna "Fazendo" e saindo desta apenas quando estiver completado (indo para a coluna "Feito").
5. Como frequentemente esses itens são originados durante a homologação do cliente, o painel de controle pode ganhar uma nova coluna conhecida como "Produção" ou "Homologação", que significará que o item corrigido já está liberado para um novo ciclo de homologação do cliente.

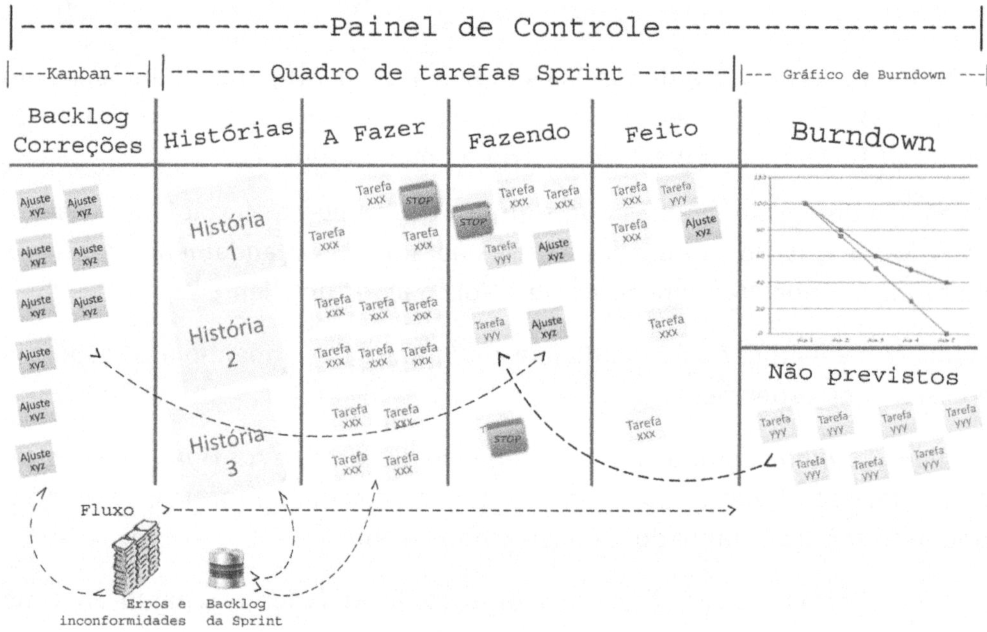

Figura 18

Este é um formato para simplificar o uso do *Kanban* com tarefas prioritárias durante a construção de um produto, mais especificamente na etapa de validação e homologação do produto pronto.

Essa sugestão é dada com o objetivo de eliminar os desperdícios com retrabalhos.

Dois formatos de atendimento às tarefas do *Kanban* são frequentemente utilizados em equipes:

- **Time exclusivo para o *Kanban*:** neste caso, uma ou mais pessoas são designadas exclusivamente para atender às tarefas que entram no fluxo pelo *Kanban*, tendo a vantagem de não afetarem nem serem afetadas pelas tarefas do Time que está atendendo ao Quadro de Tarefas da *Sprint* em andamento.
- **Time compartilhado entre *Sprint* e *Kanban*:** neste caso, o mesmo Time que atende à *Sprint* também atende aos itens que entram no fluxo pelo *Kanban*. Esse formato é o mais comum, sendo que, para funcionar, os integrantes do Time são orientados a atender com prioridade e importância mais alta aos itens que estão na fila do *Kanban*, tendo como desvantagem o detrimento das atividades que estão no Quadro de Tarefas da *Sprint*, podendo interferir no objetivo da *Sprint*.

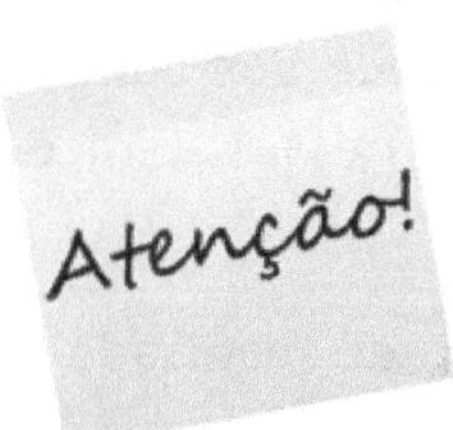

Frequentemente, os times não atingem o objetivo da *Sprint* devido aos retrabalhos gerados por erros e inconformidades.

Por isso, não feche os olhos para a qualidade do produto que está sendo construído. Se muitos erros são encontrados e muito retrabalho é gerado, o problema pode estar nas etapas de planejamento, e não na execução da *Sprint*.

Reveja os processos e lembre-se de investir mais na prevenção do que na inspeção. Tanto o Scrum como o *Kanban* não resolvem os problemas sozinhos, apenas os deixam visíveis para tratamento e correção.

Esse processo que compreende a atualização do painel de controle com o *Kanban* deve ser realizado quantas vezes forem necessárias até que o cliente se dê por satisfeito e considere a versão de entrega aceita.

Esse ciclo de repetição é chamado de ciclo de homologação e pode ocorrer com mais ou menos iterações, conforme a qualidade do produto gerado.

Ao finalizar o ciclo de homologação, o cliente e o *Product Owner* estão prontos para encerrar a versão de entrega completada e seguir para a próxima e nova versão de entrega.

Nova versão de entrega

Assim que o aceite da versão de entrega for realizado, outra deve ser iniciada. No entanto, pode acontecer de duas versões de entrega estarem ocorrendo em paralelo, justamente devido aos processos de homologação para realizar o aceite da fase entregue.

Este item aparece como processo apenas para destacar a conexão que deve ser feita imediatamente com uma nova fase ou versão de entrega, caracterizando para todo o Time Scrum o encerramento da entrega anterior e o início da próxima entrega.

Ao conectar o Time à próxima entrega, o ciclo retorna ao início da fase de planejamento da *Sprint* e executa novamente todos os processos contidos no ciclo até chegar a este ponto novamente, continuando nessas iterações até a última entrega.

Quando esta for a última entrega do projeto, o ciclo deve ser encerrado e o Time Scrum deve caminhar para o encerramento do projeto.

11. Conceitos Avançados de Scrum

Além do *framework* Scrum e das práticas ágeis apresentadas como complemento ao Scrum, existem práticas avançadas que permitem que o Scrum seja utilizado nos mais variados projetos.

Vamos compreender como isso é possível e como diminuir a distância entre o fracasso e o sucesso dessas abordagens.

O Scrum com times distribuídos

Utilizar o Scrum com times distribuídos, ou seja, quando nem todos os integrantes estão no mesmo local físico, não é tão difícil quanto parece e muito menos tão proibitivo ou errado aos olhos das regras do Scrum.

Antes de prosseguir é importante relembrar que os três pilares do Scrum são a transparência, a inspeção e a adaptação, independentemente de estarem todos na mesma mesa ou mesma sala, ou em andares, cidades ou até mesmo países diferentes.

Certamente, quando um Time está todo no mesmo local físico e pode tirar proveito das conversas face a face e da realização das reuniões do Scrum presencialmente, os benefícios serão maiores e o Scrum funcionará mais facilmente e com menos riscos de falhas.

No entanto, a realidade nos mostra que muitas vezes temos equipes distribuídas por cidades diferentes, seja para o atendimento preferencial de um cliente ou por outra estratégia organizacional. Nesse caso, também é possível utilizar o Scrum e suas cerimônias.

Outros casos também mais simples podem ser aplicados sem invalidar o uso do Scrum, como, por exemplo, o trabalho em *home office* alguns dias por semana ou até 100% do tempo.

Para que isso seja possível, é necessário ter a infraestrutura como aliada e usar e abusar de ferramentas *on-line* que permitam a construção de quadros *Kanban* e Gráficos de *Burndown*, por exemplo, além de softwares de comunicação em tempo real por voz e/ou vídeo e até mesmo telefones convencionais ou VoIP (*Voice over Internet Protocol*).

Com equipes distribuídas, os artefatos de comunicações (radiadores) como o Quadro de Tarefas e/ou Gráfico de *Burndown* físicos e utilizados em parede não funcionam bem, pois nem todos poderão visualizar e manter os quadros fixos por não estarem presentes fisicamente no mesmo local.

Dessa forma, o Time continua realizando as cerimônias do Scrum, como por exemplo a reunião diária, que poderá ser agendada para todos os dias em um mesmo horário. Os membros do Time que trabalham em um mesmo local físico podem se conectar via áudio e/ou vídeo com outros membros que podem estar em casa, em cafés, em outros escritórios e até mesmo em clientes.

Já para as reuniões mais longas como as de planejamento e as de revisão e retrospectiva, a estratégia será a mesma, porém uma sugestão é que os times trabalhem com *Sprints* mais longas, para que esses encontros remotos sejam mais espaçados e desgastem menos os integrantes do time.

No caso do início e do fim das *Sprints*, os membros do Time podem se reunir no escritório quando for possível, viajando uma vez por mês e aproveitando para finalizar uma *Sprint* com a realização da reunião de revisão e retrospectiva e no dia seguinte fazendo a reunião de planejamento da próxima

Sprint. Quando este cenário não for possível, como quando os times estão separados por estados ou até países, o uso das ferramentas de comunicação por voz e/ou vídeo são as mais indicadas.

> Lembre-se de que o Time fisicamente próximo é a forma mais indicada de melhorar a comunicação; porém, mais importante ainda do que a comunicação face a face é a transparência entre todos do time. Quando um time consegue ser transparente mesmo estando distribuído por vários locais, a perda pela falta da comunicação face a face se torna muito baixa e algumas vezes quase nula.

Portanto, é possível sim ter Times Scrum trabalhando remotamente e distribuídos, basta que o *Scrum Master* reforce com todos os integrantes do Time que a comunicação diária continua sendo fundamental para o atingimento da meta da *Sprint*, e que o fato de não estarem presencialmente olhando uns para os outros não significa que não poderão ver as mesmas informações em tempo real e tirar proveito dos pilares de transparência, adaptação e inspeção através de ferramentas e informações atualizadas.

> Por mais de um ano ininterrupto tive a oportunidade de trabalhar com um grande Time Scrum distribuído por vários países.
>
> Nossa *Scrum Master* morava e trabalhava em Londres, Inglaterra, eu era um dos POs localizados no Brasil, próximo ao cliente final do produto que estávamos desenvolvendo, e no Brasil junto comigo havia três desenvolvedores e mais um PO.
>
> Completando o Time Scrum havia diversos desenvolvedores espalhados por Inglaterra, EUA, Taiwan, Índia, Sérvia e Espanha, e todos nós aplicávamos o Scrum sem maiores dificuldades, apenas com pequenas adaptações.

Tínhamos um sistema de linha telefônica direto dos EUA e fazíamos ligações locais. Junto com essas linhas, havia um sistema que gerenciava *conference calls*, onde todos nós nos conectávamos, inclusive de telefones celulares em deslocamento, ligando para um 0800 e nos conectando todos simultaneamente.

Fora o sistema telefônico, tínhamos o velho e bom Skype, que nos proporcionava ótimas reuniões quando todos estávamos em um ponto fixo com internet.

Tínhamos uma agenda combinada de horários e fazíamos as nossas reuniões religiosamente.

As reuniões diárias ocorriam realmente todos os dias, e não importava se eu já estava no escritório, em casa ou em viagem: eu me conectava no horário agendado e sempre encontrava praticamente todo o meu time também conectado.

As reuniões de planejamento, revisão e retrospectiva eram realizadas seguindo as regras do Scrum, via telefone ou Skype. A duração era mais extensa, de quatro a oito horas.

Usávamos a solução da IBM *Rational Team Concert* (RTC), com seu módulo ágil, para criarmos épicos, histórias, atividades, quadros *Kanban* e gráficos de *Burndown*. O combinado era sempre antes da reunião diária todos atualizarem suas atividades para que o quadro refletisse a situação real do projeto no momento da reunião.

Por fim, todos ficavam conectados no Skype o tempo integral, mesmo em viagens, e o acordo era que todos poderiam chamar a todos quando fosse necessário, dentro dos horários de trabalho de cada um nas suas localidades. Com isso, as fronteiras se tornavam bem mais próximas e muitas vezes nem percebíamos que estávamos a milhares de quilômetros de distância.

Scrum dos Scrums

Scrum dos Scrums ou *Scrum of Scrums* é uma técnica ágil para grandes equipes.

O Scrum sugere como eficiente a formação de times pequenos, de três a nove pessoas, então a partir dessa afirmação muitos acreditam que o Scrum só funciona para times pequenos e que times grandes não podem usá-lo.

Contudo, não só podem como devem. Para isso basta dividir o tal time grande em times menores respeitando o tamanho sugerido pelo Scrum, conforme pode ser observado no exemplo a seguir.

Não é indicado que um Time Scrum tenha trinta integrantes. O ideal é que este grande time seja dividido em times menores, tais como:

- Formação 1:
  a) *Time A com 10 integrantes*
  b) *Time B com 10 integrantes*
  c) *Time C com 10 integrantes*
- Formação 2:
  c) *Time A com 7 integrantes*
  b) *Time B com 8 integrantes*
  c) *Time C com 7 integrantes*
  d) *Time D com 8 integrantes*

Conforme mostrado no exemplo, um time considerado grande para o Scrum pode se distribuir em mais de um time e formar equipes com tamanhos ideais, evitando com isso problemas como:

- Reuniões diárias extensas, pois se cada um dos trinta integrantes falar um minuto a reunião terá no mínimo meia hora.
- Reuniões de planejamento extensas e cansativas, pois os trabalhos de entendimento e detalhamento do *backlog* serão muito maiores para gerar trabalho para um time de trinta pessoas.
- Muitos itens para revisar no final, estendendo também a reunião de revisão e podendo gerar falhas ou revisões superficiais para que o tempo seja mais curto.
- Aumento do risco de conflitos de relaciomento, perda de informações e aumento da complexidade na comunicação envolvida.
- Quadros de Tarefas ou *Kanban* muito grandes.

Outros problemas ainda podem surgir: como manter a comunicação entre esses times? Como o PO e o *Scrum Master* darão conta de tantas equipes?

A primeira coisa a fazer é realmente criar Times Scrum completos, com seus próprios *Scrum Masters* e POs, com cada time atendendo às necessidades delimitadas pelo seu PO e sendo guiados e orientados pelo próprio *Scrum Master*.

Com essa estrutura é que surge a necessidade do *Scrum of Scrums*, que é um encontro dos *Scrum Masters* de cada um dos times para comunicar todas as realizações de seu time no último período e o que cada um dos times pretende fazer no próximo período, além de alinhar problemas e possíveis impedimentos que podem inclusive ultrapassar as fronteiras entre os times.

Para resumir a utilização do Scrum dos Scrums e compreender como pode ser feita a transição entre um time grande e times menores, vejamos a figura a seguir:

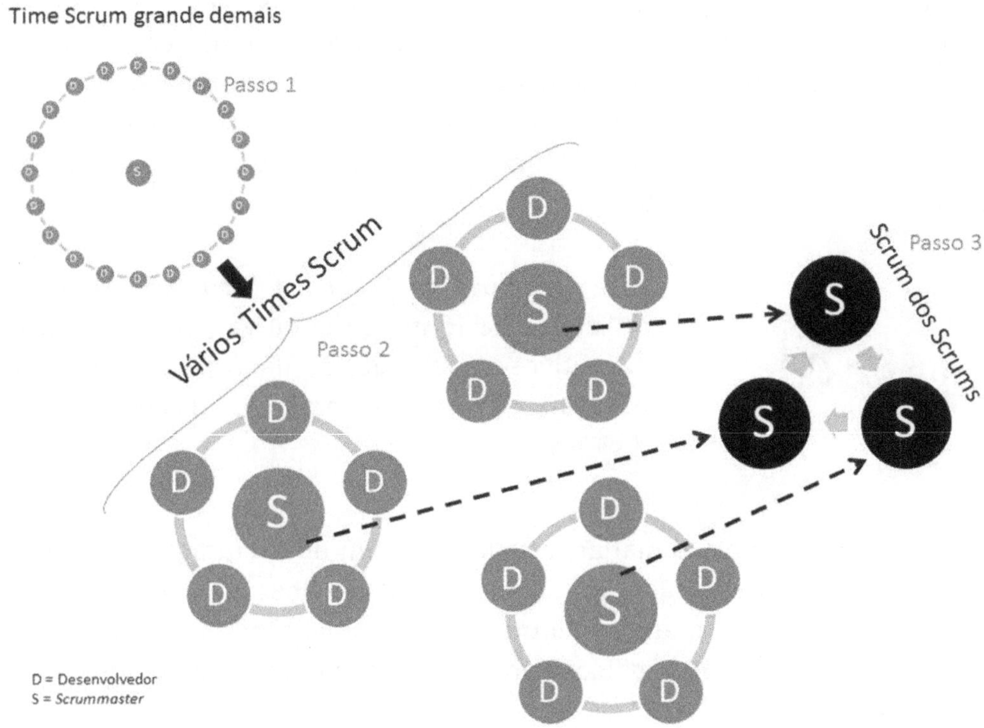

Figura 19

O primeiro passo é identificar que há um time muito grande e pouco eficiente, especialmente pela identificação de problemas como *backlog* muito extenso dificultando planejamentos e a dificuldade de realização de reuniões diárias com todo o time.

O passo 2 é separar esse grande time em equipes menores que satisfaçam a condição de tamanho ideal de times Scrum. Cada time terá os seus desenvolvedores e o *Scrum Master* obrigatoriamente.

O passo 3 é realizar reuniões dos *Scrum Masters* de cada time para compartilhar as realizações e contribuir com a transparência de todos os times entre si.

Nessas reuniões, que podem ser semanais, os *Scrum Masters* levam as realizações de seus times, comunicando o que foi feito na última semana, o que será feito na próxima semana e quais os problemas existentes, dando foco ainda maior para os problemas que podem transpor as fronteiras de seus times e afetar os demais times, como interdependências, relacionamentos de tarefas e atrasos de entregas.

Essas reuniões de *Scrum of Scrums* podem ser utilizadas de forma corporativa para comunicar executivos e a alta gestão da organização sobre os acontecimentos dos projetos e das realizações do Time.

Assim como as reuniões diárias, a reunião Scrum dos Scrums não deve ser para discutir os problemas e suas soluções nos detalhes, e, sim, para comunicar e praticar a transparência entre os times, sinalizando apenas a necessidades de encontros específicos para a discussão e resolução de questões.

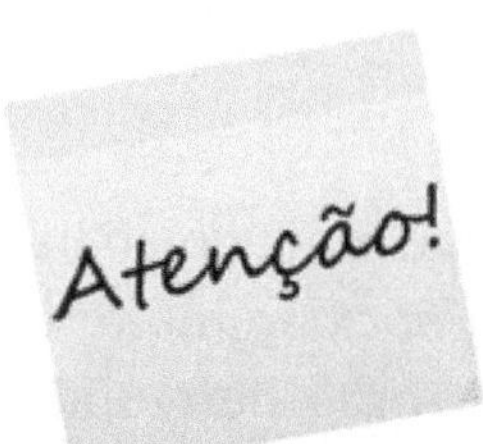

Para facilitar a realização das reuniões diárias, o Time pode escalonar as *dailies*, ou seja, colocar uma após a outra, permitindo que membros de um Time participem eventualmente das reuniões diárias de outros como contribuidores, especialmente nas atividades dependentes ou na identificação de *skills*.

Ao escalonar as reuniões diárias do Time é possível também encaixar a reunião diária Scrum dos Scrums, conforme exemplo a seguir:

Reuniões diárias escalonadas entre os times:

- *Daily time* 1: 10:00
- *Daily time* 2: 10:15
- *Daily time* 3: 10:30
- *Daily* Scrum dos Scrums: 10:45

O Scrum em grandes projetos

Para que o Scrum possa ser muito eficiente em grandes projetos, bastam algumas adaptações para permitir que o projeto e seus colaboradores consigam compartilhar e usufruir dos benefícios do *framework* Scrum sem grandes perdas.

Além do que já foi dito a respeito do uso do Scrum com times distribuídos e da quebra de times grandes em pequenos com a inclusão de Scrum dos Scrums, é possível realizar outras ações para permitir que grandes projetos se mantenham ágeis com Scrum.

Um dos primeiros pontos a serem analisados é o esforço total necessário para concluir o projeto em iterações curtas, e com isso definir quantos times serão necessários para produzir as entregas do projeto.

Outro ponto importante no início do planejamento de um grande projeto com Scrum é identificar como serão as entregas e definir de forma macro quantas versões (*Releases*) o projeto prevê.

Múltiplos Times Scrum

A figura a seguir apresenta um cenário no qual, além do projeto grande, há um produto grande e extenso para ser construído, com muitas funcionalidades, que resultam em centenas de épicos, milhares de histórias e trilhões de atividades, gerando um ambiente altamente complexo para apenas um PO. Em um cenário deste também não é eficiente ter apenas um time grande (ex.: trinta pessoas) trabalhando em dezenas de atividades por *Sprint*, pois o PO terá que fornecer muitas informações, e o time terá muito trabalho em entender todos os itens, estimar e aplicar esforço na sua produção.

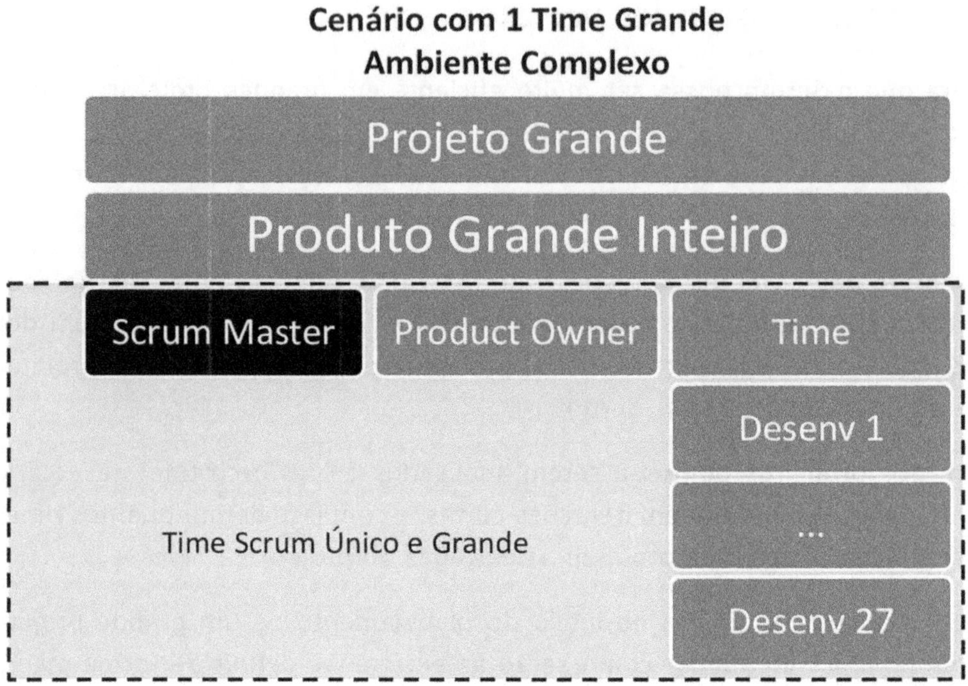

Figura 20

A primeira sugestão é separar o produto em partes menores, onde valores de negócio possam ser agrupados em grupos menores formando uma espécie de especialidade do negócio do produto, tendo um PO distinto atuando em cada parte do produto e também um Time Scrum para desenvolver cada uma das partes do produto.

Esse cenário ganha uma simplificação na questão de gerenciamento das atividades e das tarefas que envolvem os times, pois volta-se a ter um Time Scrum de tamanho ideal, trabalhando em um tamanho de produto viável com o foco na entrega de valor de uma parte específica. É possível observar esse segundo cenário na figura a seguir.

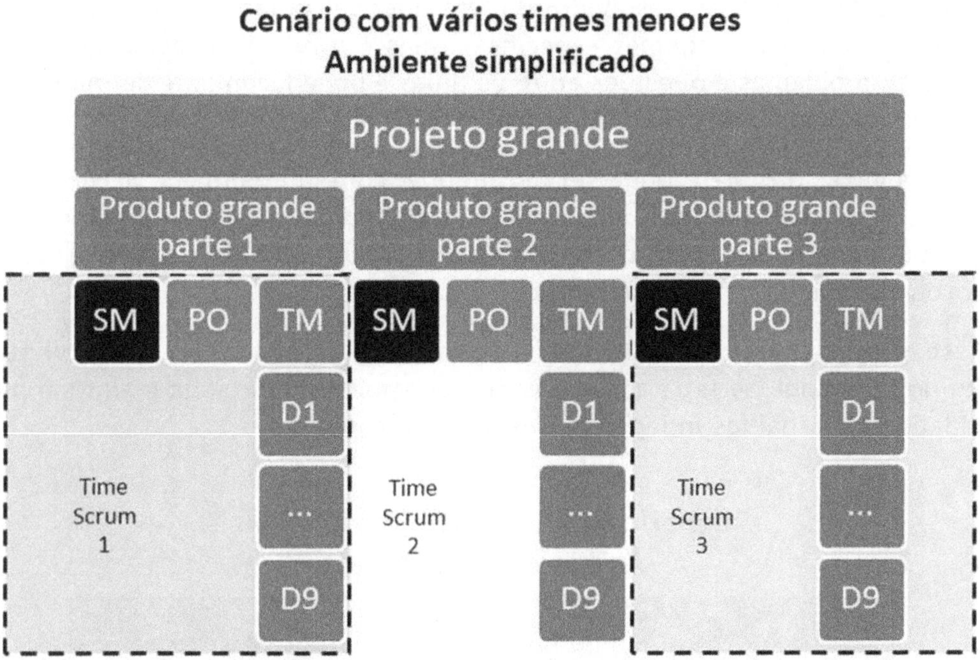

Figura 21

Como pode ser observado, o projeto continua sendo conceitualmente grande, porém, ao separar o produto em partes menores e gerenciáveis por apenas um PO e constituir Times Scrum com um *Scrum Master* e um Time de Desenvolvimento de até nove pessoas para atender em separado a cada uma das partes menores do produto, como exemplificado na figura anterior, na prática o Time acaba trabalhando em um projeto menor dentro de um projeto grande.

Essa organização simplifica e promove agilidade, tornando o trabalho mais controlável e com menores riscos, além de fornecer todos os ganhos e benefícios proporcionados pelo Scrum a cada um dos Times Scrum e seus "projetos menores".

Depois dos times divididos, não há muito mistério nos trabalhos e nas metas de cada um dos times, no entanto, geralmente, uma dificuldade antecede a separação, que tem a ver com as perguntas:

- Quem irá para cada um dos times?
- Por qual parte do produto cada um dos POs será responsável?
- Qual parte do produto os times receberão para desenvolver?

Esse problema pode ser resolvido com um Líder de Equipe, que na prática não lidera nenhuma das equipes específicas, mas é o principal responsável por resolver problemas e questões entre os times e pode facilmente definir quem irá para cada um dos times e que equipe trabalhará com que parte do produto.

Muitas vezes o projeto pode ser tão grande, com tantos times, *Scrum Masters* e POs, que pode ser necessária a criação de um Líder de Equipe para cada um dos papéis, para contribuir com a organização de cada um deles e resolver impedimentos entre equipes e papéis.

Esse terceiro cenário, visualizado na figura a seguir, pode ser o mais complexo no que tange às separações das equipes, mas proporciona maior simplicidade nos trabalhos independentes de cada equipe.

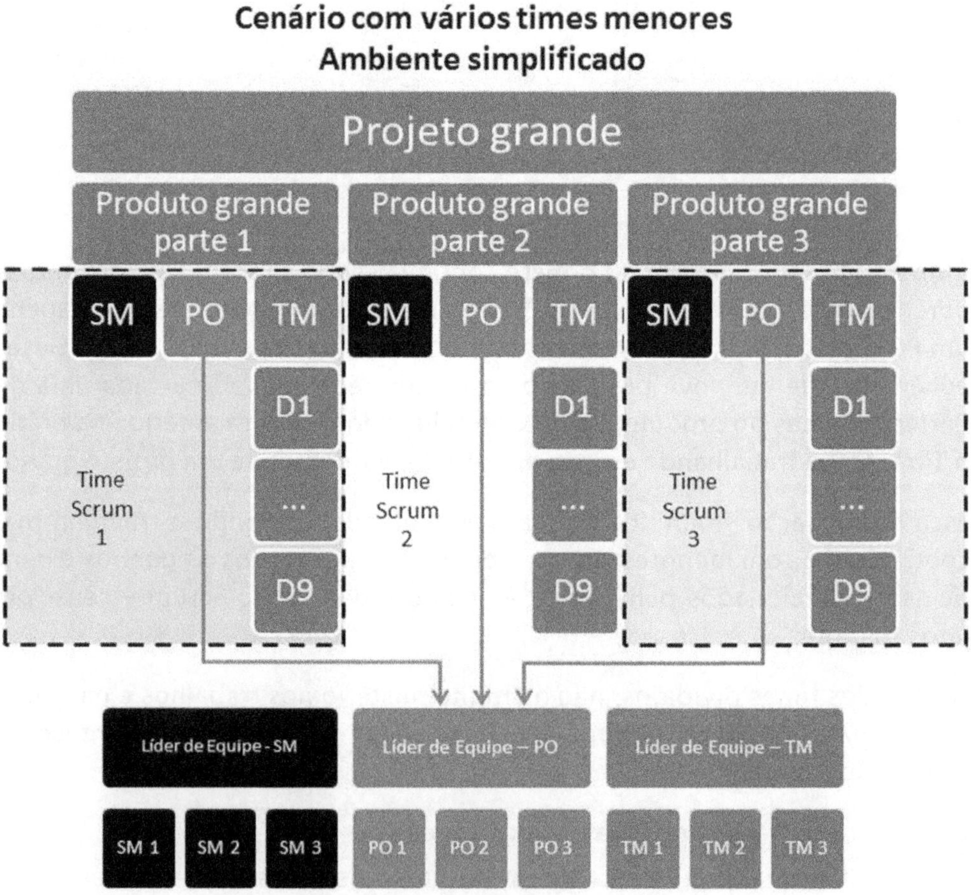

Figura 22

De certa forma, pode-se dizer que o Líder de Equipe dos *Scrum Masters* é um *Scrum Master* dos *Scrum Masters* e o dos POs é um PO dos POs, ou talvez o mais sênior de cada um dos grupos. O objetivo desses Líderes de Equipe não é gerenciar os demais, ser os "chefes" ou mandar nos trabalhos dos outros membros, e sim guiar e orientar os trabalhos entre as equipes e principalmente resolver conflitos e problemas entre elas ou que possam causar riscos.

Líderes de Equipe

Pode acontecer também de haver mais de um Líder de Equipe dentro do Time de Desenvolvimento assumindo papéis de liderança técnica ou especializações por assuntos ou componentes como banco de dados, integrações, *front-end*, entre outros.

Como complemento aos times separados conforme cenário 2 ou 3, é importante a prática do Scrum dos Scrums para comunicar a todos os times sobre as realizações passadas e futuras de todo o projeto.

Múltiplos Quadros de Tarefas e Gráficos de *Burndown*

Outro item importante para grandes projetos com Scrum é que, em vez de utilizar grandes painéis de controle com um *Kanban*, um *Taskboard* e um Gráfico de *Burndown* gigantescos, a sugestão é dividir também esses quadros conforme as equipes, com cada uma tendo os seus próprios quadros.

É possível ter quadros "macro" para o acompanhamento geral do projeto todo, como um *Taskboard* apenas com épicos do projeto e um Gráfico de *Burndown* para acompanhamento da evolução de todas as realizações do projeto.

No Scrum de Scrums, os *Scrum Masters* podem utilizar os quadros do projeto para comunicar as realizações, delimitando e concentrando as discussões no âmbito macro.

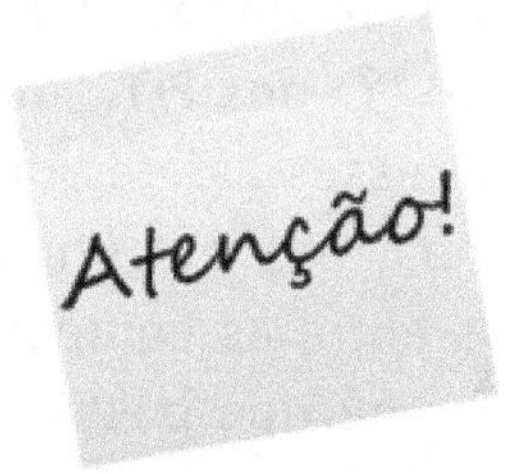

Em projetos pequenos com apenas uma equipe ou em grandes projetos com várias equipes os pilares do Scrum não podem nunca ser esquecidos, pois são eles que contribuirão de maneira fundamental para o sucesso ou fracasso do projeto. Independentemente do projeto e do número de equipes, use e abuse de **transparência**, **inspeção** e **adaptação**.

Dependências entre equipes e projetos

Os Líderes de Equipe também podem ajudar na identificação de dependências entre as equipes. Se os times trabalharem totalmente separados, as dependências podem passar despercebidas ou ser notadas tarde demais, gerando grandes impactos nos produtos desenvolvidos.

Dessa maneira, os Líderes de Equipe poderão pedir que os times atentem para as interdependências e também que participem de reuniões diárias de outros times para ajudar nessas identificações. Nesse caso justifica-se ainda mais a prática de reuniões diárias escalonadas.

Sincronismo de *Sprints*

A organização das *Sprints* em projetos grandes com múltiplas equipes pode também influenciar na eficiência ou não do uso do Scrum.

Primeiro é preciso seguir o mesmo raciocínio das múltiplas equipes, ou seja, em vez de constituir uma grande equipe para trabalhar em todo o produto do projeto, criam-se várias para trabalhar em partes menores, com cada equipe tendo a sua própria *Sprint*, e não uma "Sprintzona" para todo mundo.

Ao existir uma *Sprint* para cada Time Scrum, o sincronismo dessas *Sprints* pode ser aplicado, ou seja, todas as *Sprints* passam a ter o mesmo tamanho, além de começarem e terminarem no mesmo momento.

Sprints não sincronizadas entre times:

- Time 1: *Sprint* começa no dia 1 e tem o tamanho de um mês
- Time 2: *Sprint* começa no dia 10 e tem o tamanho de um mês
- Time 3: *Sprint* começa no dia 20 e tem o tamanho de um mês

Sprints sincronizadas entre times:

- Time 1: *Sprint* começa no dia 10 e tem o tamanho de um mês
- Time 2: *Sprint* começa no dia 10 e tem o tamanho de um mês
- Time 3: *Sprint* começa no dia 10 e tem o tamanho de um mês

Para reforçar o entendimento, observe a próxima figura e perceba como visualmente as *Sprints* sincronizadas parecem estar mais organizadas e controladas do que as não sincronizadas.

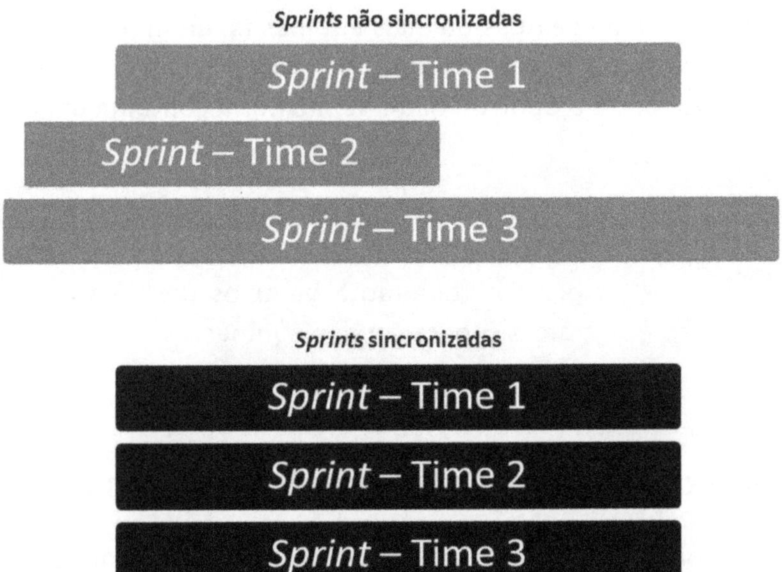

Figura 23

A aparência não significa muito, é apenas uma contribuição para a gestão visual que é também praticada no gerenciamento ágil. O mais importante na verdade são alguns benefícios que podem ser obtidos com o uso de *Sprints* sincronizadas entre times, tais como:

- É possível trocar membros de um Time para o outro antes do início de novas *Sprints*, evitando mexer nos times durante a execução das *Sprints*.
- Evita o sentimento de reuniões e cerimônias excessivas no projeto que podem gerar uma sobrecarga administrativa. Vejamos o seguinte exemplo:

> Ao ter cinco times trabalhando e ao fazer uma reunião de planejamento por dia, haverá uma semana inteira em que pelo menos um Time estará em reunião o dia todo, gerando uma sobrecarga administrativa e baixa produtitivdade.

- Possibilidade de duas ou mais equipes fazerem reuniões de planejamento em conjunto compartilhando do mesmo objetivo de *Sprint*, diminuindo o tempo de reuniões e otimizando o tempo dos times.
- Possibilidade de duas ou mais equipes fazerem reuniões de revisão ou retrospectiva em conjunto, permitindo o acompanhamento das realizações e a oportunidade de melhoria contínua em conjunto.

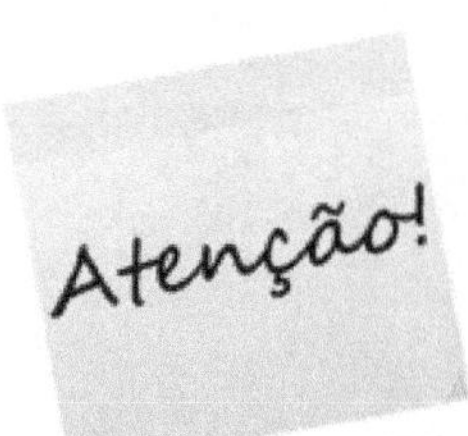

> Cuidado com a intenção de dimunuir a carga administrativa e aumentar a carga de complexidade e gestão, voltando a gerar os problemas que sugeriram a separação das equipes.

Escalando os trabalhos de Times Scrum com Nexus

Além do que foi dito anteriormente sobre times grandes usando Scrum, múltiplos Times Scrum, *Scrum of Scrums* e dependências, pode ser necessário avançar um pouco nessa questão, considerando que os trabalhos dos times precisam ser sincronizados e integrados de forma que múltiplos Times Scrum entreguem incrementos integrados de um mesmo produto de forma iterativa.

Uma proposta para a realização de trabalho integrado é a utilização do *framework* Nexus, que também é de autoria de Ken Schwaber e se encaixa perfeitamente como um complemento ao *framework* Scrum em ambientes de grande escala.

Segundo o Guia do Nexus, o Nexus é um *framework* para desenvolvimento e sustentação de iniciativas de desenvolvimento de produtos e de software em escala. O Nexus usa o Scrum como alicerce para sua construção.

Nexus é um *framework* constituído de papéis, eventos, artefatos e técnicas que os unem e entrelaçam junto o trabalho de aproximadamente três a nove Times Scrum em um único *backlog* do produto para construir um incremento integrado que alcance uma meta (2015, Guia do Nexus, p. 3).

Para isso, o Nexus sugere a formação de um Time Nexus contendo representantes de cada Time Scrum e a realização de algumas cerimônias em complemento ao Scrum, para que os trabalhos entre os times sejam planejados, sincronizados e entregues.

O Nexus também sugere que todos os Times Scrum que irão trabalhar no mesmo produto para entregar incrementos integrados tenham apenas um *backlog* do produto e trabalhem para completar esse *backlog* único enquanto estiverem rodando o Nexus.

O primeiro passo é a realização de um planejamento inicial, onde representantes de todos os Times Scrum se encontram e planejam em conjunto todos os trabalhos que serão realizados nas próximas *Sprints* individuais de cada time, dando atenção especial para as dependências e integrações entre os times que possam gerar riscos para as entregas de incrementos integrados. Esse evento é conhecido como Planejamento da *Sprint* do Nexus.

Após o Planejamento da *Sprint* do Nexus, cada Time Scrum realiza a sua cerimônia individual de Planejamento da *Sprint*, considerando o resultado do planejamento integrado com o Nexus.

O segundo passo é realizar reuniões diárias do Nexus, envolvendo os representantes de cada Time Scrum, para sincronizar os trabalhos realizados e planejar os próximos trabalhos, focando sempre nas dependências e nos trabalhos integrados. Após a reunião diária do Nexus, cada Time Scrum individualmente realiza a sua reunião diária, considerando questões de integração que emergiram durante a *Nexus Daily* e que possam afetar os objetivos do Nexus.

O terceiro passo é sobrescrever a reunião de revisão de cada Time Scrum por apenas uma *Review* onde todos os Times Scrum se reúnem e apresentam todos os trabalhos realizados ao *Product Owner* e/ou clientes. Assim como as reuniões individuais de cada Time Scrum, o resultado dessa cerimônia pode gerar ajustes no *backlog* do produto.

Por fim, representantes apropriados de cada Time Scrum se encontram na Reunião de Retrospectiva do Nexus para identificar os desafios compartilhados entre todos em relação aos trabalhos dependentes e integrados. Depois, cada Time Scrum realiza sua Reunião de Retrospectiva do Scrum individualmente.

O Scrum na manutenção e no suporte de sistemas

Uma das afirmações comuns e incorretas a respeito do Scrum é que seu *framework* só funciona no desenvolvimento de software. Além de poder ser usado no desenvolvimento de outros tipos de produtos e serviços, o Scrum também funciona para gerenciamento de outros trabalhos, tais como manutenção de sistemas, suporte a chamados e usuários e evoluções de produtos.

É fato que, no desenvolvimento de produtos, o Scrum pode ser utilizado na sua totalidade e com o seu *framework* original, sem adaptações significativas e gerando a maior eficiência e melhoria contínua possível. Já no caso de manutenções e suportes, haverá a necessidade de mais adaptações, e, dependendo do cenário, as melhorias e os ganhos alcançados poderão ser menores do que em outros casos mais comuns.

O caso mais simples é a evolução de produtos já existentes. Nesse caso basta considerar que a evolução é um projeto novo de desenvolvimento e tratá-lo como tal utilizando o *framework* Scrum como se fosse um produto novo.

Para as manutenções de sistemas ou suporte aos usuários, incluindo correções de *bugs* e recuperação de catástrofe, há pelo menos duas situações distintas que podem ser consideradas para a aplicação do Scrum de forma diferente. Vamos compreendê-las.

Atendimento a chamados não emergenciais

Para nossos clientes, e algumas vezes na nossa própria ansiedade de resolver tudo e atender a todos, tudo é urgente e tudo deve ser resolvido e/ou respondido agora, porém o agora é limitado e só comporta algumas poucas e pequenas tarefas; normalmente uma só.

Quando atingimos maior maturidade, implantamos e utilizamos processos bem definidos e estabelecemos SLAs[1] com nossos clientes. Todos os atendimentos recebem categorias, níveis de urgência e tempos para serem resolvidos.

Podemos então separar os grupos de chamados que a equipe de manutenção recebe para tratar.

Chamado é o nome dado aos itens solicitados pelos clientes, que podem ser erros, dúvidas, questões e problemas a serem resolvidos.

Para os chamados não urgentes, ou seja, para aqueles que podem ser resolvidos em alguns dias (ou até em alguns casos *Releases* de dois ou três meses), o Scrum funciona quase que sem adaptações.

Havendo tempo para tratar o chamado, planejar o seu atendimento e entregá-lo ao cliente em uma *build* futura através de uma *Release* do produto, a equipe de manutenção pode tratar tais itens praticamente como se fossem um desenvolvimento de produto novo. Veja como:

---

[1] SLA é uma sigla para *Service Level Agreement*, que em português seria "Acordo de Nível de Serviço". De maneira bem simples, trata-se de acordo firmado entre um fornecedor e um cliente que diz quem realizará determinado trabalho e qual será o tempo de resposta para iniciá-lo e finalizá-lo.

1. O chamado entra no *Kanban* de itens a serem resolvidos, podendo ser chamado de *backlog* de chamados não urgentes.
2. Esses itens ficam parados no *backlog* até a próxima reunião de planejamento da *Sprint*.
3. Na próxima reunião de planejamento da *Sprint*, o Time de Manutenção analisa o *backlog* de chamados não críticos, prioriza-os por importância e planeja o *backlog* da próxima *Sprint*.
4. Em seguida a equipe trabalha na *Sprint* de chamados completando os itens do *backlog* e liberando-os para a próxima *build* do sistema.
5. Ao final da *Sprint*, é feita uma reunião de revisão para garantir que todos os itens planejados tenham sido atendidos.
6. Os itens em produção são liberados, os chamados são fechados e os clientes são respondidos.
7. A reunião de retrospectiva é feita para entender principalmente como estão os chamados durante a *Sprint*, se continuam da mesma maneira ou se processos, relacionamentos e/ou ferramentas que não estão funcionando muito bem estão sendo adaptados.
8. Parte-se para a próxima *Sprint* de chamados, retornando ao item 1.

Nota-se que praticamente quase nada muda, exceto pela falta da figura do PO, que pode nem existir, pois os itens que serão tratados pela equipe não vêm através do PO e de detalhes do *backlog* do produto, mas diretamente do cliente através de um sistema de chamados para registro de falhas, ajustes e funcionamento incorreto do sistema.

Atenção!

O PO pode ser acionado, ou um gerente de produtos ou serviços, quando o chamado não for de manutenção do sistema, ou seja, não é defeito ou falha que precisa ser corrigida, e sim uma evolução ou alteração de regra do sistema. Tal caso deve ser enviado para a equipe de evolução do sistema, caso exista esse tipo de trabalho na empresa e/ou no contrato do cliente.

Chamados críticos e emergenciais

Aqui está o maior problema das equipes que respondem pela manutenção de sistema e pelo suporte ao cliente: quando o problema é grave, ou seja, um *bug* que impede a realização completa de uma ação, que interrompe uma funcionalidade ou que até mesmo tira todo o sistema do ar, como uma catástrofe.

Nesse caso, não há filas a seguir, *backlog*s a compor, pacotes a completar e entregas futuras a esperar – a resolução precisa ser imediata, ou pelo menos a mais imediata possível, e geralmente seguir um SLA acordado.

A primeira determinação a ser seguida é: uma equipe de manutenção é uma equipe de manutenção, e uma equipe de desenvolvimento é uma equipe de desenvolvimento. Ou seja, é preciso haver duas equipes para realizar trabalhos distintos, caso contrário não será possível aplicar o Scrum nem para o desenvolvimento e a evolução de produto, nem para manutenções e suportes.

A *Sprint* de chamados críticos tem um formato adaptado e consideravelmente diferente da *Sprint* convencional. A primeira adaptação é que não há reunião de planejamento da *Sprint*, pois não há um *backlog* para se planejar, estimar e separar para a próxima *Sprint*. O *backlog* é vivo em tempo integral, ganhando e perdendo itens ao longo de toda a *Sprint*.

A *Sprint* nesse caso é apenas um período de tempo para o Time de Manutenção inspecionar seus processos, relacionamentos e ferramentas de modo a melhorar o trabalho de atendimento ao cliente e poder adaptar o que não está funcionando corretamente, para passar a fazer melhor no próximo período.

De qualquer modo, vamos entender como um Time de Manutenção pode usar o Scrum e seu *framework* adaptado para atender a seus clientes com mais eficiência.

Time de Manutenção

Assim como o *Scrum Master*, o PO não necessariamente faz parte do Time de Manutenção, pois o objetivo principal é corrigir problemas e atender a chamados do cliente, que excluem alterações evolutivas, novas implementações e mudanças no produto, itens que precisam da análise do PO, do cliente e das partes interessadas pelo projeto. No entanto, quando um chamado se enquadrar nesses quesitos, o PO pode ser envolvido para transferir esse chamado para outra equipe.

Assim como um Time de Desenvolvimento, o Time de Manutenção precisa ser multidisciplinar, ou seja, precisa ser capaz de resolver todos os chamados que receber. Muitas vezes esse Time de Manutenção é separado em especializações ou competências para atender a diferentes níveis de suporte e manutenção, tais como:

- Nível 1: dúvidas e usabilidade
- Nível 2: configurações e problemas de customização via sistema
- Nível 3: correções de *bugs* e problemas de código, regras de negócio e funcionamento do sistema

Atenção!

O nível de atendimento e separação do Time de Manutenção pode ter diversos formatos, padrões e conteúdos. Este é apenas um exemplo simples para ilustrar a possibilidade de composições diferenciadas de times ou adaptadas às realidades de cada empresa e seus clientes.

Sprint de chamados

O Time de Manutenção precisa determinar o tamanho da sua *Sprint* de chamados, ou seja, o período em que irá trabalhar ininterruptamente em chamados, sem parar para revisar o que tem entregado e sem inspecionar seus próprios processos, ferramentas e relacionamentos.

Assim como no Scrum para desenvolvimento, o ideal é que a *Sprint* de chamados não seja superior a um mês, para que o time respire um pouco e tenha a oportunidade de inspecionar e adaptar. A sugestão também é que as *Sprints* tenham o mesmo tamanho e que não tenham sua duração alterada com frequência.

Planejamento da *Sprint* de chamados

O Time de Manutenção não tem planejamento para realizar em cima de histórias, estimativas ou detalhamento do *backlog*, pois o atendimento aos chamados deve ser a partir do momento de surgimento de um novo chamado, e assim que um integrante do time puxar o novo item.

Assim, o Time de Manutenção apenas planeja como irá trabalhar no próximo período, alinhando como os novos itens de *backlog* de correções serão incluídos no quadro, se haverá prioridades diferentes para eles e como cada um dos integrantes trabalhará nos itens.

Também pode ser alinhado o fluxo de processo de *Kanban*, envolvendo equipes de QA (*Quality Assurance*), produção, treinamento e outras necessidades existentes de acordo com a empresa e seus clientes.

Nesse momento, o Time de Manutenção pode reforçar a sua definição de pronto e seguir em direção ao atendimento de chamados diariamente.

Dica!

Como o foco da reunião de planejamento da *Sprint* de chamados é o alinhamento de processos, relacionamentos e ferramentas para o próximo período ou iteração curta de atendimentos aos chamados, a cerimônia pode durar em torno de uma hora, com a meta de marcar o início de uma *Sprint* de chamados de um mês de duração.

Kanban de chamados

O *Taskboard* de um Time de Desenvolvimento dá lugar a um *Kanban* convencional, no qual o Time de Manutenção irá organizar e atender ao *backlog* de chamados conforme pode ser observado na figura a seguir.

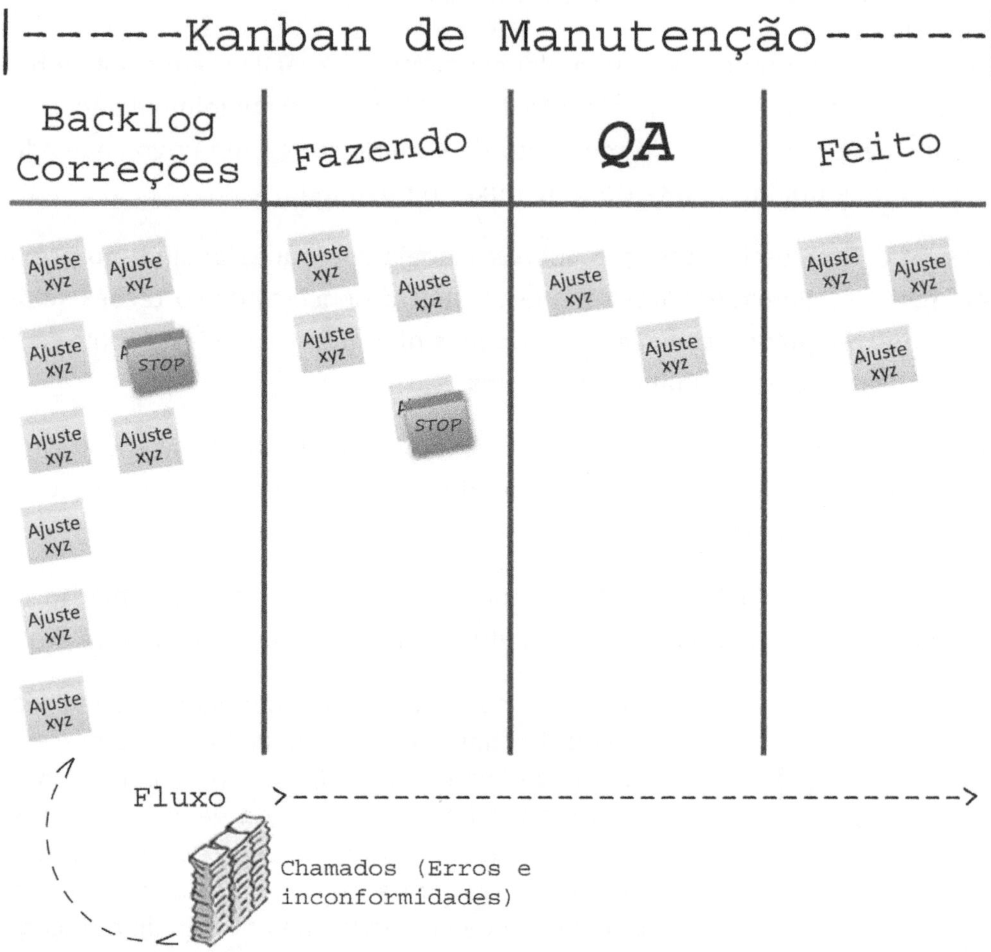

Figura 24

Uma das principais mudanças na aplicação do Scrum na manutenção de sistemas está no uso do *Kanban* tradicional. Como não há planejamento de itens do *backlog*, estimativas e *backlog* separado para a *Sprint*, o funcionamento é simplificado da seguinte forma:

1. Um novo item de *backlog* de correções (chamado) é recebido pelo Time de Manutenção, que inclui o item na primeira coluna do *Kanban* (no exemplo da figura anterior, é a coluna intitulada "Backlog Correções").

2. Caso não haja prioridades diferentes e a ordem seja dada pela chegada, os novos itens entram sempre abaixo dos já existentes.
3. Caso haja prioridades diferentes (por exemplo, por criticidade e impacto ao sistema), podem ser usadas cores diferentes para cada tipo de criticidade, ou, assim que o item chegar, alguém do Time ou o *Scrum Master* o coloca na posição correta, reordenando os demais itens já existentes.
4. Assim que um integrante finalizar seu chamado e movê-lo para a coluna "Feito" ou "QA", como no exemplo da figura anterior, ele pega o primeiro item de cima para baixo no "*Backlog* Correções" e começa o seu atendimento ao chamado, movendo o item para a coluna "Fazendo".
5. Os itens finalizados podem ser colocados em produção automaticamente pelos integrantes do Time de Produção ou liberados para uma equipe específica de liberações em produção, que pode ser acionada também pelo QA caso este passo exista no fluxo *Kanban.*

Dica!

Assim como no desenvolvimento, um item específico pode ser bloqueado por algum motivo, ou seja, algum impedimento que não permita que o item seja trabalhado. Para evidenciar isso no quadro *Kanban*, o time pode colocar um *post-it* especial em cima do item bloqueado, ou pintar algo no item, ou qualquer outra identificação que permita que todos saibam que o item não deve ser trabalhado até o seu impedimento ser removido.

A utilização de cores pode ser muito eficiente no *Kanban* de manutenção. Por exemplo, caso existam SLAs diferentes, os itens críticos podem receber uma cor específica. Quando um integrante do Time de Manunteção se libera de um item e vai puxar outro, ele deve pegar sempre os primeiros com a cor de criticidade maior, quando houver.

Essas e outras definições devem ser reforçadas e compartilhadas com todos na reunião de planejamento da Sprint de chamados.

Reunião diária de chamados

O objetivo principal de uma reunião diária é compartilhar e comunicar a todos como anda o trabalho do Time, deixando transparentes as últimas realizações, as próximas e se há impedimentos para as tarefas seguintes, permitindo que o Time inspecione seu trabalho diariamente e adapte o que for preciso para cumprir suas metas. No caso de Times de Manuntenção, o objetivo é exatamente o mesmo.

O Time de Manutenção pode fazer a sua reunião diária no mesmo local e horário para discutir brevemente que chamados atendeu nas últimas 24 horas, a que chamados irá atender nas próximas 24 horas e especialmente se há algum impedimento para a realização de um chamado que já está sob sua responsabilidade.

O papel do *Scrum Master* nas reuniões diárias é fundamental, pois é comum haver chamados que precisam de maiores informações, testes ou algum pré-requisito a ser solucionado pelos especialistas. A partir disso, o *Scrum Master* entra em ação, bloqueando o item e liberando-o apenas quando alguém do time puder realmente resolvê-lo.

Essa simples técnica de bloqueio e desbloqueio pelo Scrum Master faz com que os integrantes do Time de Manutenção não invistam esforços em chamados que não puderem atender.

Reunião de revisão e retrospectiva de chamados

As reuniões de revisão e retrospectiva podem ser realizadas em conjunto na mesma cerimônia, dividida em duas partes pequenas e objetivas.

A primeira parte tem o objetivo de revisar se todos os chamados que foram deslocados para a coluna "Feito" realmente foram atendidos e qual a qualidade dos itens entregues. Em outras palavras, o Time pode verificar ocorrências do tipo:

- Com que frequência os itens liberados para QA foram devolvidos por erros ou falhas de manutenção?
- Com que frequência os itens corrigidos geraram novos itens abertos pelos clientes ou equipes de qualidade?

Perceba que na reunião de revisão de chamados o foco do time também é a inspeção do produto, ou seja, dos chamados atendidos e da qualidade do fechamento desses itens do backlog de correções.

A partir da segunda parte, o Time inspeciona seus processos, ferramentas e relacionamentos, buscando melhorar nos seguintes aspectos:

- A quantos chamados conseguimos atender na última *Sprint* de chamados e quais eram as suas criticidades e SLAs?
- O processo de entrada de novos chamados está funcionando corretamente (velocidade de atendimento, definição de criticidade, priorização)?
- A velocidade do Time está condizente com os SLAs acordados com os clientes?
- As ferrametas utilizadas para receber, trabalhar e fechar os chamados está atendendo às metas de respostas do Time?

Note que na reunião de retrospectiva de chamados o foco do time também é a inspeção de processos, ferramentas e relacionamentos.

Dica!

As reuniões de revisão e retrospectiva de chamados podem ser realizadas na sequência, como se fossem uma só. Elas podem ter de trinta minutos a uma hora cada, não se estendendo mais do que duas horas consecutivas para a realização das duas cerimônias quando a duração da *Sprint* de chamados for de um mês.

Seguindo essas sugestões de uso do Scrum para a manutenção de sistemas, é possível obter muitos benefícios e melhorias contínuas com os pilares de **inspeção**, **adaptação** e **transparência** do Scrum.

O Scrum em projetos com preço fixo

O mundo ideal para os projetos de desenvolvimento de software seria aquele onde os times trabalham sob demanda de seus clientes com base exatamente nas necessidades de maior valor e onde os orçamentos são abertos e pagos no final de acordo com as horas trabalhadas após realizar todos os trabalhos da iteração, ou do conjunto de iterações. No entanto, o mundo real está distante disso.

Na maioria dos projetos de desenvolvimento de software no mundo corporativo, onde as metas, as diminuições de custo e a busca por fazer mais com menos imperam com soberania, os clientes querem saber exatamente quanto vão gastar e quando vão receber todo o sistema que estão contratando, sendo que, na maioria dos casos, um prazo curto já vem estabelecido e nem sempre o orçamento é o desejado.

Quando um cliente quer saber exatamente quanto vai pagar por um sistema na sua entrega, esse tipo de negociação contratual é conhecido como preço fixo, ou seja, antes da assinatura de um contrato oficializando a contratação é fixado um preço total para os trabalhos de desenvolvimento.

Esse tipo de contratação gera um grande problema para os projetos de desenvolvimento de software: como fixar um preço para um produto que ainda não existe e será construído após a fixação de seu preço?

É preciso então saber exatamente o que será construído para que seja possível a fixação de um preço. Isso se chama fechar o escopo, que em outras palavras significa que é preciso identificar, definir e delimitar em comum acordo com o cliente tudo o que será realizado e tudo o que **não** será realizado no projeto.

Para criar um cenário ainda mais complexo, se é conhecido o escopo completo, ou seja, se o escopo é fechado, e se é conhecido quanto custará para transformar o escopo fechado em um produto pronto e utilizável, ou seja, se há um preço fixo para os trabalhos, automaticamente é preciso existir um prazo definido para que as outras duas definições sejam mantidas.

Com essas três definições tem-se o cenário mais complexo e temido no mundo dos projetos de desenvolvimento de software: o custo fixo, o escopo fechado e o prazo definido.

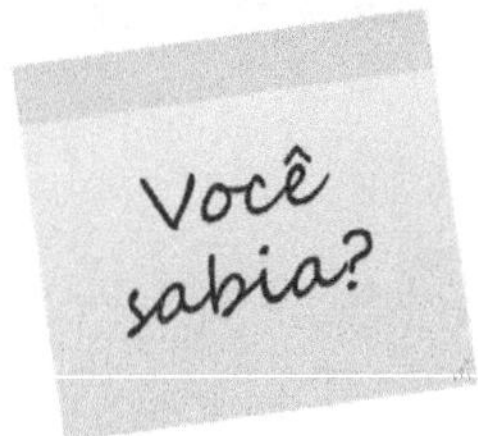

Você sabia que para as contratantes o cenário de preço fixo e prazo definido é considerado o mais seguro, e muitas não conseguem aprovação de orçamento sem essas premissas tidas como básicas?

Bom, apesar desse cenário parecer inóspito e quase impossível de ser gerenciado e cumprido pensando em sistemas de tecnologia da informação, que na sua maioria envolvem inovações, processos criativos e muitas "coisas" desconhecidas, é a realidade de contratos praticados no Brasil e no mundo, e por isso é preciso lidar com eles e chegar o mais próximo possível do atendimento das premissas de custo fixo, escopo fechado e prazo definido.

Vamos entender como é possível atender a um projeto com essas características utilizando Scrum.

Entendimento do escopo

O primeiro trabalho que precisa ser feito em uma fase inicial, que podemos chamar também de uma etapa de pré-projeto, é o entendimento de todo o escopo que o cliente deseja receber.

Esse entendimento deve ser macro, porém detalhado o suficiente para que seja possível estimar seu tempo e esforço, pois tal entendimento será a base para a definição do tempo e do preço do serviço.

Os requisitos identificados e entendidos no escopo formam o *backlog* do produto, com épicos ou histórias, bem como seus detalhes necessários. Geralmente o detalhe fica no nível do épico, mas não há regra fechada quanto a detalhar um pouco mais.

O segredo para parar o detalhamento do épico e/ou história é o momento em que se consegue estimar o tempo e o esforço, lembrando que é uma estimativa inicial, e não um acerto preciso de 100%.

Este trabalho deve ser feito em conjunto pelo Product Owner e o cliente.

O *backlog* do produto inicial deve ser acordado com o cliente, pois será o primeiro artefato que dará base para as estimativas de preço fixo.

Definindo as importâncias e priorizações

Com todos os requisitos destacados e entendidos em épicos e/ou histórias, é preciso definir a importância de todos os itens do *backlog* do produto.

Para essa definição pode ser aplicada a técnica MoSCoW descrita anteriormente, fazendo com que o *backlog* do produto seja separado em pelo menos três partes, tais como "Tem que ter" (*Must have*), "Deveria ter" (*Should have*) e "Poderia ter" (*Could have*), podendo ainda ter a quarta parte conhecida como "Não deveria ter" (*Won't have*).

O objetivo aqui então é separar o *backlog* do produto da seguinte maneira: itens fundamentais para que o sistema funcione; itens que vão completar o sistema, deixando-o mais competitivo e gerando diferenciais; e itens supérfluos e que talvez nem precisem ser feitos.

Um exemplo dessa separação por importância pode ser visualizado na figura a seguir:

Importância	Item de *backlog* (épico)
M	Controles de entradas e saídas
M	Alertas de final de estoque
M	Fluxo de caixa financeiro
M	Integração com CRM
M	Integração com banco XYZ
S	Gestão de clientes
S	Gestão de usuários com perfis
S	Gestão de fornecedores
S	Gestão de compras e vendas
S	Gestão de produtos
S	Mecanismos de inteligência com BI
C	Versão para dispositivos móveis
C	Personalização de consultas do usuário
C	Envio de relatórios automáticos
W	Multi-idioma

Figura 25

No caso de trabalho com preço fixo e escopo fechado, a definição de importância apenas com a técnica MoSCoW não é suficiente; é preciso priorizar todos os itens para completar os detalhes necessários para as estimativas iniciais.

A sugestão então é que o primeiro passo seja priorizar grupo a grupo de acordo com a técnica MoSCoW e no segundo momento o Time pegue os itens "Tem que ter" (M – *Must have*) e priorize cada um, definindo diferentes importâncias, utilizando números como, por exemplo, de 0 a 100.

Essa priorização permitirá que todos tenham entendimento de qual item é mais importante individualmente se comparado com outro item qualquer.

A lista do *backlog* do produto passa a ter a seguinte disposição após a etapa de priorização.

Importância	Prioridade	Item de *backlog* (épico)	Versão
M	150	Fluxo de caixa financeiro	1
M	130	Controles de entradas e saídas	
M	125	Integração com banco XYZ	
M	115	Integração com CRM	
M	100	Alertas de final de estoque	
S	90	Mecanismos de inteligência com BI	2
S	80	Gestão de clientes	
S	70	Gestão de compras e vendas	
S	65	Gestão de produtos	
S	60	Gestão de fornecedores	
S	55	Gestão de usuários com perfis	
C	40	Personalização de consultas do usuário	3
C	30	Envio de relatórios automáticos	
C	20	Versão para dispositivos móveis	
W	10	Multi-idioma	4

Figura 26

Planejamento das versões de entrega (*Releases*)

Com as priorizações definidas e aplicadas ao *backlog* do produto, é possível dividir o produto em partes, que se tornam as versões de entrega, sendo que é possível conhecer como será a ordem de trabalho em cada um dos itens de cada versão.

Na figura anterior é possível observar os grupos de importância e as prioridades, ou seja, a ordem em que as funcionalidades (épicos) devem ser construídas de acordo com a importância – e, como complemento, em que versão cada funcionalidade será entregue.

A técnica MoSCoW contribui para a primeira separação das versões de entrega, onde os dois primeiros grupos "Tem que ter" e "Deveria ter" fazem com que o sistema funcione e esteja completo, e por isso compõem as duas primeiras versões que serão entregues para o cliente. As demais versões conterão os itens "Poderia ter" e "Não tem que ter".

As prioridades determinam a ordem dos itens da versão 1, por exemplo, sendo que essa ordem define quais itens são mais importantes dentro do grupo mais importante.

Esse trabalho deve ser feito em conjunto pelo Product Owner e o cliente.

Atenção!

O planejamento das versões de entrega, contendo importâncias, priorizações e definição de cada versão, deve ser acordado com o cliente, pois fornecerá o segundo artefato para a definição de preço fixo.

Estimando os itens

Com o *backlog* do produto definido e separado em versões de entrega, o Time pode então estimar os itens, começando sempre dos mais importantes para os menos importantes, dando prioridade para as versões de entrega que conterão os itens "Tem que ter" e "Deveria ter". Havendo tempo, o Time estima para todas as versões; caso contrário, poderá fazer uma projeção para as demais versões com base nas primeiras.

Do mesmo modo que nas reuniões de planejamento das *Sprints*, o *Product Owner* apresenta os épicos e/ou histórias para o Time, que estima item a item a partir de uma previsão de tempo, pontos por história, pontos de função ou outras padronizações de estimativas históricas que a organização possui.

Dica!

Caso a organização não possua nenhuma estimativa histórica como parâmetro, tente utilizar a variável tempo macro, ou seja, não utilize horas, e sim dias ou semanas para prever o tempo de desenvolvimento dos seus épicos ou histórias. No entanto, saiba que o seu desvio entre errar e acertar será maior; portanto, considere pelo menos 50% de fator de desvio.

O PO deve certificar-se de que o Time entendeu tudo corretamente para estimar os itens do *backlog* das versões prioritárias e fazer as estimativas com conforto e segurança.

Dependendo do tamanho do produto a ser desenvolvido, essa estimativa poderá levar um tempo razoavelmente maior que uma reunião de planejamento de *Sprint* convencional, tempo este que precisa ser acordado antes do seu início.

Essas estimativas devem compor os itens de *backlog* até que todos os itens sejam estimados ou pelo menos as versões importantes e prioritárias ("Tem que ter" e "Deveria ter"). Um exemplo de como a estimativa ficará pode ser observado a seguir.

Importância	Prioridade	Item de *backlog* (épico)	Versão	Estimativa
M	150	Fluxo de caixa financeiro	1	40
M	130	Controles de entradas e saídas		20
M	125	Integração com banco XYZ		13
M	115	Integração com CRM		8
M	100	Alertas de final de estoque		13
S	90	Mecanismos de inteligência com BI	2	20
S	80	Gestão de clientes		40
S	70	Gestão de compras e vendas		40
S	65	Gestão de produtos		20
S	60	Gestão de fornecedores		20
S	55	Gestão de usuários com perfis		13
C	40	Personalização de consultas do usuário	3	20
C	30	Envio de relatórios automáticos		8
C	20	Versão para dispositivos móveis		13
W	10	Multi-idioma	4	20
			Total de pontos por história:	308

Figura 27

No exemplo, as estimativas foram realizadas com pontos por história, que permitiram, por sua vez, totalizar 308 pontos por história para todas as funcionalidades que precisarão ser construídas no futuro.

Com as estimativas prontas, o Time está quase chegando no ponto de poder realmente estipular um preço fixo, com base no escopo fechado já definido.

Determinando o prazo

Para determinar o prazo, são necessárias pelo menos duas variáveis, os pontos por história (ou outra estimativa utilizada) e a velocidade do Time, mesmo que também seja uma previsão.

Digamos então que o Time de Desenvolvimento, que irá trabalhar no futuro projeto, saiba pelo histórico que a sua velocidade é de 40 pontos para cada *Sprint* de trinta dias. Sendo assim, é fácil determinar que, para o time conseguir transformar 308 pontos por história em um sistema com funcionalidades prontas para o cliente, serão precisos 7,7 *Sprints*, que no caso passam a ser oito *Sprints*, pois não há *Sprint* quebrada.

Com esses dados chega-se à estimativa de oito meses para a conclusão do projeto, já com base no número de integrantes do time, além de considerar o escopo fechado que foi recebido através do *backlog* do produto. É possível visualizar como as *Sprints* serão completadas na figura a seguir.

<table>
<tr><th>Importância</th><th>Prioridade</th><th>Item de backlog (épico)</th><th>Versão</th><th>Estimativa</th><th>Sprint</th></tr>
<tr><td>M</td><td>150</td><td>Fluxo de caixa financeiro</td><td rowspan="5">1</td><td>40</td><td>1</td></tr>
<tr><td>M</td><td>130</td><td>Controles de entradas e saídas</td><td>20</td><td rowspan="3">2</td></tr>
<tr><td>M</td><td>125</td><td>Integração com banco XYZ</td><td>13</td></tr>
<tr><td>M</td><td>115</td><td>Integração com CRM</td><td>8</td></tr>
<tr><td>M</td><td>100</td><td>Alertas de final de estoque</td><td>13</td><td rowspan="2">3</td></tr>
<tr><td>S</td><td>90</td><td>Mecanismos de inteligência com BI</td><td rowspan="6">2</td><td>20</td></tr>
<tr><td>S</td><td>80</td><td>Gestão de clientes</td><td>40</td><td>4</td></tr>
<tr><td>S</td><td>70</td><td>Gestão de compras e vendas</td><td>40</td><td>5</td></tr>
<tr><td>S</td><td>65</td><td>Gestão de produtos</td><td>20</td><td rowspan="2">6</td></tr>
<tr><td>S</td><td>60</td><td>Gestão de fornecedores</td><td>20</td></tr>
<tr><td>S</td><td>55</td><td>Gestão de usuários com perfis</td><td>13</td><td rowspan="3">7</td></tr>
<tr><td>C</td><td>40</td><td>Personalização de consultas do usuário</td><td rowspan="3">3</td><td>20</td></tr>
<tr><td>C</td><td>30</td><td>Envio de relatórios automáticos</td><td>8</td></tr>
<tr><td>C</td><td>20</td><td>Versão para dispositivos móveis</td><td>13</td><td rowspan="2">8</td></tr>
<tr><td>W</td><td>10</td><td>Multi-idioma</td><td>4</td><td>20</td></tr>
</table>

Velocidade do time em pontos por história: **40** Total de pontos por história: **308**

Figura 28

Nesse momento do planejamento, o Time conhece as *Sprints* e os insumos para a definição das metas de cada *Sprint* que terá que perseguir quando for trabalhar no produto do projeto que está sendo contratado. No exemplo são oito histórias, que comportam 40 pontos por história em cada uma, totalizando os 308 pontos por história no total do projeto estimado.

Perceba que, ao separar os épicos e/ou histórias entre as *Sprints*, as versões de entrega ficarão quebradas, ou seja, a versão 1 será entregue no meio da *Sprint* 3, e isso não pode ser considerado uma boa prática, portanto as versões de entrega precisam ser ajustadas.

Esse trabalho deve ser feito em conjunto pelo Product Owner e o Time.

Ajustando as versões de entrega

O PO precisa apresentar para o cliente como o Time trabalhará ao longo do desenvolvimento do sistema utilizando as *Sprints*, e como essas *Sprints* irão gerar as versões de entrega para o cliente.

Para isso o PO deverá levar as versões de entrega ajustadas, negociando e acordando com o cliente como as entregas acontecerão ao longo da linha de tempo do projeto, tendo com isso o último artefato necessário para dar o preço fixo do projeto. A figura a seguir mostra como as versões de entrega ajustadas devem ser apresentadas para o cliente.

<table>
<tr><th>Importância</th><th>Prioridade</th><th>Item de backlog (épico)</th><th>Versão</th><th>Estimativa</th><th>Sprint</th></tr>
<tr><td>M</td><td>150</td><td>Fluxo de caixa financeiro</td><td rowspan="6">1</td><td>40</td><td>1</td></tr>
<tr><td>M</td><td>130</td><td>Controles de entradas e saídas</td><td>20</td><td rowspan="3">2</td></tr>
<tr><td>M</td><td>125</td><td>Integração com banco XYZ</td><td>13</td></tr>
<tr><td>M</td><td>115</td><td>Integração com CRM</td><td>8</td></tr>
<tr><td>M</td><td>100</td><td>Alertas de final de estoque</td><td>13</td><td rowspan="2">3</td></tr>
<tr><td>S</td><td>90</td><td>Mecanismos de inteligência com BI</td><td>20</td></tr>
<tr><td>S</td><td>80</td><td>Gestão de clientes</td><td rowspan="4">2</td><td>40</td><td>4</td></tr>
<tr><td>S</td><td>70</td><td>Gestão de compras e vendas</td><td>40</td><td>5</td></tr>
<tr><td>S</td><td>65</td><td>Gestão de produtos</td><td>20</td><td rowspan="2">6</td></tr>
<tr><td>S</td><td>60</td><td>Gestão de fornecedores</td><td>20</td></tr>
<tr><td>S</td><td>55</td><td>Gestão de usuários com perfis</td><td rowspan="3">3</td><td>13</td><td rowspan="3">7</td></tr>
<tr><td>C</td><td>40</td><td>Personalização de consultas do usuário</td><td>20</td></tr>
<tr><td>C</td><td>30</td><td>Envio de relatórios automáticos</td><td>8</td></tr>
<tr><td>C</td><td>20</td><td>Versão para dispositivos móveis</td><td rowspan="2">4</td><td>13</td><td rowspan="2">8</td></tr>
<tr><td>W</td><td>10</td><td>Multi-idioma</td><td>20</td></tr>
</table>

Velocidade do time em pontos por história: **40** Total de pontos por história: **308**

Figura 29

Com as versões de entrega ajustadas, é possível observar que a versão 1 será a entrega das realizações das *Sprints* 1, 2 e 3, e a versão 2 será a entrega das realizações das *Sprints* 4, 5 e 6, e assim por diante, estabelecendo como as entregas se darão e como será possível disponibilizar o sistema para o cliente e seus usuários finais.

Com esse conjunto de informações é possível estabelecer por fim o preço fixo para o produto com escopo fechado e suas entregas ao longo do tempo com as estimativas apoiadas em um número determinado de profissionais e recursos.

Esse trabalho deve ser feito em conjunto pelo Product Owner e o cliente.

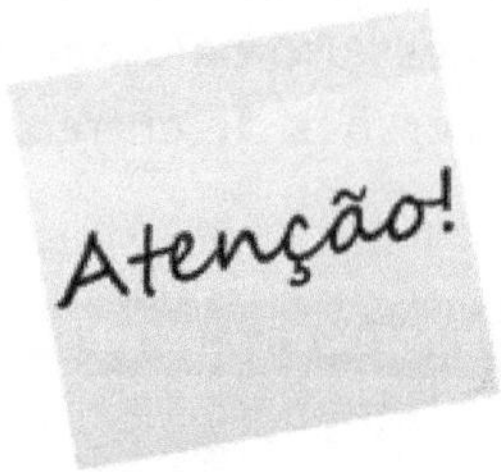

As estimativas e o planejamento ajustado das versões de entrega já contendo as definições de preço fixo, escopo fechado e prazo de entrega para os produtos e/ou incrementos do produto deverão ser apresentados e acordados com o cliente, originando com isso o contrato.

Desenvolvendo o produto contratado com preço fixo

Com o contrato assinado, o Time Scrum parte para o desenvolvimento do produto conforme regras, cerimônias, papéis e responsabilidades exatamente como o *framework* Scrum sugere, apenas com a diferença de buscar seguir os planejamentos de versões de entrega apresentados para o cliente – e, é claro, os orçamentos previstos inicialmente.

Apesar de o Time ter como objetivo perseguir os planejamentos iniciais que nortearam a contratação do desenvolvimento com preço fixo, escopo fechado e prazo definido, é fato que mudanças vão ocorrer, e ajustes no plano deverão acontecer devido a mudanças de escopo, prazo e até de preço.

Adaptando o projeto ao longo do desenvolvimento

Preço fixo, escopo fechado e prazo definido não significam que nada pode ser modificado nunca mais. Conforme o tempo passa, mudanças ocorrem, inclusive nas três variáveis contratadas, e essas mudanças devem ser tratadas pelo Time com apoio do cliente.

Esses acordos de mudanças devem ser realizados pelo PO juntamente com o cliente.

Atenção!

Qualquer mudança ou alteração de plano, afetando ou não as variáveis de preço, escopo e prazo, deve ser apresentada, discutida e acordada com o cliente, pois a transparência e a adaptação são alguns dos pilares do Scrum.

A transição de times convencionais para o Scrum

A primeira premissa que deve ser considerada ao pensar na transição de um time convencional para um Time Scrum é que a mudança não irá ocorrer da noite para o dia. É preciso ter calma, responsabilidade e perseverança.

Um ambiente com gerentes de projetos, analistas de negócio, requisitos e sistemas, com equipes de qualidade e processos robustos e definidos a partir de metodologias baseadas em RUP ou na engenharia de requisitos tradicional, pode ser transformado em ambiente ágil com metodologias suportadas e apoiadas pelo Scrum e seu *framework*.

O primeiro passo que precisa ser dado é em direção à conscientização de que uma mudança cultural precisa ocorrer na forma de pensar e agir em relação à maneira de gerenciar, executar e monitorar projetos.

Conscientizando

Antes de mais nada, é preciso aceitar o fato de que o movimento em direção a uma mudança não significa mudar imediatamente, mas seguir em frente até que ela se concretize.

O primeiro e talvez maior obstáculo é a cultura organizacional e a sua história ao longo dos anos. Uma empresa que trabalha com modelos tradicionais, e muitas vezes pesados e ineficientes, por dez anos não irá se convencer de uma hora para a outra de que precisa mudar e de que existem modelos mais eficientes. Além disso, o ser humano é naturalmente resistente a mudanças, e mesmo involuntariamente e inconscientemente as evita, impõe barreiras, dificulta e muitas vezes luta contra.

Por isso, a paciência e a perseverança são importantes. Quando se fala em mudar de um gerenciamento de projetos tradicional para um gerenciamento ágil, não significa mudar uma única coisa, um único processo, ou uma única ferramenta – as mudanças são inúmeras, desde as pequenas até as grandes, passando pelas mais simples até as mais complexas. O importante é dar um passo de cada vez.

Um processo de mudança é como caminhar. Se você dá um passo de cada vez com cada uma das suas pernas, você avança e chega ao lugar desejado, mas se você tentar dar dois passos com as duas pernas juntas provavelmente você irá cair e se machucar.

Por fim, o último fato a considerar na decisão pela transição para o ágil é que o gerenciamento ágil não é simplesmente "mais rápido" que o tradicional. Ser mais rápido envolve vários fatores, e para um Time, um projeto ou uma organização se tornarem mais rápidos é preciso tempo, estabilidade e maturidade.

Todos os envolvidos precisam ter a consciência de que a troca do tradicional pelo ágil não trará maior velocidade no início, pelo contrário: todo processo de mudança leva a uma perda de velocidade, independentemente de já ser lento ou não, para no segundo momento retomar e ganhar mais velocidade.

Por onde começar?

Na hora de colocar a mudança em prática é que a conscientização se torna ainda mais importante e crucial para o sucesso da mudança. Não é recomendado tentar realizar todas as mudanças em todos os projetos e equipes da empresa de uma só vez. Se der errado ou precisar de ajustes, todas as equipes sofrerão de uma só vez, e as barreiras só aumentarão.

Assim, comece por uma equipe e selecione um projeto não muito complexo e que não impacte muito na organização como um todo e nas metas da empresa. Lembre-se: no primeiro momento a velocidade cairá e poderá haver desmotivação ou receio a respeito da mudança. Escolha começar por um projeto com um ambiente mais controlado.

Essa estratégia é uma forma de mitigar os riscos que todas as mudanças geram nos projetos, nas pessoas e nas organizações.

Quando se inicia uma mudança que gera melhorias, tais melhorias começam a ser observadas pelas pessoas de fora, que, ao perceberem que também podem tirar proveito de tal mudança, pedem por ela e a recebem de maneira positiva.

Então, começar por um projeto e por uma equipe que tenha um ambiente mais controlado aumenta a possibilidade de obter sucesso, disseminando os resultados positivos para as outras equipes e projetos, expandindo os resultados positivos de equipe em equipe, até atingir toda a empresa.

Como começar?

Algumas equipes e alguns tipos de projetos podem permitir que simplesmente de uma semana para outra se abandone uma metodologia e se passe a rodar de maneira completa e imediata o *framework* Scrum, com todas as suas cerimônias, regras, papéis e responsabilidades. Porém, em geral não é possível realizar tal mudança simplesmente virando uma chave.

Em estruturas que já possuem projetos em andamento, cargos estabelecidos e ocupados, como gerentes de projetos, analistas de negócio, desenvolvedores e equipes de qualidade, fica muito difícil acabar com esses papéis de um dia para o outro e passar a ter apenas o Time Scrum.

A sugestão é começar colocando artefatos e cerimônias para que o Time vá se acostumando com a nova cultura ágil, especialmente para o Time não ficar com medo de perder seus empregos porque não são *Scrum Masters* ou *Product Owners*.

Alguns dos seguintes passos podem ser dados sem causar muito impacto inicial, mas podendo gerar enormes ganhos a médio prazo.

1. Comece mudando seu cronograma. Em vez de cronogramas extensos e detalhados com todos os itens de trabalho do Time, faça cronograma macros, implante um Quadro de Tarefas e divida a distribuição dos itens entre o cronograma e o quadro. O cronograma ficaria com os itens macro (épicos e histórias) e o quadro com os itens detalhados (atividades para completar as histórias).
2. Continue fazendo reuniões de lição aprendida, mas com o formato de retrospectivas, e não espere até o final do projeto: estipule períodos de iterações curtas (*Sprints*) e faça reuniões de retrospectiva periodicamente em seus projetos.
3. Implante reuniões diárias de 15 minutos para o Time se atualizar e saber o que todos estão fazendo. Isso trará os três pilares do Scrum para dentro do time, promovendo transparência, inspeção e adaptação de forma natural, sem pressão.
4. Quebre seu planejamento e passe a pensar em ciclos curtos, buscando realizar uma reunião de planejamento para um período de até um mês de trabalho. Planeje apenas este ciclo curto, trabalhe nele e depois pense em planejar o seguinte.
5. Marque reuniões periódicas para inspecionar as entregas do Time e comece a fazer isso com uma frequência constante, tentando pensar em períodos de até um mês. Provoque e estimule o Time a entender a importância dos itens prontos e comece a chamar essa reunião periódica de revisão das últimas realizações.

Com essas pequenas ações, o Time começará a colher os frutos do Scrum e da aplicação de práticas ágeis sem trauma, apenas com a inclusão de melhorias e possivelmente com o aumento de eficiencia já percebida.

A partir desses passos bem instalados e estabilizados, dê novos passos, implantando realmente as *Sprints*, as reuniões de planejamento de *Sprint* e as estimativas ágeis.

A transição dos papéis e responsabilidades

Essa transição talvez seja a mais delicada e importante de todas. Quando se está no tradicional e se pretende realizar uma transição para o ágil, como ficam os papéis e responsabilidades já existentes, tais como o gerente, coordenador ou líder de projeto, o líder técnico ou de equipe, os analistas, as diversas equipes, entre outros? Todos são demitidos e começamos do zero?

Não! Claro que não! Em qualquer organização o capital intelectual e as pessoas são as peças mais fundamentais de um negócio, inclusive nas empresas de TI.

No ágil isso é ainda mais fortalecido, então as pessoas devem ser mantidas e encaixadas em novos papéis com responsabilidades similares e adaptadas.

Muitas empresas criam papéis reais com responsabilidades falsas e/ou distorcidas, gerando insatisfação para o profissional e muitas vezes para a própria empresa. Quando se buscam mudanças positivas e transições entre maneiras não eficientes de gerenciar projetos para formas mais eficientes, independentemente de ser ágil ou não, é preciso conscientizar as pessoas sobre a maturidade de ocupar uma função que realmente tem a ver com o seu trabalho, incluindo com isso mudar o nome do papel exercido.

Vamos entender como algumas dessas situações aparecem e como fazer a transição desses papéis para o Scrum.

1. **O gerente de projetos analista de negócios.** Muitos profissionais com papéis definidos como gerentes de projeto são os responsáveis pelo entendimento, detalhamento e repasse do escopo e dos requisitos do projeto, tornando-se o ponto focal da equipe para dúvidas e detalhes de negócio do sistema a ser desenvolvido. Para piorar, não realizam tarefas de gestão, como custo, aquisições, orçamentos, contratações, demissões. Enfim, só são responsáveis pelo escopo, pelas entregas desse escopo e pelos prazos acordados com o cliente. Na prática, esse "gerente de projetos" é um analista de negócios ou requisitos, e as suas responsabilidades estão sobre o *backlog* do produto. Portanto, deve haver uma transição do seu papel de gerente de projetos para o de *Product Owner*.

2. **O gerente de projetos líder técnico.** Este profissional era o ponto de referência técnico de todos os desenvolvedores, muitas vezes o sênior do time, que assume o papel de gerente de projetos mas continua dando apoio técnico e discutindo apenas questões de arquitetura e direcionamento do desenvolvimento, sugerindo caminhos, tecnologias, estratégias e soluções para os problemas de desenvolvimento levantados pelo Time, pelo cliente e por analistas. Em algumas estruturas esse papel é ocupado pelo arquiteto de software, que, assim como o "gerente de projeto líder técnico", ainda é um desenvolvedor que apenas lidera a equipe e tem uma posição de referência, não exercendo realmente o papel de GP. Desse modo, deve haver uma transição desse profissional para o Time Scrum, ocupando o papel de um desenvolvedor de referência, podendo até ser destacado como líder técnico e desenvolvedor sênior, que orienta o restante do Time nos desenvolvimentos do produto nesse momento de transição.
3. **O gerente de projetos controlador de atividades.** Este é o mais comum dos gerentes de projetos por aí: aquele que apenas monitora e controla as atividades da equipe. Muitas vezes fornece estimativas, determina prazos e pressiona para cumprir prazos e metas de desenvolvimento. Deve haver uma transição desse profissional para o papel de *Scrum Master*, deixando a responsabilidade de estimar o desenvolvimento para o Time e orientando o próprio Time a realizar o controle do seu desenvolvimento, atuando mais fortemente como *coach* do uso do *framework* Scrum e do cumprimento de metas de *Sprints* e projetos.
4. **O gerente de projetos de verdade.** Este é o papel mais controverso no mundo ágil, e sua extinção é pregada por muitos radicais. No entanto, se o gerente de projetos é realmente um gerente de projetos e realiza suas responsabilidades no âmbito de orçamentos, custos, contratações, aquisições, relacionamento de alto nível com o cliente, gerenciamento de *stakeholders*, entre outras, este papel pode muito bem ser mantido no Scrum, desde que não interfira nos trabalhos de desenvolvimento do Time Scrum. A opção que alguns defendem é a distribuição das responsabilidades do GP entre os papéis do Time Scrum, a demissão do GP ou a sua transfe-

rência para um papel de PO ou *Scrum Master*, e a não continuidade do papel do GP na organização. Porém, para estruturas tradicionais já acostumadas com o papel do GP, não há a necessidade de realizar uma transição tão radical. Conceitualmente, é possível transferir algumas responsabilidades do GP para o Time Scrum, mas não exatamente todas. Por exemplo, trabalhos de análise orçamentária, previsões de fluxo de caixa do projeto, períodos de alta e baixa de receitas, possibilidades de contratações, entregas realizadas *versus* receitas recebidas, aquisições e relacionamentos com fornecedores, alta direção e clientes – nada disso faz parte das responsabilidades do Time Scrum. É possível manter o papel do GP exatamente como GP, contribuindo apenas para as tarefas de gestão do projeto que estão fora do Time Scrum. Para maiores informações sobre como colocar isso em prática, leia o livro "Scrum e PMBOK unidos no gerenciamento de projetos", que demonstra na prática como é possível ter o GP e o Time Scrum atuando em conjunto em projetos de diversas naturezas.

5. **O analista de negócios ou requisitos.** Os profissionais que atuam com análise de negócios e/ou requisitos nas estruturas tradicionais podem facilmente ser transferidos para o papel de *Product Owner*, sem muitas mudanças consideráveis de responsabilidades. Provavelmente a maior diferença estará nos pensamentos ágeis e na forma de atuar e contribuir com os trabalhos do Time. As responsabilidades referentes a produto, negócio e representação do cliente continuam as mesmas, apenas o nome é modificado.
6. **O líder técnico ou de equipe.** Este profissional tem um papel fundamental no Time e pode continuar exercendo tal influência em um time ágil, especialmente em equipes grandes e com decisões importantes a serem tomadas no âmbito técnico. Na teoria do Scrum esse papel seria transferido para um desenvolvedor, mas na prática ele pode ser um desenvolvedor líder, ou seja, aquele que contribui com o time nas decisões técnicas, é o sênior da equipe, que ajuda a distribuir os profissionais entre as equipes, ajuda a definir estratégias técnicas e influencia o Time a seguir os caminhos mais simples e eficientes, em vez dos mais complexos e problemáticos. Não há problema em manter o papel de líder técnico,

especialmente quando existem múltiplos Times Scrum em grandes projetos de desenvolvimento. O importante é compreender que sua função é de contribuição, e não de gerenciamento do Time.

7. **A equipe de qualidade.** A qualidade não deixa de existir quando usamos Scrum e gerenciamento ágil de projetos, pelo contrário: a qualidade se torna presente em diversas etapas do desenvolvimento, tornando-se ainda mais presente, ativa e eficiente. Dessa forma, uma equipe de qualidade formada, atuante e eficiente tem seu lugar nos Times Scrum. Basta inserir a equipe de qualidade dentro do Time Scrum, fazendo com que se tornem uma só. A etapa de qualidade passa a ser um passo do desenvolvimento, contido no fluxo de trabalho do Time Scrum, fazendo parte do *Taskboard* e compondo a definição de pronto do Time, onde "pronto" significa desenvolvido e validado pela etapa de qualidade. A equipe de qualidade passa a ser a parte dos desenvolvedores especializada em testes de diversas naturezas, tais como integração e carga, e deixa de ser a responsável única pela qualidade do produto, mas, sim, parte do processo e do fluxo contínuo de desenvolvimento ágil, que pode receber uma enorme contribuição de especialistas em testes e *Quality Assurance* – QA.

8. **Os desenvolvedores.** Esses profissionais são os que mais facilmente se adaptam ao ágil, continuando como desenvolvedores, passando apenas a deixar de lado os vícios de desenvolvedores comandados e controlados e se tornando desenvolvedores proativos e responsáveis por cumprir as próprias metas estabelecidas, auto-organizando o seu próprio trabalho, estimando seu desenvolvimento e assumindo a postura de "missão dada é missão cumprida" em um Time Scrum.

9. **Os DBAs e outros especialistas.** Assim como o time de qualidade, podem existir outros especialistas na estrutura tradicional de projetos da sua empresa, como DBAs (*Database Administrator* – administrador de banco de dados), designers, especialistas em *front-end* e HTML, entre outros. Esses profissionais especialistas em determinadas tecnologias passam a compor o Time de Desenvolvimento do Scrum e, assim como os desenvolvedores generalis-

tas, participam de planejamentos, estimativas e passam a incluir os seus trabalhos na definição de "pronto" do produto em construção. Essa complementação do Time de Desenvolvimento com especialistas se faz necessária em alguns tipos de empresas e negócios, onde é importante uma especialidade qualquer que se torna diferencial de um sistema. Por exemplo, no caso de sistemas para web com apelo visual, animações, jogos embutidos e atratividade visual, que necessitam de especialistas em desenhos, animações, vídeos e multimídia. Não há como desenvolvedores generalistas especializados em C++, Java ou PHP serem também exímios desenhistas, portanto os especialistas passam a compor o Time ganhando sua função dentro do fluxo de processo do quadro *Kanban* e participando da finalização e do atingimento da definição de "pronto" de cada produto e incremento desenvolvido.

A mudança completa

Se não for possível começar 100% ágil, e se a empresa, seus times e seus projetos precisarem de uma transição do processo atual de desenvolvimento para o ágil, tenha em mente que é preciso começá-la o quanto antes.

Só não esqueça que é preciso ter cautela, prudência e responsabilidade. Comece hoje mesmo, mas saiba que a mudança ocorrerá depois de amanhã, no futuro, e que esse "depois de amanhã" será um tempo menor ou maior dependendo da consciência de todos os envolvidos e da motivação por trás da mudança.

Mudanças verdadeiras e reais tendem a ser mais rápidas, menos traumáticas e mais eficientes. Mudanças por modismo, forçadas ou sem propósito compreendido tendem a não chegar a lugar nenhum, a expulsar pessoas importantes e a fracassar em pouco tempo.

Dica!

Seja ágil no seu interior antes de provocar mudanças externas na sua equipe e na sua empresa. Sentir a agilidade é mais eficiente do que mostrar uma agilidade fria e sem sentimento.

Contratos tradicionais *versus* contratos ágeis

Um obstáculo forte para a aplicação do Scrum e também para a transição de empresas que usam métodos tradicionais para ágeis é a existência de contratos que dificultam algumas das questões abordadas no desenvolvimento ágil de produtos, tais como escopo aberto e precificação sob demanda ou avanço dos desenvolvimentos.

O primeiro ponto a ser observado é que os contratos são para proteção das partes envolvidas em um negócio. Quanto menos confiança existe entre as partes, maiores serão as travas do contrato e mais difícil será uma negociação mais leve e um trabalho mais flexível e adaptável.

O ágil é baseado em confiança, e com isso qualquer trabalho realizado entre empresas que confiam uma nas outras torna-se mais ágil, pois cláusulas restritivas e burocratizadas são amenizadas ou inexistentes.

Desse modo, é muito comum a confecção de contratos com preço fixo e escopo fechado no desenvolvimento de software, especialmente porque os clientes não confiam em seus fornecedores no que diz respeito à frequência de entrega, à qualidade de produto, à garantia de entendimento correto de seus problemas e à entrega de soluções adequadas.

Assim, ao pensar que isso é um problema para a sua empresa como fornecedora de software, pense também se você dá motivos para o seu cliente não confiar nas suas entregas. Ajustar os pontos que geram mais ou menos confiança é o primeiro passo para sugerir propostas diferentes de contratos.

Existem alguns modelos de contratos ágeis sendo aplicados no mercado que estão trazendo resultados interessantes, tais como:

- **Contrato por *Sprint*:** o escopo e o preço são definidos por *Sprint*, em um trabalho conjunto entre o fornecedor e o seu cliente, e o pagamento é realizado no final da *Sprint*, permitindo que o cliente continue o projeto, ou não, a cada entrega e final de *Sprint*.

- **Hora/Homem:** é o famoso *Time & Material*, que é uma proposta muito interessante quando se tem confiança, trabalho colaborativo entre as partes e, claro, qualidade nas entregas. É o mais simples de todos, onde o cliente paga pelo consumo de horas dos Times Scrum conforme este entrega produtos prontos.
- **Dinheiro por nada e mudanças à vontade:** este é um tipo de contrato criado por Jeff Sutherland, um dos criadores do Scrum, que tem por objetivo provocar o trabalho colaborativo entre cliente e fornecedor. O contrato funciona assim: caso o cliente colabore em tempo integral com o desenvolvimento, as mudanças são livres e todo o custo em relação a estas fica por conta do fornecedor. No entanto, caso o cliente não colabore diariamente com o desenvolvimento, qualquer mudança é custeada pelo cliente.

12. Impressões Finais sobre o Scrum

A mensagem final a respeito do Scrum e seu *framework* é que o Scrum é uma prática livre e pode ser bastante adaptado às necessidades de projetos e organizações específicas, porém seus papéis, artefatos, eventos e regras não devem ser alterados, pois, ao implementar partes do Scrum ou um Scrum diferente, o resultado obtido não será mais Scrum.

O Scrum só existe na sua totalidade e funciona muito bem como uma espécie de contêiner para outras técnicas, metodologias e práticas.

Sendo assim, não há problema e não se perde nada aplicando o Scrum na totalidade e complementando seu conteúdo com outras práticas, técnicas e metodologias ágeis. O Scrum permite muitas complementações diferentes e adaptações de conteúdo ao seu *framework* padrão.

Continue lendo este livro e se aprofunde na próxima parte, onde será possível entender como completar o Scrum com outras práticas ágeis e deixar o *framework* ainda mais funcional.

Assim, rode o Scrum e inclua o que for necessário para os seus projetos, porém não remova nada que o Scrum prescreve, pois só assim tirará proveito de seus benefícios ao longo do tempo.

13. Questões de Fixação II

1. **Uma equipe de projeto está migrando para o uso do Scrum, e um dos membros da equipe é um analista de negócios e requisitos que tem como principal papel entender as necessidades e expectativas do cliente e orientar os desenvolvedores a entregar um produto de valor ao cliente. Qual seria o melhor papel para esse profissional após a implantação do Scrum?**
    a) Gerente de projetos
    b) Coordenador de projetos
    c) *Product Owner*
    d) *Scrum Master*

2. **O Gráfico de *Burndown* da *Sprint* precisa ser atualizado para conter a situação mais atual possível em relação ao andamento da próxima entrega. Qual é o melhor momento para atualizá-lo?**
    a) Ao final da *Sprint*
    b) Todos os dias
    c) Todas as vezes em que uma situação de uma tarefa e/ou história mudar
    d) Ao entregar um incremento do produto

3. **Considerando os papéis do Scrum, de quem é a responsabilidade de priorizar e determinar a importância dos itens que serão trabalhados na próxima *Sprint*?**
    a) Do Time de Desenvolvimento
    b) Do Time de Desenvolvimento e do *Product Owner*

c) Do *Product Owner*

d) Do *Scrum Master*

4. Após o Time de Desenvolvimento selecionar os itens do *backlog* do produto que compõem o *backlog* da *Sprint* e começar a trabalhar na transformação desses itens em produto, quem pode alterar os itens do *backlog* da *Sprint* após o início da *Sprint*?

a) Apenas o *Product Owner*

b) O Time de Desenvolvimento, com aprovação do *Product Owner*

c) Somente o Time de Desenvolvimento

d) Não é permitido alterar o *backlog* da *Sprint* após a *Sprint* iniciar

5. Qual é o evento do Scrum que promove inspeção e adaptação?

a) A reunião de revisão da *Sprint*

b) A reunião de retrospectiva da *Sprint*

c) Todos os eventos contidos na *Sprint*, incluindo a reunião de planejamento, a reunião diária, a reunião de revisão e a reunião de retrospectiva

d) Nenhum dos eventos promove inspeção e adaptação. A inspeção e a adaptação são promovidas pelas regras do Scrum e realizadas por todo o Time Scrum a qualquer momento do desenvolvimento

6. O *Product Owner* demonstra sua intenção de convidar o cliente e seus principais *stakeholders* para participar da reunião de revisão da *Sprint*. Qual é a atitude mais correta do *Scrum Master* nessa situação?

a) Não permite a participação das pessoas que o PO pretende convidar, pois a reunião de revisão é só para o Time de Desenvolvimento

b) Sugere ao PO que convide apenas o cliente, para que a reunião não ultrapasse o tempo e o escopo definidos pela sua *time-box*

c) Não interfere na decisão do PO, que pode convidar quem quiser para a reunião de revisão

d) Decide em conjunto com o Time de Desenvolvimento se permite ou não a participação de pessoas externas ao Time Scrum

7. Que definição melhor descreve a ação de refinar os itens do *backlog* do produto?

a) Preparar os itens de *backlog* para serem entendidos e selecionados para compor o *backlog* da *Sprint*

b) Adicionar detalhes, entendimentos, características e estimativas aos itens do *backlog* do produto

c) Considerar os itens prontos para compor o *backlog* da *Sprint*

d) Adicionar os itens de *backlog* preparados ao *backlog* da próxima *Sprint*

8. Qual das seguintes realizações é um objetivo da reunião diária?

a) Atualização do status de todos os itens para o *Scrum Master*

b) Alinhamento do progresso da *Sprint* com o *Product Owner*

c) Alinhamento do progresso para atingir o objetivo da *Sprint* do Time de Desenvolvimento

d) Reordenação dos itens do *backlog* da *Sprint*

9. Qual é a melhor definição para a priorização dos itens do *backlog* do produto?

a) É a determinação dos itens mais importantes para o Time de Desenvolvimento que facilitará e contribuirá para uma melhor produtividade durante os trabalhos de desenvolvimento

b) É a determinação dos itens mais importantes para o cliente segundo a visão adquirida pelo *Product Owner* com base nos valores mais esperados pelo cliente

c) É a determinação dos itens mais importantes segundo o *Scrum Master* e o *Product Owner*, e definidos durante a reunião de planejamento da entrega

d) São os itens de *backlog* selecionados para a primeira *Sprint*

10. Quais itens devem ser apresentados ao *Product Owner* na reunião de revisão da *Sprint*?

a) Todos os itens do *backlog* da *Sprint* que o Time de Desenvolvimento trabalhou ao longo da *Sprint*

b) Todos os itens que apresentaram problemas durante o desenvolvimento e que precisam de análise do *Product Owner*

c) Todos os itens que o cliente espera receber como entrega ao final da *Sprint*

d) Somente os itens que atendem à definição de pronto

11. No Scrum a transparência dos artefatos não é obtida de um dia para o outro, mas é um caminho a ser seguido. Qual é o principal ganho quando se aumenta a transparência?

a) Decisões mais sólidas para otimizar o aumento do risco de falhas

b) Aumento da transparência envolvendo aprendizagem, convencimento e mudança

c) Decisões mais sólidas para otimizar o valor e o controle dos riscos baseados nas percepções existentes acerca do estado do artefato

d) O aumento da transparência dos artefatos não proporciona ganhos

12. A composição do Time de Desenvolvimento deve permanecer constante em todo o projeto, para que seja possível obter os ganhos proporcionados pelo Scrum. Com base nessa sentença, é possível afirmar que:

a) Somente com equipes de tamanho constantes é possível obter os ganhos do Scrum a longo prazo

b) Não é necessário manter a composição do Time constante ao longo de todo o projeto para obter os ganhos do Scrum. Ele pode se adaptar para melhor atender às necessidades e mudanças do projeto e se manter constante o suficiente para obter os ganhos proporcionados pelo Scrum

c) A composição do Time pode mudar no máximo três vezes ao longo do projeto para que seja possível obter os ganhos do Scrum

d) A composição do Time não influencia em nada na obtenção dos ganhos proporcionados pelo Scrum

13. Após a definição de pronto, a seleção do *backlog* da *Sprint* e a determinação do objetivo da *Sprint*, que alterações podem ocorrer ao longo da execução da *Sprint*?

a) Somente alterações que não afetem o objetivo da *Sprint*

b) Somente alterações que não coloquem em perigo o objetivo da *Sprint*

c) Todas as alterações que forem necessárias e solicitadas pelo cliente

d) Todas as alterações que o Time de Desenvolvimento decidir serem oportunas

14. O *Scrum Master* deve guiar o *Product Owner* e o Time de Desenvolvimento na realização da reunião de planejamento da *Sprint* sempre no início de uma nova *Sprint*. Qual é o objetivo principal dessa reunião?

a) Definir o que será realizado e quando estará pronto o *backlog* da *Sprint*

b) Definir de forma colaborativa o que será trabalhado e como o trabalho será realizado para atingir o objetivo da *Sprint*

c) Definir o objetivo da *Sprint*

d) Entender todos os itens do *backlog* do produto até considerá-los preparados para seleção

15. Qual definição melhor descreve o objetivo da reunião de retrospectiva da *Sprint*?

a) Voltar no tempo e inspecionar tudo que deu certo na última *Sprint*

b) Discutir sobre como o Time de Desenvolvimento completou os itens do *backlog* da última *Sprint*

c) Inspecionar o que ocorreu na última *Sprint* considerando as pessoas, os relacionamentos, os processos e as ferramentas utilizadas

d) Inspecionar o cliente considerando os relacionamentos com o Time Scrum para melhorar na próxima *Sprint*

16. Quem deve participar da reunião diária do Scrum?

a) Qualquer pessoa pode participar, é só aparecer

b) O *Scrum Master*, o Time de Desenvolvimento e o *Product Owner*

c) O *Scrum Master* e o Time de Desenvolvimento

d) Somente o Time de Desenvolvimento

17. Quem pode convidar participantes para a reunião diária?

a) Qualquer um do Time Scrum

b) Somente o *Scrum Master*

c) Somente o Time de Desenvolvimento

d) O *Scrum Master* ou o Time de Desenvolvimento

18. Avaliando os valores do Scrum, qual a melhor combinação de valores que torna vivos os pilares de transparência, inspeção e adaptação?

a) Foco, comprometimento e abertura

b) Nenhuma das combinações, na verdade os pilares são estimulados somente pelas cerimônias do Scrum

c) Coragem e respeito

d) Todos os valores juntos

19. Segundo o Scrum, qual o tamanho que o Time de Desenvolvimento deve ter?

a) Deve ter sete integrantes

b) Não deve ter mais que nove integrantes

c) Deve ter de três a nove integrantes

d) O Scrum apenas sugere que um time com tamanho entre três e nove integrantes obtém mais ganhos do que outros tamanhos

20. Quando há múltiplos Times Scrum trabalhando na mesma versão do produto, qual é a melhor forma de ter uma Definição de Pronto?

a) Cada Time de Desenvolvimento de cada Time Scrum possui a sua própria definição de pronto, considerando a definição de pronto dos demais times.

b) A empresa toda deve ter apenas uma definição de pronto para todos os seus times, independentemente de estarem trabalhando no mesmo produto ou não

c) Os Times de Desenvolvimento de todos os Times Scrum devem mutuamente determinar uma única Definição de Pronto

d) Não há a necessidade de uma definição de pronto quando há múltiplos times trabalhando em um mesmo produto

Confira as respostas no Anexo deste livro.

PARTE III. OUTRAS TÉCNICAS, *FRAMEWORKS* E MÉTODOS ÁGEIS

O Scrum é provavelmente o conjunto de práticas ágeis mais conhecido no Brasil, devido ao conteúdo simples e à sua aplicação em diversos projetos simples e complexos.

Apesar disso, o Scrum sozinho não resolve todos os problemas e não oferece práticas, métodos e ferramentas ágeis para todas as situações e necessidades de projetos das mais variadas complexidades, tipos e objetivos.

Por isso, outros métodos, práticas e ferramentas ágeis podem ser utilizados como complemento do *framework* Scrum, proporcionando ainda mais ganhos para os times ágeis e muitas vezes contribuindo para encurtar o período de obtenção dos ganhos do Scrum e da agilidade em projetos.

Como dito anteriormente, o Scrum deve ser aplicado na totalidade para ser considerado Scrum, porém a adição de outras práticas ágeis não o descaracteriza, podendo inclusive aumentar o seu poder de transparência, inspeção e adaptação.

Com este foco, vamos conhecer outras práticas, métodos e ferramentas que podem impulsionar o Scrum na sua organização, em seus projetos profissionais e até na sua vida pessoal.

14. Planejamento em Vários Níveis

Muitos ainda se perguntam como planejar sem investir um tempo muito longo, o que as práticas ágeis melhoram nos planejamentos ou o que muda quando se adotam *frameworks* como o Scrum, por exemplo. Entre outras perguntas que sobrevivem ao longo do tempo, estão as clássicas: "qual é o tempo ideal para se planejar?", "até que ponto devo detalhar o meu planejamento?" e "qual é o momento efetivo e eficiente para se planejar?".

Bom, o primeiro pensamento que se deve ter nos dias atuais é que um planejamento, para ser eficiente, produzir material para um bom produto e contribuir para gerar valor a um cliente, precisa ser quebrado em pedaços menores e ser realizado em diferentes níveis.

Esse conceito é conhecido como *Planning Onion,* um planejamento que se inspira nos anéis da cebola. O *Planning Onion* também é conhecido simplesmente como planejamento ágil.

Os anéis da cebola representam os níveis de planejamento que devemos realizar em nossos projetos.

Os níveis são os momentos em que os planejamentos devem ser realizados, com durações e detalhamentos diferentes, sendo que se deve seguir a ordem de fora para dentro, ou seja, dos anéis maiores para os menores. Isso significa que o maior é mais superficial, ou seja, menos detalhado, e quanto menor for o anel, mais detalhado e determinístico deve ser o seu planejamento.

Para que fique ainda mais claro, vamos observar os anéis com uma sugestão de planejamento que pode ser utilizada na prática em diversos tipos de projetos.

Anel 1 – Planejamento do portfólio

O anel de fora, o maior deles, representa o portfólio de projetos, onde verificamos quais projetos devem ser realizados para atender ao planejamento estratégico da empresa e verificamos informações macro sem muitos detalhes, tais como: orçamento aprovado, prazo inicial e final esperado para todo o projeto e patrocinador.

Nesse anel estão os projetos que a empresa espera trabalhar para que o seu foco enquanto organização seja perseguido e atingido. É o anel diretamente ligado às estratégias, onde o gerenciamento é focado no cumprimento de metas que influenciam diretamente toda a organização e, por consequência, todas as áreas que estão abaixo dessa estrutura organizacional.

Este geralmente é o anel onde se encontram os pensamentos do corpo diretivo da organização, que está com os olhos mais focados e com a preocupação maior nos resultados semestrais, anuais e no cumprimento de metas organizacionais.

Anel 2 – Planejamento do produto ou projeto

O segundo anel da cebola seria o produto em questão, diretamente ligado a um projeto que está sendo executado. Veja que, ao planejar o portfólio, normalmente existem vários projetos. Ao selecionar um desses projetos há pelo menos um produto contido neste projeto, e com isso é possível planejá-lo.

Aqui há informações superficiais ou gerais do produto, tais como quais as necessidades básicas do cliente, quais as expectativas quanto ao lançamento do produto e quais as especificações mínimas que o produto deve ter para entrar em operação nas datas predeterminadas.

Este é o anel onde se encontra o Time de Desenvolvimento, e onde a maioria dos projetos inicia os seus trabalhos de planejamento e execução.

Com o portfólio, um projeto selecionado e um produto destacado, é possível partir para o terceiro anel da cebola, que representa a versão de entrega do produto. Veja figura a seguir.

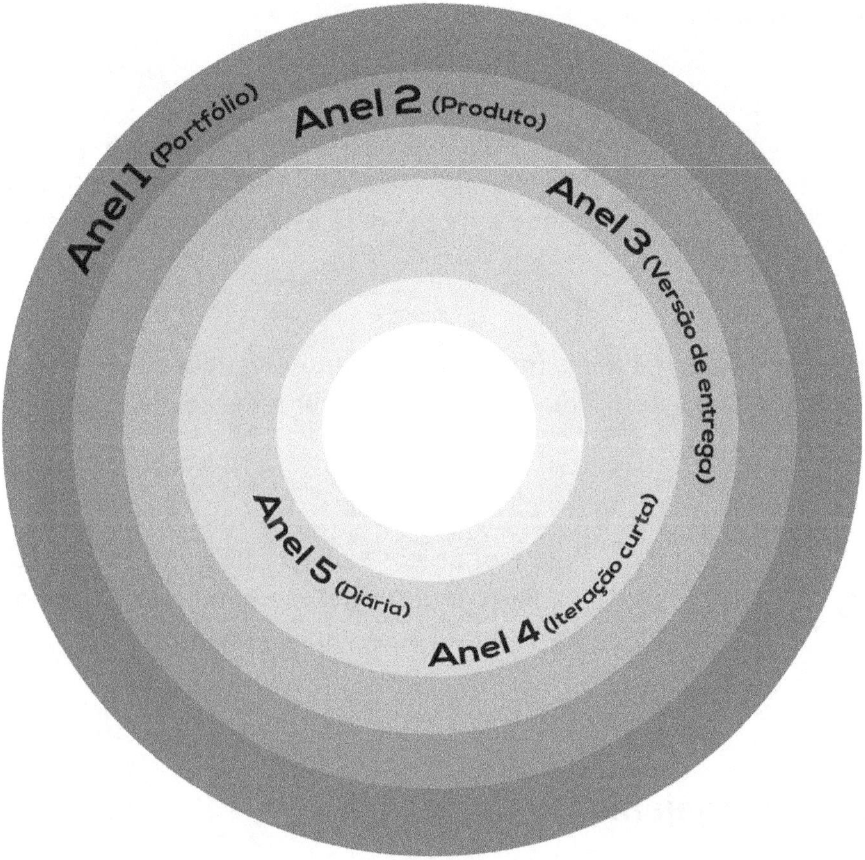

Figura 30

Note que o segundo anel é o momento de identificar as características gerais do produto e as expectativas de entrega do cliente, juntamente com uma especificação mínima para cada entrega, sendo que esta é uma versão de entrega que será planejada em maiores detalhes, lembrando que o terceiro anel (versão de entrega) é menor que o segundo anel (produto).

Anel 3 – Planejamento da versão de entrega

No terceiro anel existem alguns detalhes mais específicos referentes à equipe que irá trabalhar no projeto, ao tempo determinado ou esperado pelo cliente para entregar a versão em questão, além de requisitos mínimos que o produto deve ter, contendo prioridades e importâncias relevantes, sem esquecer que neste ponto espera-se separar um pedaço do produto para ser entregue ao final do ciclo.

Versão de entrega do produto é um pedaço ou parte utilizável e de valor de um produto que precisa ser entregue em uma data específica para o cliente.

Com os três primeiros anéis (portfólio, produto e versão de entrega), podemos partir para as iterações curtas, onde vamos desenvolver o respectivo pedaço do produto.

Visite o tópico "Planejando a versão de entrega", na Parte II deste livro, e compreenda como realizar essa etapa do planejamento.

Anel 4 – Planejamento da iteração

O quarto anel é conhecido também como *Sprint*, sendo o momento em que o Time de Desenvolvimento constrói uma parte menor do pedaço do produto que será entregue. Para não ficar confuso, pense que o pedaço do produto que foi separado para a versão de entrega é novamente quebrado em pedaços menores para serem trabalhados durante iterações mais curtas (*Sprints*), sendo que ao final de algumas iterações teremos o pedaço do produto completo e pronto para ser entregue ao cliente, pedaço este que realmente agrega valor.

Essa iteração curta é o momento de planejar mais detalhadamente as atividades que precisam ser feitas para construir o pedaço no produto.

Antes de prosseguir, perceba que:

- O primeiro anel ocorre apenas uma vez ao longo de um ano ou do período de planejamento estratégico da empresa.
- O anel 2, do produto, irá se repetir a cada projeto (ou produto) contido no portfólio (anel 1). Reforçando que um projeto pode conter vários produtos.
- O anel de versão de entrega (anel 3) irá se repetir a cada parte do produto definida como entrega para o cliente.
- Por fim, para cada versão de entrega (anel 3), poderá haver vários anéis de iterações curtas (anel 4), que irão incrementar o anel 3 até completá-lo e formar uma versão pronta e disponível para entrega.

Com esse entendimento conseguimos perceber o ciclo iterativo e incremental do gerenciamento ágil de projetos, onde temos a iteração curta (*Sprint*) e os incrementos (pedaços do produto) sendo gerados e adicionados a uma parte anteriormente construída, formando um produto completo ou uma versão de entrega pronta para uso do cliente.

Dica!

Visite o capítulo "Planejando a *Sprint*", na Parte II deste livro, e compreenda como realizar essa etapa do planejamento.

Anel 5 – Planejamento do dia

Por último, temos o anel 5, o menor de todos, composto pelos dias de trabalho. Este é o encontro diário das pessoas que trabalham no projeto e que precisam conversar sobre o que está sendo feito dia a dia no projeto, alinhando realizações, previsões e obstáculos que possam atrapalhar os trabalhos para concluir os objetivos dos anéis superiores.

O quinto anel irá acontecer em cada um dos dias que fazem parte da iteração mais curta, também conhecida como *Sprint* (anel 4).

Esse planejamento diário ocorre para que o Time de Desenvolvimento inspecione e adapte o trabalho que está sendo executado no dia a dia para construir um incremento do produto que entregará valor ao cliente.

Dica!

Visite o tópico "Reuniões diárias", na Parte II deste livro, e compreenda como realizar essa etapa do planejamento diário.

Planejando de forma ágil

O *Planning Onion* tem como conceito a realização de planejamentos diários, acompanhados de planejamentos por iterações curtas (*Sprints* ou parte menor do produto), que por sua vez são seguidos dos planejamentos de versão de entrega (parte potencialmente entregue do produto) e do planejamento do portfólio, que é composto pelo conjunto de projetos da carteira estratégica da empresa.

Note que não é sugerido parar os trabalhos de construção do produto, nem que seja feito um planejamento complexo, detalhado e completo de todo o projeto – pelo contrário, a sugestão é realizar um planejamento superficial e macro no anel 1 e de todos os projetos da empresa, selecionar apenas um projeto e planejá-lo no anel 2, mas sem detalhá-lo excessivamente. Na sequência, quebrar os pedaços do produto a ser entregue no anel 3, começando a aprofundar os detalhes, chegando ao anel 4 e planejando as iterações curtas e atividades necessárias para completar os trabalhos da parte do produto, atingindo por fim os planejamentos diários necessários para entender as menores tarefas do projeto e principalmente ações para combater riscos e impedimentos que o Time de Desenvolvimento possa ter.

Esse é o planejamento em vários níveis: em cada etapa é planejada uma parte do projeto, em um detalhe menor ou maior, com o objetivo de focar no valor a ser entregue naquele momento, incrementar um produto e realizar um novo ciclo para trabalhar outra parte do produto e/ou projeto, até finalizar todo o trabalho necessário.

Com essas práticas de planejamento ágil, é possível obter respostas mais assertivas para as perguntas e previsões realizadas no início dos projetos. Não há receita de bolo ou percentual exato para se planejar um projeto, mas há sugestões de boas práticas que podem ajudar e muito na realização de um planejamento mais próximo de ser cumprido, e isso com certeza é atingido quando trabalhamos com planejamentos em vários níveis.

Experiência do Autor

Todas as vezes em que não planejei de maneira ágil fracassei nas previsões, pois os riscos de prever muito além do horizonte que se consegue enxergar são muito grandes, e quanto mais se tenta prever um futuro distante, maiores são as chances de falhar ao longo dos desenvolvimentos.

Costumo brincar que, ao contrário da cebola, que choramos ao cortar, se não "cortarmos" nosso planejamento em vários anéis menores aí sim é que vamos chorar, por errar nossas previsões, gastando mais e consumindo mais recursos.

Planejando a *Release*

Neste tópico é apresentado apenas um exemplo de como o planejamento ágil pode ser adaptativo e assumir outras formas de acordo com as necessidades do negócio, cliente ou produto.

Os anéis podem ser maiores ou menores do que cinco e devem representar as etapas de planejamento que existem em uma empresa de acordo com a sua linha de produtos e serviços.

Aproveitando esse conceito, podemos encaixar um novo anel para adaptar o *Planning Onion* a outras realidades. O novo anel será chamado então de *Release Planning* ou *roadmap* do produto.

Roadmap do produto

O *roadmap* de um produto deve apresentar uma visão panorâmica de todos os lançamentos do produto ao longo da linha do tempo, contendo características importantes e principais funcionalidades ou conteúdos das versões futuras, como pode ser observado na figura a seguir.

Figura 31

Na figura é possível observar a distribuição das funcionalidades ao longo do ciclo de vida do produto, podendo corresponder desde a sua criação e lançamento, passando por correções e evoluções do produto até a sua morte, com a sua retirada do mercado ou o surgimento de outro produto.

A distribuição das funcionalidades na linha do tempo geralmente se dá por importância, prioridade e/ou obrigatoriedade. As funcionalidades mais mandatórias devem ficar no topo à esquerda. Quanto mais à direita e para baixo, menos mandatória e importante é a funcionalidade.

Ou seja, as funcionalidades que aparecem no topo da versão 1 são as mais importantes e mandatórias para que o produto funcione. Já as funcionalidades no final da lista da versão 4 podem ser consideradas as menos mandatórias e importantes, compondo uma lista possivelmente de itens desejáveis ou complementares.

Em outras palavras, as funcionalidades do topo da versão 1 devem ser realizadas antes das outras, e a versão 1 deve ser finalizada antes de partir para a versão 2.

Uma analogia poderia ser a do exemplo a seguir:

Versão 1 – Mandatórias: para que a versão 1 de um avião esteja pronta e funcional para voar, é possível considerar que o avião esteja com sua estrutura mecânica, hidráulica e elétrica pronta, somado ao corpo do avião, às asas, aos lemes de direção, aos trens de pouso, motores e equipamentos de navegação obrigatórios para decolagem, voo de cruzeiro e pouso em segurança.

Versão 1 – Não mandatórias: são alguns complementos para que o avião fique completo para demonstração, como sistema de ar-condicionado, televisão e equipamentos de som.

Versão 2 – Mandatórias: são os equipamentos necessários para que o avião seja colocado em operação comercial, realizando voos domésticos entre estados brasileiros, tais como poltronas de passageiros, armários, geladeiras e carrinhos de comida para os serviços de bordo.

Versão 2 – Não mandatórias: são complementos que aumentam o conforto do passageiro, mas que não impossibilitam voos e segurança, tais como sistema individual de áudio, vídeo e TV via satélite.

Neste exemplo, e seguindo o *roadmap* simplificado proposto, as *Releases* são as versões apresentadas ao longo da linha do tempo.

Mapeamento de histórias

O *backlog* do produto é uma lista priorizada de histórias para o Time Scrum trabalhar a curto prazo. Quando for necessário planejar a médio ou longo prazo uma *Release* ou lançamentos de versões futuras de um produto, é possível utilizar a técnica de mapeamento de histórias.

O mapeamento de histórias, ou *User Stories Mapping*, é uma forma de organizar histórias, indicando a prioridade de cada uma delas e suas relações com outras histórias e com os objetivos macro do projeto e dos usuários, formando um mapa bidimensional de histórias.

O *backlog* do produto é unidimensional, pois as histórias somente são organizadas da prioridade mais alta para a mais baixa.

Ao montar um mapa de histórias o Time entenderá mais facilmente como elas se ajustam e se relacionam para formar um produto com versões que poderão ser lançadas ao longo do tempo.

O primeiro passo para montar um mapeamento de histórias é começar pela identificação dos usuários do sistema e as atividades que eles farão. Nesse momento inicial tais atividades são consideradas épicos, pois devem descrever em alto nível tudo que o usuário precisa e espera que o sistema faça.

Esses épicos formam a "espinha dorsal" do mapa de histórias, e a sugestão é que sejam escritos em *post-its* laranjas e colocados na primeira linha no quadro de mapeamento de histórias, da esquerda para a direita, conforme pode ser observado na figura a seguir.

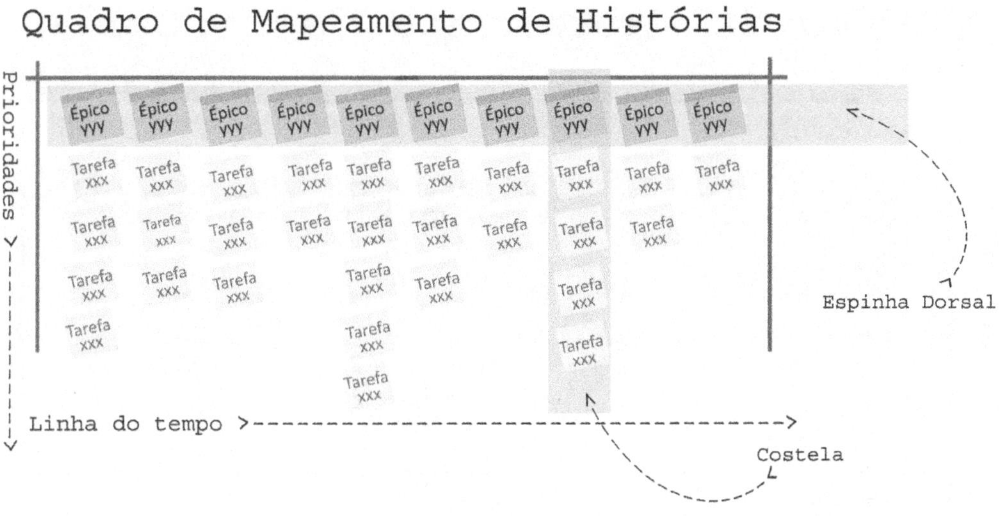

Figura 32

É recomendado utilizar uma ordenação natural, como se alguém estivesse descrevendo os processos de negócio em forma de atividades para quem não tem conhecimento ou familiaridade com ele.

Abaixo de cada épico, devem ser organizadas as histórias associadas a cada épico, formando então um conjunto de histórias que precisarão ser cumpridas para que cada épico também seja cumprido ao longo da linha do tempo.

As histórias devem ser organizadas das mais importantes para as menos importantes, de cima para baixo, formando então as "costelas" da "espinha dorsal".

Perceba que cada história está associada a uma atividade de usuário e possui uma prioridade definida. Olhando para o mapa de histórias e observando a linha do tempo e as necessidades, tem-se um *roadmap* do produto.

Este *roadmap* do produto pode ser visualmente representado adicionando linhas horizontais nomeadas como *Release*, obtendo a partir desse formato um planejamento de *Release* com mapeamento de histórias, conforme figura a seguir.

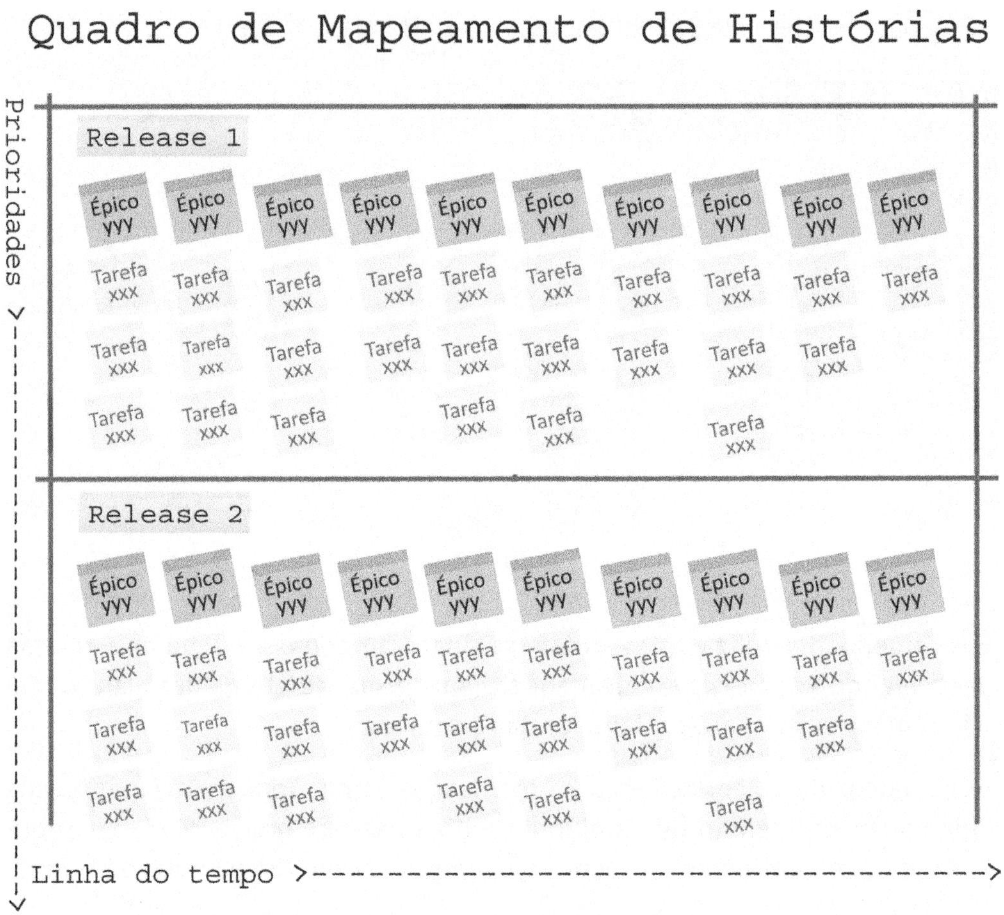

Figura 33

Todas as histórias contidas em uma raia identificada com uma *Release* fazem parte da *Release* específica e devem ser concluídas para que o produto, ou versão do produto, possa ser lançado.

Utilize o quadro de mapeamento de histórias para organizar seus planejamentos de *Release* e coloque quantas linhas de *Release* forem necessárias para o seu produto.

Por fim, os épicos (espinha dorsal) contidos em uma *Release* devem ser considerados mandatórios para a *Release* em questão, e as histórias (costelas) associadas devem ser consideradas essenciais para que a versão do produto se torne minimamente funcional.

Épicos e/ou histórias fora das *Releases* devem pertencer ao *roadmap* do produto em ordem de prioridade, com o objetivo de definir e apresentar as futuras estratégias de lançamentos (*Releases*) do produto.

Planning Onion e o Scrum

É muito simples tirar proveito do planejamento em vários níveis utilizando Scrum – na realidade, é mais natural do que se pensa.

Ao se planejar o *backlog* do produto, o *Product Owner* está justamente trabalhando o planejamento do produto, no quarto anel do *Planning Onion*. Já quando o PO determina junto com o Time o que será entregue como versão 1.0 do sistema, o anel 3 é trabalhado.

Quando o Time Scrum trabalha no planejamento da *Sprint* ele está justamente rodando o planejamento da iteração, que é o anel 4. Por fim, ao fazer as reuniões diárias o Time de Desenvolvimento realiza as tarefas de planejamento do dia.

Portanto, rode Scrum e pratique o planejamento em vários níveis.

15. *eXtreme Programming* – XP

O *eXtreme Programming*, também conhecido como Programação Extrema ou simplesmente pela sigla XP, é uma metodologia ágil direcionada a times de tamanho pequeno e médio que desenvolvem softwares frente a requisitos vagos, desconhecidos ou em mudança constante. De maneira geral, o XP ajuda a criar sistemas de melhor qualidade, produzindo softwares em menos tempo e de forma mais econômica.

Esses objetivos são atingidos através de um conjunto de valores, princípios e práticas. O método XP apresenta uma forma substancialmente diferente de se desenvolver software focada nas tarefas de programação propriamente ditas.

A premissa mais famosa do XP é a afirmação de que "o custo da mudança não deve aumentar dramaticamente com o passar do tempo", quebrando e conflitando com processos unificados, e até contrariando um dos princípios básicos da engenharia de software tradicional.

Para que seja possível atingir o sucesso em projetos desse tipo, o XP prega valores fundamentais e práticas que são levadas ao extremo, assim como o próprio nome do método sugere.

Vamos conhecê-las.

Valores

Premissas são usadas para direcionar as pessoas quanto aos objetivos do projeto, e para isso o XP prega os seguintes valores, com o propósito de provocar o Time a se concentrar no que é importante para a equipe, e não em ações individuais.

Comunicação

A comunicação é uma das melhores armas para solucionar problemas de desenvolvimento de software, seja de entendimentos, de regras definidas, de resultados esperados e até de conflitos de relacionamento.

Um cliente possui necessidades e expectativas a respeito de um sistema, além de esperar atingir resultados específicos com um novo software. Já um Time de Desenvolvimento possui as habilidades e competências para criar um sistema que atenda a essas necessidades e expectativas, utilizando as melhores tecnologias e recursos para atingir o objetivo do cliente. Para que isso seja possível, a comunicação precisa fluir e acontecer de forma a promover e facilitar a troca de informações entre as partes envolvidas do projeto.

Existem diversas formas de transmitir ideias e se comunicar com as partes interessadas de um projeto.

Para o método XP, a melhor forma de comunicação existente é o diálogo e a comunicação face a face, o que não invalida as outras maneiras, mas é preciso saber que os diálogos são mais eficazes que conferências por vídeo ou telefone, e ainda muito mais expressivos que e-mails, *chats* ou comunicações via sistemas, especialmente porque as conversas face a face entre duas ou mais pessoas promovem uma maior compreensão dos assuntos discutidos devido à contribuição de elementos da comunicação, como gestos, expressões faciais, postura, tom de voz, emoções e sentimentos.

O método XP prioriza o uso do diálogo face a face, de maneira presencial, objetivando garantir que as partes envolvidas com o projeto tenham a oportunidade de se compreender de forma colaborativa e da maneira mais produtiva, direta e clara possível.

Com isso, além da comunicação ser essencial em projetos de software e ser a principal forma de transmitir e trocar informações e conhecimentos do projeto, a comunicação incentiva outro valor essencial em XP: o *feedback*.

Dica!

Praticamente todas as cerimônias do Scrum trazem regras em que o diálogo e a conversa face a face são as melhores comunicações existentes. Sendo assim, o Scrum proporciona um alto ganho de comunicação, segundo os valores do XP.

Feedback

Quanto mais tempo existir entre a execução de uma ação e a observação do seu resultado, maiores são os riscos de prejuízos causados por problemas existentes na ação que foi realizada. Em software isso é proporcionalmente verdade, pois geralmente são iniciativas caras, com alta probabilidade de riscos e com históricos conhecidos de falhas, fazendo com que as equipes acreditem que provavelmente um novo projeto passará por falhas e problemas como habitualmente tem ocorrido no passado.

As equipes que trabalham com XP procuram descobrir o mais cedo possível os problemas de desenvolvimento, causando menos prejuízo e diminuindo os riscos de impactos no resultado. Para isso, essas equipes definem formas de trabalho que buscam encurtar o máximo possível o intervalo de tempo entre a execução de uma ação e a observação do seu resultado.

Em outras palavras, uma equipe XP procura manter um intervalo de tempo curto entre a etapa em que constrói uma parte de um sistema e a etapa em que essa parte do sistema é apresentada ao cliente, para que o cliente compreenda o mais breve possível as consequências e os impactos daquilo que foi pedido e daquilo que foi entregue.

Assim, o *feedback* é eficaz quando o mais cedo possível uma nova funcionalidade é entregue e o cliente fornece um retorno sobre essa entrega. Quanto mais cedo os problemas forem identificados e corrigidos, menores serão os impactos, as incidências de retrabalho e as correções.

O *feedback* como valor XP ainda tem a função de incentivar o cliente a se manter o mais próximo possível dos desenvolvedores, fornecendo informações precisas e eliminando dúvidas ao longo de todo o desenvolvimento.

Quando se adotam práticas ágeis, o *feedback* deve ser realizado a todo momento, seja em relação aos requisitos do cliente, ao resultado da execução de testes ou à compilação de códigos. O aprendizado das necessidades do usuário e do negócio é contínuo e vivo. A partir da adoção de estratégias iterativas e incrementais é possível permitir que os erros inevitáveis sejam descobertos e adaptados o mais cedo possível.

Assim, o *feedback* é uma das melhores técnicas para aplicar um processo eficiente de melhoria contínua, especialmente quando o time considera que fornecer e receber *feedback* é uma das melhores oportunidades para aprender e identificar pontos de melhoria.

Perceba que as regras e cerimônias da *Sprint* proporcionam a realização do *feedback* proposto pelo XP de maneira natural e lógica em vários momentos, pois determina-se um tempo o mais curto possível para desenvolver um incremento novo de produto e apresentá-lo ao cliente para inspeção e adaptação.

Coragem

Este é um valor curioso para muitos que não estão habituados com métodos ágeis, mas que faz um enorme sentido no XP.

As mudanças ocorrem nos projetos com a mesma certeza com que a morte acontecerá para todos um dia. Assim como muitos têm medo da morte e deixam de viver intensamente, perdendo inclusive oportunidades de felicidade, muitos têm medo das mudanças nos projetos e não conseguem avançar em direção ao objetivo do projeto por estarem presos aos riscos das mudanças ocorrerem.

As mudanças acontecem para quem utiliza o XP assim como para quem utiliza qualquer outro método – o que muda é a forma com que a equipe lida com essas mudanças.

As equipes que trabalham com XP precisam acreditar que errar é natural e que eventualmente acontecerá de quebrar o que estava funcionando para que uma nova funcionalidade ou produto surja. É necessário ter coragem para lidar com riscos de maneira produtiva e traduzi-la em confiança nos seus próprios mecanismos de proteção.

Esses mecanismos de proteção aparecem através de práticas que permitem proteger o software de inúmeras formas, trazendo confiança para a equipe, tornando-a mais receptiva às mudanças, fazendo com que considere as mudanças inevitáveis e procure se adaptar a elas com segurança e coragem.

A coragem passa a fazer parte da equipe quando promove o conceito e o princípio de "equipe unida", que vem do inglês *whole team*, onde o principal foco é não permitir que exista o medo de expor opiniões ou resultados de trabalhos.

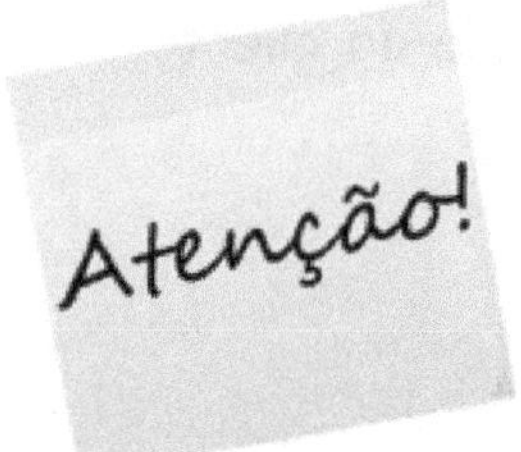

Deve-se utilizar o bom senso aliado à coragem. A opinião deve ser dada sempre com respeito e empatia.

É preciso ter cautela ao agir sem medo e trabalhar em prol de aceitar mudanças, pois algumas vezes será preciso recusá-las ou adiá-las, não por medo, mas por responsabilidade ou falta de recursos.

A coragem é a capacidade de formar uma equipe unida e assumir riscos e desafios em favor do projeto, e os mecanismos utilizados como proteção pelo XP compõem as práticas que serão apresentadas mais adiante neste livro, tais como:

- Desenvolvimento orientado a testes
- Programação em par
- Integração contínua

Dica!

Note que a coragem proposta pelo XP encaixa fortemente no tratamento que é dado às mudanças no Scrum, onde é pregado que elas são bem-vindas e devem ser tratadas assim que identificadas, especialmente mudanças que tragam mais valor aos clientes.

Simplicidade

A simplicidade é outro valor presente no método XP que visa manter o trabalho o mais simples e focado possível, entregando o que realmente agrega valor.

A filosofia é não produzir mais que o necessário. O maior desperdício existente é aquele de produzir algo que ninguém irá utilizar.

Este é um valor importantíssimo, pois tipicamente muitas das funcionalidades produzidas em projetos de software não são utilizadas, e isso gera muito tempo e recursos de um projeto. Essa afirmação arremete à teoria 80/20, que aponta que geralmente apenas 20% dos esforços aplicados irão produzir 80% dos resultados esperados. Temos com isso outra afirmação: apenas 20% das funcionalidades dos softwares são úteis e 80% são raramente, ou nunca, utilizadas.

O conceito de simplicidade assegura que a equipe XP se concentre em primeiro fazer apenas o que é realmente, e claramente, necessário.

Outro ponto importante é que as equipes XP reforçam a simplicidade com o pensamento de que, ao acrescentar suporte a futuras funcionalidades de forma desnecessária, complicará o *design* e elevará o esforço para desenvolver incrementos futuros.

Assim, o valor de simplicidade evita o *scope creep*, ou *gold plating*, como é conhecido nas abordagens mais tradicionais, e foca no valor que irá entregar para o cliente agora, e não no futuro ou na imaginação de possíveis "presentes" dados ao cliente.

Muito dessa simplicidade do XP tem a ver com as técnicas de priorização por importância frequentemente utilizadas pelos Times Scrum.

Quando um Time Scrum trabalha primeiro nos itens de *backlog* mais importantes (e que por consequência entregarão maior valor ao cliente), eles estão aplicando o valor de simplicidade do XP, além de complementar essa simplicidade com a ação de entregar apenas o necessário, evitando o desperdício.

Respeito

Integrantes de uma equipe que se respeitam, por exemplo, irão se importar mais com a comunicação e com o trabalho da equipe, além de se importarem uns com os outros ao longo de todo o desenvolvimento. Isso inclui saber ouvir o ponto de vista do outro e dar atenção às necessidades e expectativas do cliente e das partes envolvidas com o projeto.

Quando o respeito não existe, é quase garantia de que o projeto será um fracasso ou terá problemas substancialmente impactantes para seus objetivos e os relacionamentos entre os times internos e externos.

Saber ouvir e respeitar o ponto de vista do outro pode contribuir muito para o sucesso de um projeto de desenvolvimento de software.

Dica!

O Scrum é focado no trabalho em equipe e em um objetivo comum e coletivo, e não individualizado. Portanto, um Time Scrum precisa ter esse valor de respeito para se manter eficiente e ágil.

O valor respeito também contribui para o valor coragem, quando se pensa no princípio de equipe unida.

Princípios e práticas

Os princípios do XP contribuem para o entendimento do próprio XP e facilitam a compreensão do sentido dos valores.

Os princípios básicos do XP são:

- *Feedback* rápido
- Presumir simplicidade
- Mudanças incrementais
- Abraçar as mudanças
- Trabalho de alta qualidade

As práticas do XP são divididas em **organizacionais** (círculo mais claro), **equipes** (círculo central) e **individuais** (círculo mais escuro), conforme pode ser observado na figura a seguir.

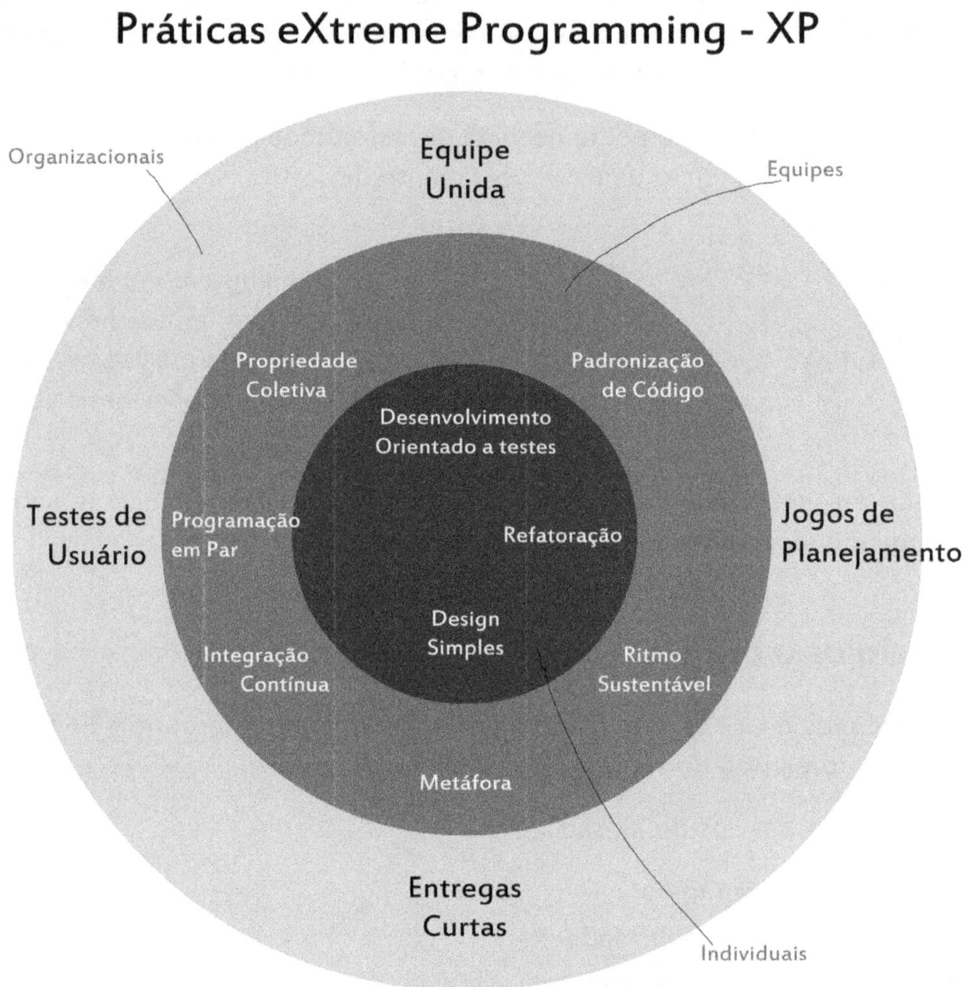

Figura 34

Vamos conhecer as 13 práticas do XP.

Equipe unida

Esta prática defende que as equipes ágeis não devem ser formadas apenas por desenvolvedores. Pelo contrário: devem ser compostas por clientes e outras partes interessadas que precisam ser ouvidas ao longo de todo o desenvolvimento de um produto.

Essa união de vários papéis e partes envolvidas permite que o projeto incorpore diferentes opiniões e pontos de vista, especialmente os do cliente. Levando em consideração que os clientes não podem passar 100% do tempo com a equipe de desenvolvimento, o propósito principal é que tanto os clientes quanto as outras partes interessadas importantes para o projeto estejam disponíveis sempre que forem requisitados para ajudar e contribuir com o entendimento dos desenvolvedores e tirar as suas dúvidas.

É fundamental que o cliente e as partes envolvidas compreendam a importância de estarem acessíveis para o bem-estar e o sucesso do projeto.

As equipes XP se apoiam no princípio de que o resultado final de um projeto não depende somente dos desenvolvedores, mas também do cliente e de outras partes interessadas e envolvidas com o projeto que possam influenciá-lo ou afetá-lo.

Os desenvolvedores precisam construir um produto que atenda à necessidade do cliente e às expectativas de partes envolvidas com o projeto e seu produto final.

Se uma equipe desenvolve um produto tecnicamente perfeito mas que não atende às necessidades de quem o solicitou e não agrega valor a um negócio, esse produto deixa de ser útil e passa a ser um "lixo tecnológico".

Essa união da equipe de desenvolvedores com o cliente e as partes envolvidas deve ocorrer ao longo de todo o projeto, pois a evolução do produto e das pessoas é contínua – sem contar que mudanças ocorrem a todo momento.

Uma equipe pode conter diversos papéis além dos próprios desenvolvedores, tais como analistas de negócio, testadores, analistas de qualidade, administradores de banco de dados, entre outros.

A equipe de desenvolvedores do XP tem o mesmo conceito da equipe do Scrum.

Dentro do possível, todos (incluindo clientes e partes envolvidas) devem trabalhar em um ambiente físico que permita uma proximidade.

Essa proximidade sugerida reforça mais uma vez o valor de comunicação do XP.

Uma equipe unida também considera a premissa de que uma equipe XP deve ser formada por generalistas e não por especialistas.

Jogos de planejamento

O nome original vem de *planning games*. Esta prática nada mais é do que o momento em que a equipe XP define as estimativas e prioridades, estabelecendo também as histórias que descrevem as funcionalidades a serem implementadas.

Na prática, é uma reunião onde o cliente prioriza e os desenvolvedores estimam, tornando-se então uma excelente oportunidade para que o cliente oriente o projeto, obtendo inclusive uma ideia clara do seu avanço.

Os jogos de planejamento minimizam riscos e podem ocorrer em momentos distintos do projeto, tais como no planejamento das entregas, fases ou iterações.

Os jogos de planejamento podem ser encaixados no conceito de planejamento ágil e praticados com o *framework* Scrum.

Entregas curtas

As entregas curtas ou fases pequenas (*Releases*) favorecem a liberação de pequenas versões ou incrementos funcionais do projeto, auxiliando no processo de aceitação por parte do cliente.

Essas entregas em curtos períodos de tempo possibilitam que o *feedback* por parte do cliente também seja feito em intervalos menores, minimizando os riscos e aumentando as chances de o cliente receber um produto adequado e obter ganhos mais rapidamente.

Dica!

Note a similaridade com as *Sprints* do Scrum e com as iterações curtas para entregar valor ao cliente o mais breve possível.

Testes de usuário

Também conhecidos como *customer tests*, os testes de usuário representam a prática onde o cliente elabora testes que são considerados critérios de aceitação do software a ser entregue. Com os testes elaborados pelo cliente, a equipe de desenvolvimento constrói ferramentas para automatização desses testes, de modo que a cada iteração futura estes sejam novamente rodados.

Esta prática aparentemente simples oferece um *feedback* do desenvolvimento da aplicação.

Padronização de código

Esta prática estabelece um padrão definido pela própria equipe para todos os códigos escritos, de forma a facilitar a comunicação e os refinamentos futuros de *design*.

Essa padronização se dá quando a própria equipe estabelece regras para o desenvolvimento e as aplica em seus códigos, fazendo com que pareça que todos os códigos foram escritos ou editados pela mesma pessoa, independentemente do número de membros da equipe.

Essa prática também permite que todos entendam mais facilmente os códigos escritos e as regras de negócio implementadas, diminuindo impactos provocados quando desenvolvedores aplicam padrões próprios originados de experiências anteriores ou de preferências pessoais.

Uma das técnicas para realização da padronização de código pelas equipes XP é a promoção do desacordo de maneira construtiva, provocando a própria equipe a criar o seu padrão de código.

Estabelecer padrões faz com que mais de um profissional fale uma mesma "língua técnica" conhecida pelos demais, favorecendo bastante a comunicação e a produtividade da equipe e evitando desentendimentos e interpretações incorretas de códigos ou regras implementadas.

Ritmo sustentável

O ritmo sustentável, ou *sustainable pace* em inglês, procura obter maior produtividade dos desenvolvedores em busca de entregar um software de melhor qualidade possível para alcançar a satisfação esperada pelo cliente.

Alguns autores também chamam essa prática de "ritmo saudável" ou de "semana de 40 horas", reforçando a importância de estabelecer um ritmo de trabalho saudável, evitando ao máximo as horas extras.

Quando a equipe trabalha em um ritmo saudável é possível observar o trabalho energizado e motivado, que só é possível quando há harmonia entre o ambiente e a equipe.

Quando se aplica um ritmo forte demais, com muitas horas extras, incluindo finais de semana, madrugadas e feriados, o Time rapidamente cai de produção, esquece da qualidade e chega a uma exaustão mental até maior do que a física, provocando forte desmotivação e algumas vezes ações de revolta.

Tal situação não dá certo a médio e longo prazo e precisa ser revertida de alguma maneira antes que se perca a equipe. Ter um ritmo sustentável permite a um Time trabalhar por um período indeterminado na mesma intensidade, com a mesma produtividade, qualidade e motivação.

Lembrete

> O ritmo sustentável é altamente recomendado pelo Scrum e faz parte das regras de cerimônias como a *Sprint* e a regra de eventos *time-boxed*.

Metáfora

É a técnica de traduzir as palavras do cliente para um significado comum tanto para o cliente quanto para os desenvolvedores, de forma que tenha um valor esperado dentro do projeto.

É uma ótima prática para que os desenvolvedores entendam a realidade do cliente.

Um cliente especializado em diagnóstico médico por imagem entende as funcionalidades de um sistema de forma diferente de um desenvolvedor.

Com a utilização de metáforas, todos terão o mesmo entendimento a partir de palavras em comum padronizadas e utilizadas por todos. O objetivo é que todos entendam o que precisa ser desenvolvido e o produto que está sendo construído.

Dica!

As metáforas também contribuem para evitar o uso excessivo de termos técnicos, que muitas vezes não são compreendidos por todas as partes envolvidas com o projeto.

Integração contínua

No desenvolvimento de software geralmente há equipes com vários profissionais, e todos trabalhando na criação ou manutenção de um mesmo sistema. Nesse cenário, é necessário unificar as alterações no código feitas por todos os desenvolvedores. Métodos ágeis como o XP utilizam a prática conhecida como integração contínua para solucionar essa necessidade.

Na integração contínua os membros de um time unificam seu trabalho frequentemente, às vezes fazendo múltiplas integrações diárias.

Testes automatizados são realizados cada vez que o código é atualizado em sua base principal, verificando se o código novo se integra com o código já existente.

Esse processo assegura que o código permaneça consistente ao final de cada integração, expondo o estado atualizado de desenvolvimento e viabilizando lançamentos pequenos e frequentes de código funcional e sem erros.

Cada integração é verificada através de uma *build*[1] que detecta erros. O ideal é que a *build* inclua testes automatizados, fazendo com que a detecção de erros seja, além de mais completa, mais rápida e estável.

Dica!

Uma *build* automatizada leva a uma significativa redução nos problemas de integração de códigos e permite que um time desenvolva software coeso mais rapidamente.

---

[1] *Build* é uma versão compilada de um software, ou parte dele, que contém um conjunto de recursos, características e regras de negócios que poderão integrar o produto final em desenvolvimento.

Quando se fala de desenvolvimento de software, a integração contínua é um dos pilares da agilidade, pois garante que todo o sistema funcione a cada *build* coesa.

Uma das grandes vantagens da integração contínua é o *feedback* quase instantâneo através de um processo automatizado que geralmente ocorre da seguinte forma:

- O desenvolvedor individualmente efetua *commit*[2] do seu código alterado na base principal.
- O servidor realiza a *build* automaticamente, executando todos os testes de forma automática e detectando falhas.
- Caso alguma falha seja identificada e quebre a compilação[3] do código "commitado", a equipe de desenvolvimento é informada instantaneamente através de e-mail ou SMS, por exemplo.
- Caso nenhum erro de compilação seja encontrado, o servidor pode disparar os testes automatizados para validar funcionalidades já existentes, garantindo que nada que estava funcionando antes parou ou foi quebrado pelo código novo.
- Caso não haja erros de compilação, o *commit* é finalizado com a completa integração do código gerado.

Com esse processo a equipe pode corrigir falhas o mais breve possível. Se estes passos forem seguidos, erros não serão introduzidos com novas funcionalidades ou em refatorações.

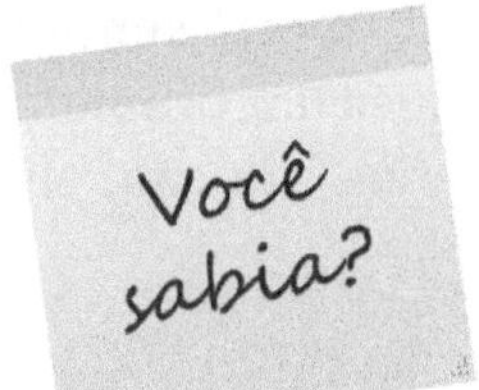

Você sabia que a integração contínua traz segurança em relação a mudanças realizadas em um software? Isso é possível porque a equipe pode fazer modificações e evoluções sem receio de introduzir novos erros, pois caso isso ocorra todos serão avisados imediatamente.

[2] *Commit* é a ação de copiar o trecho de código alterado no computador do desenvolvedor para o servidor de repositório de código, também conhecido como "subir o código".

[3] Compilação é a análise realizada por um software chamado compilador de um código gerado, com objetivo de determinar se o código está correto sintática e semanticamente, otimizando e gerando um código final. A compilação só é completada se o código não possuir erros.

Atenção!

Não pense que, em uma equipe de múltiplos desenvolvedores, todos vão realizar os mesmos processos de integração sempre que subirem seus códigos para o servidor e vão garantir em todas as vezes que nenhum erro seja inserido na base principal de código. A integração contínua contribui para que todos os códigos inseridos sejam verificados à procura de erros.

A integração contínua busca assegurar que todo o código da base principal ou repositório permaneça sempre consistente, permitindo que todos os desenvolvedores da equipe possam obter o código completo do projeto a qualquer momento, compilá-lo sem erros e executar todos os testes com sucesso.

Programação em par

A programação em par, ou programação pareada, também conhecida como *pair programming*, sugere que o desenvolvimento seja feito em pares e que o código produzido seja implementado por duas pessoas juntas, diante de um mesmo e único computador.

Essa prática aumenta a chance de obter melhor qualidade em design, código e testes, além de porporcionar uma revisão constante do código complementado por uma maior e melhor comunicação.

Isso é possível porque, quando dois desenvolvedores estão programando em par, um deles está com as mãos no teclado/mouse e o outro está sentado ao lado, olhando para a mesma tela e preocupado em resolver um problema e contribuir para o trabalho de seu par. Trabalhando juntos na solução, eles conversam o tempo todo e trocam ideias a respeito.

Exemplo

Uma forma simples de aplicação é quando uma pessoa assume o papel de escrever o código e a outra acompanha toda a implementação, fornecendo orientações e *feedback* em tempo real.

A programação pareada, se bem aplicada, melhora o compartilhamento de conhecimentos e experiências, aumenta a garantia da qualidade, promove a identificação de riscos e facilita a formação de equipes de alto desempenho.

Com a técnica de programação em par, melhoramos também:

- **A detecção de *bugs***, devido à visão complementar da outra pessoa, que pode revisar e até realizar um *debug* (com os olhos) em tempo real do código que está sendo escrito.
- **A simplicidade**, devido à oportunidade de dialogar e trocar ideias sobre o código que está sendo escrito, visando criar soluções mais simples, mais rápidas e mais fáceis de manter e buscando sempre a convergência através de mais uma alternativa para solucionar problemas.
- **O foco contínuo, e por mais tempo, na atividade**, por conta da pressão do par logo ali ao lado.
- **A disseminação de conhecimento** através da troca de pares, que vão passando as suas experiências de um para o outro durante as atividades.
- **A confiança no código produzido**, pois uma outra pessoa ajudou a construí-lo e revisá-lo.
- **A velocidade de produção**, pois os códigos foram escritos com mais qualidade, sem erros e sem retrabalho.

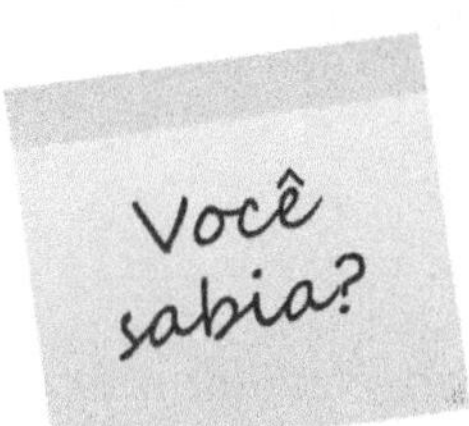

Você sabia que, por mais paradoxal e contraintuitivo que possa parecer, a programação em par poupa recursos e proporciona maior velocidade do que se os dois desenvolvedores estivessem escrevendo códigos isoladamente?

Propriedade coletiva

Esta é uma das bases de um projeto desenvolvido por uma equipe XP. Significa que todo o código produzido possui apenas um dono: a equipe.

Todos têm acesso e autorização para editar qualquer parte do código da aplicação, a qualquer momento. Essa autonomia faz com que a propriedade do código seja coletiva e todos sejam igualmente responsáveis por todas as partes.

A propriedade coletiva é beneficiada com a programação em par e ao mesmo tempo também contribui para os trabalhos de refatoração. Além disso, esta também é uma prática que melhora o compartilhamento de conhecimento e diminui os riscos de falhas de comunicação entre os desenvolvedores.

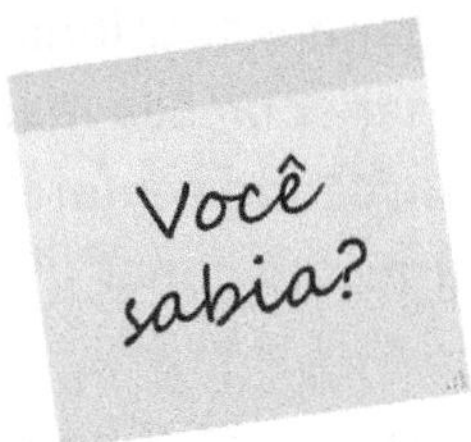

Você sabia que a propriedade coletiva permite que vários desenvolvedores editem as mesmas áreas de código, promovendo maior disseminação de conhecimento e tornando mais frequente a identificação de oportunidades de melhoria?

A propriedade coletiva contribui para a disseminação do conhecimento em outros aspectos também, especialmente quando diminuem os riscos de perda ou falta de conhecimento quando desenvolvedores saem da empresa. Quando todos têm domínio sobre os códigos produzidos, a falta de conhecimento sobre o que está codificado diminui e a propriedade deixa de ser de apenas um ou dois desenvolvedores, passando a ser do time.

Desenvolvimento orientado a testes

Também conhecido pela sigla TDD, do inglês *Test-Driven Development*, o desenvolvimento orientado a testes tem como conceito fundamental a afirmação de que quando um time acaba, realmente acaba, já que dificilmente terá que retornar ao código futuramente para corrigir falhas, pois estas já foram detectadas e corrigidas durante os testes.

Testes fornecem a segurança necessária para garantir a qualidade de forma contínua e ao mesmo tempo proporcionar coragem para mudar quando for preciso.

Os testes também são a base do *feedback* do código para o desenvolvedor e providenciam o ritmo ao desenvolvimento devido ao fato de que o código a ser desenvolvido é o código para fazer um determinado teste passar.

O TDD é utilizado principalmente para garantir a qualidade dos produtos desenvolvidos e minimizar o risco de embutir defeitos ou *bugs* no produto final.

Dica!

Muitos ainda pensam que realizar testes é atraso ou perda de tempo, porém, segundo Freeman (2012), você não tem nada a perder utilizando TDD, a não ser os seus *bugs*.

O TDD propõe uma transformação no desenvolvimento, pois a proposta é escrever os testes antes mesmo de implementar o sistema.

O ciclo é simples (figura a seguir): escrevemos o teste -> submetemos o teste a falhas -> escrevemos o código -> submetemos o código ao teste -> refatoramos o código.

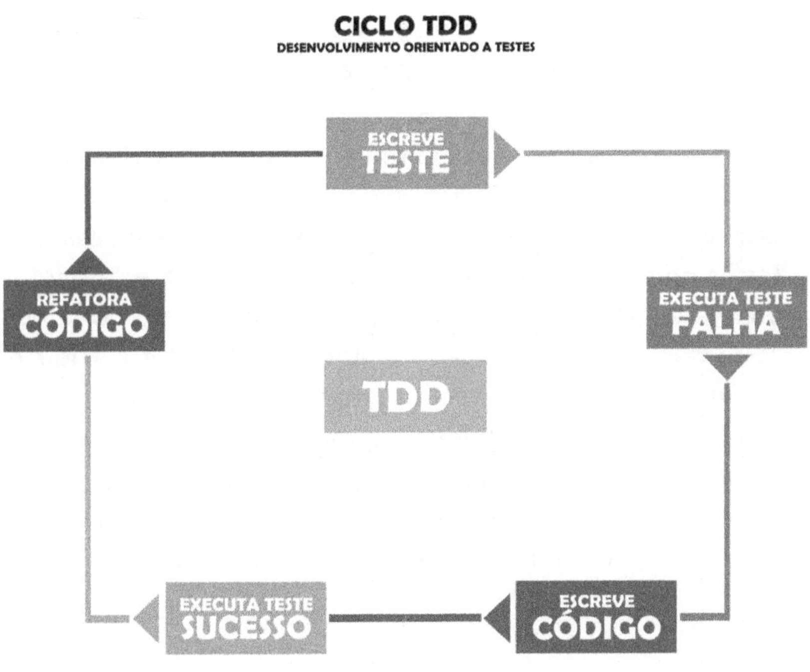

Figura 35

1. **Escreve teste**: escrevem-se os testes antes de escrever o código, buscando analisar a história que será desenvolvida e documentar os testes unitários que precisarão ser realizados na funcionalidade que será criada.
2. **Executa teste, que falha**: com o teste escrito é necessário executá-lo, e ele obviamente irá falhar, pois ainda não existe um código escrito. Este segundo passo serve para garantir que não exista outro código que possa passar no teste. Por outro lado, caso o teste passe com sucesso, será uma evidência de que existe um código escrito previamente que permite que a condição seja testada. Essa situação não é comum, mas se ocorrer significa que a equipe precisa rever as histórias e seus planejamentos, comparando com realizações passadas e códigos já escritos, evitando retrabalho e redundância de códigos.
3. **Escreve código**: aqui o desenvolvedor escreve o código que atenderá à história analisada, garantindo que passará com sucesso ao ser executado novamente o teste escrito no passo 1. Este passo reforça a transformação da maneira de desenvolver: em vez de desenvolver orientado a terminar tarefas ou a transformar histórias em funcionalidades, passa-se a desenvolver orientado a testes, ou seja, o código escrito deve passar em um teste específico previamente escrito.
4. **Executa teste com sucesso**: com um teste escrito para uma história específica ser validada, e com um código escrito para atender às necessidades do teste a ponto de passar com sucesso, é hora de testar novamente. Se passar no teste, o código está bem escrito e atende às necessidades tanto da história quanto do teste. Já se o teste falhar, será necessário voltar ao passo 3 e corrigir o código até que seja possível executar o teste com sucesso.
5. **Refatora código**: a refatoração é a ação de reescrever o código de forma a torná-lo mais eficiente (em relação ao desempenho), elegante (em relação à documentação de código e ao entendimento do seu conteúdo), limpo e de fácil manutenção.

Veja também os três passos do ciclo TDD simplificado, onde: criamos um teste -> fazemos a codificação para passar no teste -> refatoramos o código, conforme figura a seguir.

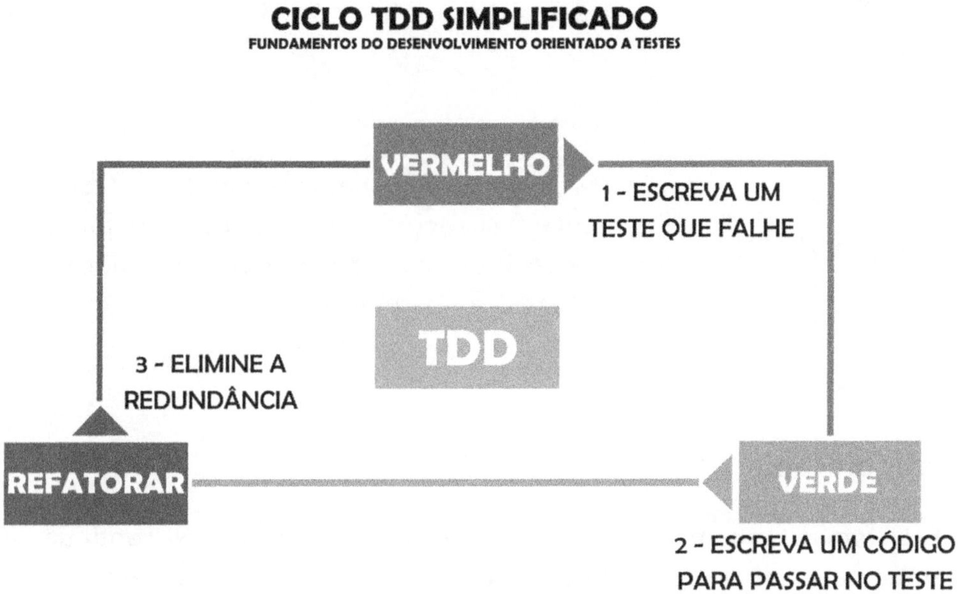

Figura 36

1. ***Red***: teste falhando.
2. ***Green***: teste passando.
3. ***Clean***: refatorando o código.

A dica principal ao utilizar o TDD é mudar a forma de pensar. Geralmente um desenvolvedor escreve o código primeiro e depois faz os testes; com o TDD escreve-se primeiro o teste e depois código.

Você sabia?

Você sabia que, ao escrever um código primeiro e depois o seu teste, a tendência é escrever um teste viciado, que passará pelo código mesmo que haja problemas?

Atenção!

Escrever um código sem escrever o seu teste antes aumenta a chance de gerar códigos reduntantes e desnecessários que provavelmente nunca serão descobertos e refatorados.

Refatoração

Os sistemas tendem a se deteriorar quando não investimos continuamente tempo na sua limpeza e reorganização. Isso acontece porque a estrutura de qualquer código se degrada ao longo do tempo, conforme erros são corrigidos, alterações são feitas e novos códigos são inseridos.

Para evitar essa degradação, ou no mínimo mitigá-la, e para evitar que os códigos fiquem desorganizados e difíceis de manter, as equipes XP utilizam a prática de refatoração.

A refatoração melhora a qualidade do código existente através de alterações em pequenas partes do sistema sempre que houver oportunidade, tornando o código mais limpo, claro e de melhor compreensão.

Um ponto importante e fundamental da refatoração é que tais alterações não mudam o comportamento das funcionalidades ou códigos anteriormente escritos, elas apenas melhoram a estrutura do código.

Dica!

Aproveite as oportunidades de refatoração para buscar e eliminar códigos duplicados e redundantes. Coloque em prática o conceito DRY – *Don't Repeat Yourself*.

A prática da refatoração frequente e sistêmica faz com que todo o código produzido e em uso se mantenha sempre fácil de alterar, gerando velocidade de desenvolvimento, que pode se refletir em entregas mais rápidas.

Design simples

Também conhecido como design incremental, esta é a prática onde o design de uma aplicação surge de forma iterativa ao longo de um projeto, buscando sempre a solução mais simples e que atenda às necessidades do real momento do projeto: o presente!

Qualquer código que possa ser implementado com o objetivo de suportar ou dar apoio a funcionalidades futuras só deve ser escrito de fato quando tais funcionalidades realmente forem priorizadas e necessárias. Ao se priorizar e planejar a iteração atual, só devem ser desenvolvidos códigos referentes às necessidades da iteração corrente e deixando para as próximas iterações o que for priorizado para o futuro.

Com essa prática simples, o time concentra seus esforços naquilo que todos têm certeza absoluta de que é necessário para o momento atual, e o que pode ser útil para o futuro deve ser deixado para ser tratado, priorizado e implementado mais adiante, quando o momento chegar e a certeza da sua necessidade também.

Atenção!

O futuro é incerto e com certeza irá mudar sem aviso prévio. Assim, espere o futuro se tornar presente para tratá-lo com a certeza do que está realmente acontecendo e do que precisa ser trabalhado.

Dica!

Ao utilizar a prática de design simples a equipe terá mais agilidade e segurança para esperar o futuro chegar sem se comprometer com ele cedo demais.

O XP e o Scrum

O XP propõe várias práticas que podem melhorar a eficiência da produção de sistemas de diversas naturezas.

A primeira diferença do XP para o Scrum é que o Scrum pode ser utilizado para a construção de qualquer produto complexo, e não só para o desenvolvimento de software.

Outra característica do XP é que ele pode complementar o Scrum no desenvolvimento de software fornecendo princípios e práticas que podem tornar o Scrum ainda mais eficiente.

Perceba também que nenhuma sugestão de prática do XP ou até mesmo um valor ou princípio é contraditório ao Scrum, pelo contrário: muitos podem ser interpretados como similares e complementares.

16. *Crystal*

Crystal, também conhecido como *Crystal Family*, é o nome de uma família de modelos ágeis que tem como característica se ajustar a cada projeto de acordo com a sua complexidade, adotando um conjunto de processos para cada situação.

A família *Crystal* consegue se adaptar a um determinado projeto de acordo com as suas características e/ou número de integrantes da equipe.

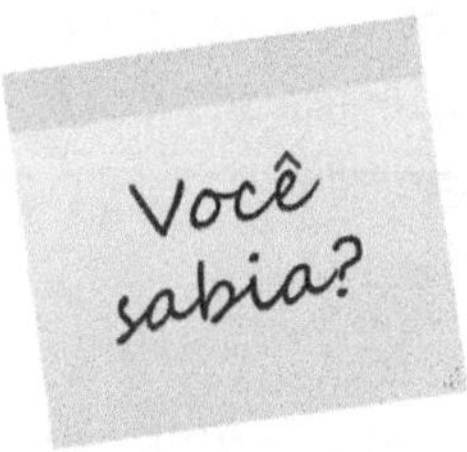

Você sabia que a família *Crystal* é voltada para a gestão de pessoas e por isso é muito sensível aos fatores humanos, focando nas habilidades e nos talentos das pessoas?

A adaptação é possível porque cada método *Crystal* é moldado para ter exatamente a quantidade suficiente de processos, sendo com isso capaz de atender aos projetos a partir da análise de três fatores:

1. A carga de comunicação
2. A criticidade do sistema
3. A prioridade do projeto

A **carga de comunicação** é representada pelo número de pessoas na equipe. Quanto menos integrantes na equipe, menor será a carga de comunicação e vice-versa.

A **criticidade do sistema** tem a ver com os riscos que o sistema pode causar. Em outras palavras, é o grau de dano que pode ser acarretado pelo seu mau funcionamento. Quanto mais crítico for o projeto, maior deverá ser a sua carga de processos e cerimônias, para que seja possível diminuir as chances dos riscos ocorrerem.

Por fim, a **prioridade do projeto** se dá pela importância que ele tem para a organização e suas pessoas, e o quão importante é a necessidade deste ser executado o mais breve possível. Quanto mais prioritário for o projeto, maior será a atenção dada a ele e maior será a carga dos processos sobre ele.

A família *Crystal* é conhecida por ser pouco definida, mas também por possuir valores comuns entre suas metodologias. Por não ser detalhadamente definida e variar de acordo com o projeto, utilizam-se cores para indicar a complexidade (ou "dureza") da metodologia que deve ser aplicada.

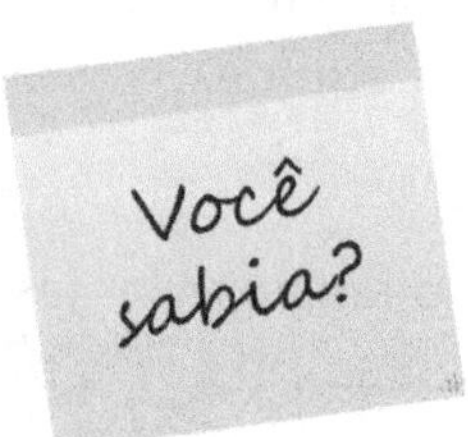

Você sabia que o nome *Crystal* vem da caracterização que os projetos recebem através de suas dimensões de tamanho, criticidade e prioridade, correspondendo à cor e à dureza dos minerais?

O conceito de cores é simples e pode ser observado na figura a seguir. Quanto mais escura a cor, maior é a sua complexidade e maior será o peso dos métodos. Esse peso é representado pela combinação da quantidade de artefatos utilizados com a rigidez da gerência aplicada sobre os seguintes elementos que serão encontrados em cada método *Crystal*:

- Papéis
- Habilidades
- Times
- Técnicas
- Atividades

- Processos
- Artefatos
- Produtos de trabalho
- Padrões
- Ferramentas
- Personalidades
- Qualidade
- Valores da equipe

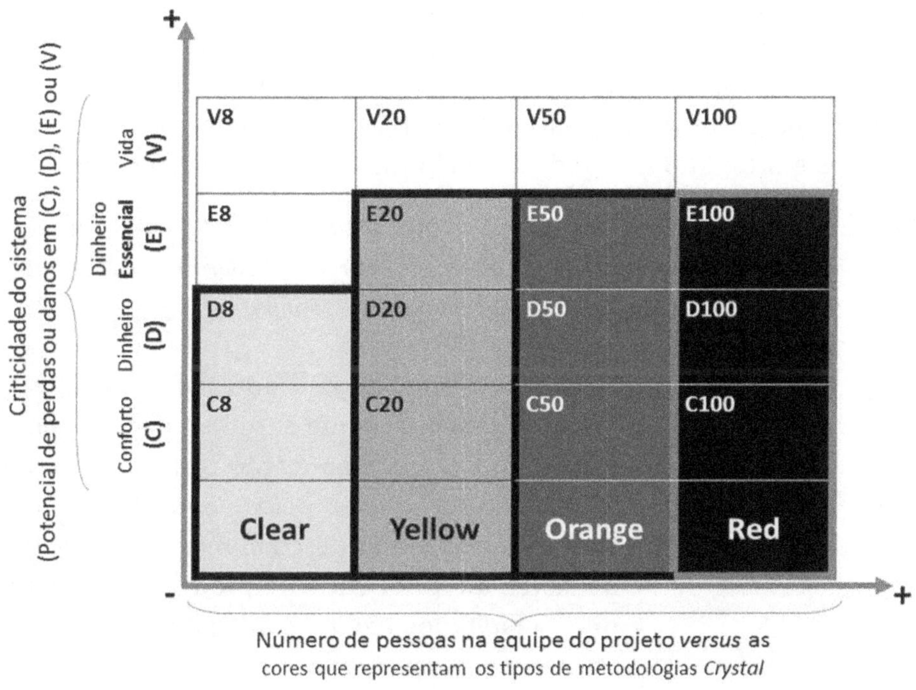

Figura 37

A escolha da cor (na verdade, o tipo de metodologia) se dá justamente pela análise da quantidade de pessoas dentro da equipe *versus* a criticidade.

Exemplo

> Caso uma equipe tenha dez integrantes e o sistema possa causar danos apenas ao conforto da organização, ou seja, o risco é de não melhorar algum fator secundário, não afetando o lucro da organização e das pessoas e muito menos a qualidade de vida, o método a ser utilizado seguindo a sugestão da figura é o *Crystal Yellow*, podendo em alguns casos ser o *Crystal Clear*.

O método *Clear*, também conhecido por *Crystal Clear*, é considerado uma metodologia leve, sendo altamente recomendado para equipes de duas a oito pessoas, podendo ainda ser eficiente com até 12 pessoas em caráter especial. O *Crystal Yellow* funciona bem para equipes de dez a vinte membros, o *Crystal Orange* é mais apropriado para equipes de vinte a cinquenta integrantes e o *Crystal Red* pode ir de cinquenta a cem participantes.

> ***Observação:*** *essas quantidades de pessoas citadas são apenas sugestões que levam em consideração outros fatores e variáveis, por isso você poderá encontrar outras quantidades em equipes reais e também em literaturas similares.*

Atenção!

> O uso dos dois fatores apresentados anteriormente é uma opção que permite um entendimento e já um início de aplicação com certo grau de eficiência. Ao utilizar pelo menos três fatores, considerando carga de comunicação, criticidade de sistema e prioridade de projeto, já é possível obter resultados bastante adequados.

Princípios e valores

Apesar das diferenças entre as complexidades dos projetos abordados pela família *Crystal* e seus métodos, há aspectos em comum que são os valores, os princípios e a capacidade de serem ajustados durante o uso, o chamado *on-the-fly*.

Os valores apresentam uma visão do desenvolvimento de software como um jogo de cooperação para inventar e comunicar cujo objetivo primário é entregar algo útil e, em segundo, se preparar para o próximo jogo.

Dica!

Os valores pregam que os métodos são centrados nas pessoas e nas suas comunicações, sendo altamente tolerantes a modificações por levarem em conta as diferenças entre as pessoas.

Os princípios do *Crystal* são:

1. **Entrega frequente.** A propriedade mais importante de praticamente todos os projetos é garantir a entrega de um software funcionando e pronto em um período curto de tempo, e de forma frequente.
2. **Melhorias reflexivas.** Permite que falhas sejam revertidas em sucesso. Para isso a equipe se reúne para discutir o que pode funcionar melhor na próxima iteração e como pode aplicar essas mudanças de melhoria.
3. **Comunicação osmótica.** A comunicação osmótica, também conhecida como comunicação cara a cara, é a informação que surge naturalmente entre os membros do Time, fazendo com que estes consigam captar as partes mais importantes do processo. A melhor forma de proporcionar essa comunicação é colocar a equipe na mesma sala, assim todos conversam entre si, e a comunicação vai de um para o outro como se estivessem pegando as informações por osmose.

Observação: *a comunicação cara a cara é a maneira mais barata e rápida de trocar informações.*

4. **Segurança pessoal.** Este é um princípio bem interessante e importante que o *Crystal* reforça. Refere-se à possibilidade de dizer sempre quando algo está incomodando, sem medo de represálias ou perseguições. Essa liberdade de expressão deve recair sobre to-

dos do Time e em qualquer direção, por exemplo: poder dizer a um gerente que o planejamento dele não está bom, ou que um colega desenvolvedor não escreveu bem um código.

Observação: *as equipes precisam descobrir e trabalhar suas fraquezas. Sem segurança pessoal ninguém falará das fraquezas e todos vão continuar se prejudicando, prejudicando os outros e todo o projeto.*

5. **Foco.** O foco é sem dúvida um princípio fundamental quando se fala em saber no que se deve trabalhar, e as equipes precisam ter esse conhecimento. As equipes precisam estar confortáveis para trabalhar nas tarefas que lhes foram demandadas. Essa tranquilidade vem de um ambiente onde as pessoas não são retiradas repentinamente de sua tarefa para realizar outra atividade não acordada e fora do contexto.
6. **Fácil acesso aos especialistas.** É importante que a equipe do projeto tenha acesso a especialistas que possam contribuir com entregas e testes frequentes do time. Esse acesso permite rápidos e frequentes *feedbacks* sobre a qualidade do produto produzido e entregue, além de facilitar a tomada de decisões.
7. **Excelência técnica.** Ambientes técnicos com testes automatizados, gerenciamento de configuração e integração contínua proporcionam um caminho para a excelência técnica.

Dica!

Todo projeto possui necessidades próprias – e, portanto, requer uma metodologia própria. É por isso que o *Crystal* tem uma aplicação eficiente.

O *Crystal* e o Scrum

Muitos valores, princípios e práticas do *Crystal* se aproximam do *framework* Scrum e reforçam a aplicação da agilidade em projetos de desenvolvimento de software.

O *Crystal Clear* é o método da família *Crystal* mais comumente aplicado em conjunto com o Scrum, por se adequar a times pequenos, além de seguir a orientação de que o Time fique na mesma sala para melhorar a comunicação.

Outro ponto de semelhança entre o *Crystal* e o Scrum é que o primeiro passo para a adoção do *Crystal Clear* é a descoberta dos pontos fortes e fracos da organização, para adaptar o próprio *Crystal Clear* em torno dos pontos identificados, aproveitando as vantagens e combatendo os prejuízos.

17. FDD

O *Feature Driven Development* (FDD), conhecido também como desenvolvimento orientado a funcionalidades, é uma metodologia ágil que tem como foco principal a modelagem, utilizada como artefato de planejamento e medição das funcionalidades que agregam valor ao cliente.

O FDD basicamente sugere a utilização das seguintes quatro fases de projeto para construir as funcionalidades esperadas pelo sistema e entregar valor ao seu cliente:

1. Desenhar um protótipo do produto a ser construído.
2. Montar uma lista de funcionalidades que o produto espera.
3. Planejar cada uma das funcionalidades.
4. Desenvolver e entregar cada uma das funcionalidades.

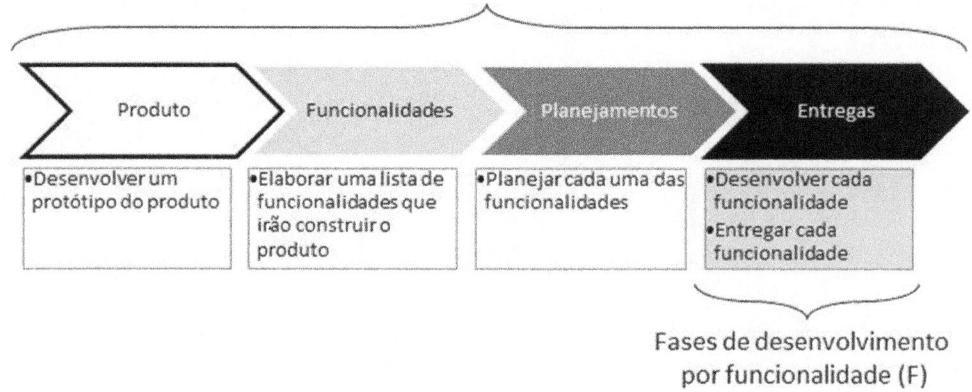

Figura 38

A figura apresenta os processos do FDD, começando pelo desenvolvimento do protótipo, onde é construído um modelo geral com as classes e as suas relações, atingindo um detalhamento suficiente para dar forma ao sistema. O objetivo desse primeiro processo é diminuir a refatoração.

O segundo processo é a elaboração de uma lista de funcionalidades agrupadas e priorizadas, tendo como foco descrições breves e com períodos de desenvolvimento curtos de até duas semanas, forçando uma decomposição das funcionalidades para que estas não fiquem grandes, complexas ou longas.

O terceiro processo é realizado pelos desenvolvedores e foca na criação de planos para a implementação, considerando dependências, carga da equipe de desenvolvimento e complexidade das funcionalidades.

Na sequência é iniciada a implementação das funcionalidades de forma iterativa através de dois processos:

- **Projeto por funcionalidade**, onde o Time projeta como irá implementar a funcionalidade, refinando seu projeto e sua documentação de métodos.
- **Construção por funcionalidade**, onde o Time implementa a funcionalidade projetada e cria os testes unitários.

Para realizar as quatro fases e os processos do FDD de maneira eficiente, sugere-se a aplicação das seguintes práticas que contribuem para o desenvolvimento orientado a funcionalidades:

1. **Equipes modelam com base no negócio.** Toda a equipe trabalha em conjunto no entendimento do negócio do cliente e no atendimento das suas expectivas, não existindo uma divisão entre a equipe de negócio e a equipe de desenvolvimento. O Time modela com base no ambiente de negócio e foca na resolução do problema a partir de um bom modelo e de um desenvolvimento de qualidade.
2. **Desenvolvimento por funcionalidades.** A implementação é orientada pelas funcionalidades, com o foco no desenvolvimento de entregas em intervalos curtos de tempo, provocando inspeções o mais rapidamente possível e obtendo *feedback* frequente. Outros benefícios do desenvolvimento por funcionalidades com iterações curtas são a identificação e mitigação de riscos e o tratamento o mais cedo possível de problemas e mudanças.

3. **Propriedade individual.** Todo código escrito é de apenas um "dono", permitindo com isso maior rapidez na implementação de códigos associados, complementares ou de correção. A sugestão é que a própria pessoa mexa no código que construiu e geralmente só ela tenha liberdade para alterar, evoluir ou refatorar esse código. Como complemento, todos os códigos similares aos anteriormente escritos também vão para essa mesma pessoa fazer, tornando o trabalho frequentemente mais rápido e mais fácil porque o "dono" do código conhece e tem familiaridade com tais partes da codificação.

Observação: *perceba que a propriedade individual do FDD é contrária à propriedade coletiva do XP.*

4. **Equipes trabalham por funcionalidade.** As equipes são montadas para trabalhar em uma determinada funcionalidade, sendo os "donos" dos códigos escritos para tal funcionalidade. Portanto, cada funcionalidade terá sua equipe especialista de desenvolvimento. As equipes podem ser organizadas por temas. Por exemplo:
    - A equipe A é responsável pela funcionalidade de clientes, e todos os códigos associados são de propriedade da A.
    - A equipe B trabalha com a funcionalidade de produtos, sendo a "dona" de todos os códigos associados.

Observação: *perceba que isso reforça a propriedade individual, porém neste caso também com um alcance de equipe, já que esta pode ser "dona" da funcionalidade inteira.*

5. **Inspeções de qualidade.** As inspeções são a forma de verificação de qualidade do código e do projeto construído com o objetivo de prevenir problemas ou erros e antecipar possíveis entregas com má qualidade.
6. **Integrações e *builds* frequentes.** A partir de um determinado período de tempo fixo e frequente, as funcionalidades finalizadas devem ser integradas às existentes, permitindo a verificação de erros e gerando uma versão atual do sistema com a possibilidade de ser apresentada ao cliente.

7. **Gerenciamento de configuração.** Com o foco em manter versões de todas as funcionalidades criadas e em criar um sistema de controle de versões de todos os códigos escritos, o gerenciamento de configuração se torna importante especialmente quando existem várias equipes trabalhando em um mesmo produto ou funcionalidade, ou até mesmo equipes com vários desenvolvedores trabalhando em paralelo. O gerenciamento de configuração permite que vários desenvolvedores mexam nos mesmos códigos de forma controlada, organizada e versionada, garantindo que um não sobrescreva o código do outro e todos estejam trabalhando na mesma versão atualizada e correta. Uma configuração específica possui um conjunto de características que a deixará diferente de qualquer outra configuração, permitindo diversos tipos de rastreamentos, controles e acompanhamento a respeito do passado, presente e futuro de um código específico. Outro ganho dessa prática é o rastreamento de mudanças, que permite visualizar rapidamente o conteúdo de uma determinada versão (por exemplo, no que a versão 1.1 se diferencia da versão 1.3). Quando utilizado em complemento ao software de gerenciamento de versões, é possível restaurar versões específicas, comparar e comentar alterações realizadas em todos os códigos.

Atenção!

Trabalhar sem gerenciamento de configuração é um risco muito alto para equipes de desenvolvimento de software. Sem gerenciamento de configuração é mais fácil perder códigos e alterações. Se for preciso voltar a códigos passados, a dificuldade aumenta ainda mais.

O gerenciamento de configuração proporciona segurança para o Time de Desenvolvimento, para os gestores e especialmente para o cliente que receberá o sistema. Com o gerenciamento de configuração, tem-se um registro sobre tudo que foi escrito, alterado, inserido ou removido em todos os códigos do sistema, permitindo históricos completos de tudo que aconteceu no ciclo de vida de desenvolvimento de um software.

Os históricos permitem comparar códigos passados com os atuais, restaurá-los e analisá-los (exemplo: por que determinadas alterações foram feitas? Qual era o propósito?).

O gerenciamento de configuração é uma forma de documentar todo o código produzido com uma visão técnica e voltada para o Time de Desenvolvimento, que passa a ser dono dessa documentação.

8. **Transparência do progresso.** Seu objetivo é permitir que todos conheçam o progresso e os resultados do projeto sempre que for necessário. Essa prática deixa todos a par do que está acontecendo com o projeto, apresentando avanços, realizações ou até problemas de um projeto sempre que solicitado ou necessário.

O FDD e o Scrum

Algumas das práticas do FDD podem se encaixar muito bem em Times Scrum, tais como a transparência do progresso, o gerenciamento de configuração, as integrações e *builds* frequentes, as inspeções de qualidade e a modelagem com base no negócio.

O uso dessas práticas com o Scrum pode fazer do Time Scrum uma equipe ainda mais eficiente no desenvolvimento de software, não deixando de contribuir para uma melhoria contínua e para o uso correto da agilidade.

Por outro lado, algumas práticas não se encaixam naturalmente no Scrum, chegando a ser um tanto que contrárias, tais como a propriedade individual e as equipes por funcionalidade – esta última em especial, já que o Scrum busca times generalistas e essa prática objetiva a especialização das equipes.

18. ATDD

O *Acceptance Test-Driven Development* (ATDD), ou simplesmente desenvolvimento orientado a testes de aceitação, é uma técnica diferente do TDD, pois foca os testes do ponto de vista do cliente, considerando o atendimento das necessidades de negócio, e não mais os testes unitários, como sugere o TDD.

Para esse propósito o ATDD também sugere um fluxo de processo diferente do TDD e que se apoia em apenas quatro passos, como pode ser observado na figura a seguir.

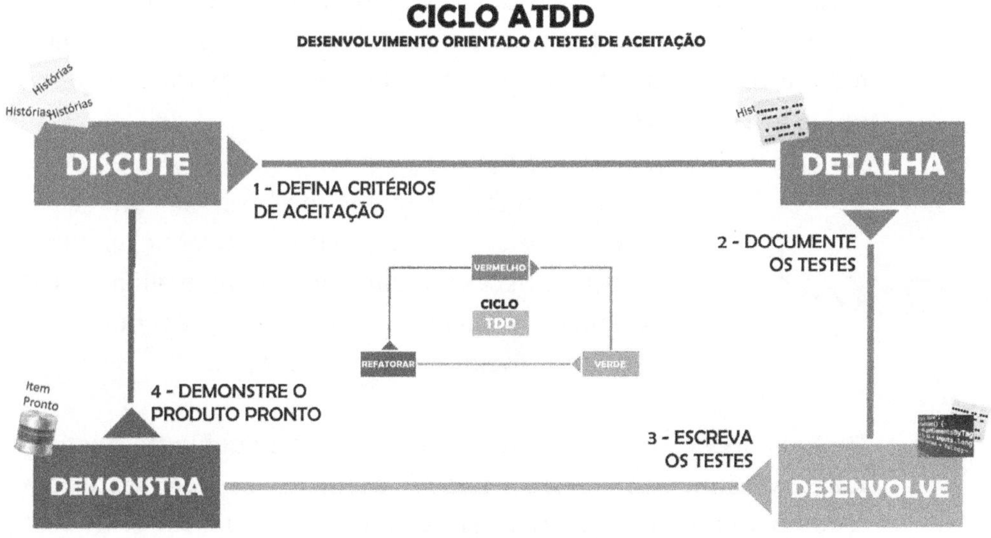

Figura 39

1. **Discute.** Todas as histórias definidas como requisitos das funcionalidades a serem construídas precisam ser levadas para o cliente com o objetivo de uma nova discussão focada na definição dos critérios de aceitação de cada história. Em um fluxo normal, na primeira vez que o cliente define as histórias, ele descreve os objetivos e as necessidades a que a história deve atender para ser considerada pronta. Já na segunda vez que o cliente trabalha na definição da história, o objetivo é definir os critérios de aceitação que determinarão como a história será testada e confirmará a implementação das necessidades do negócio. Uma forma eficiente e objetiva de realizar essa discussão com o cliente a fim de identificar os critérios de aceitação é usar a própria reunião de planejamento da iteração.

> **Dica!** Os critérios de aceitação podem ser definidos pelo cliente no mesmo momento da definição das necessidades de negócio, não precisando haver dois momentos distintos e separados pelo tempo.

2. **Detalha.** Com os critérios de aceitação definidos pelo cliente e em mãos, é possível documentar os testes de aceitação a fim de padronizar e formalizar as necessidades definidas e identificadas como requisitos de testes.

> **Dica!** É altamente recomendado que se utilize um *framework* específico para fazer essa documentação, buscando um padrão determinado pelo mercado e podendo ser aproveitado por outras equipes, inclusive fora do projeto.

3. **Desenvolve.** Com as definições do cliente devidamente documentadas, o Time pode então escrever os testes de aceitação com o foco no atendimento de requisitos do negócio do cliente. Os testes devem ser construídos conforme descrito no fluxo de processo do TDD (ver tópico "Desenvolvimento orientado a testes" neste livro).

Observação: *ao escrever testes, os desenvolvedores devem seguir o detalhamento realizado no passo 2, a fim de cumprir as definições do cliente.*

4. **Demonstra.** O último passo do ATDD visa demonstrar o produto pronto de acordo com os testes de aceitação escritos. O cliente deve então validar se requisitos e necessidades de negócios estão devidamente atendidos nas funcionalidades prontas de acordo com os critérios de aceitação definidos e os testes escritos.

Ao seguir o TDD para completar os passos do ATDD, o produto pronto não deve conter defeitos ou *bugs;* caso contrário, deverá ser devolvido ao primeiro passo do processo até que nenhum defeito seja encontrado.

O ATDD e o Scrum

O ciclo ATDD pode ser muito utilizado com o Scrum no desenvolvimento de sistemas, ajudando o Time Scrum a desenvolver suas funcionalidades orientadas a testes de aceitação, assim como, se for a opção, utilizar o ciclo TDD.

Não há nada que descaracterize o Scrum, ou o ATDD, caso ambos sejam utilizados de forma combinada, especialmente porque o princípio do ATDD é focar no cliente e em suas necessidades, e o Scrum também preza pela entrega de valor ao cliente, fazendo das práticas ótimas aliadas.

19. DSDM

O *Dynamic Systems Development Method* (DSDM), conhecido também como metodologia de desenvolvimento de sistemas dinâmicos, é uma metodologia ágil que tem como foco principal a modelagem e utiliza como artefato de planejamento e medição as características do sistema, ou seja, as funcionalidades que agregam valor ao cliente.

O DSDM tem um conceito mais próximo a um *framework* do que a um método propriamente dito, e sua ênfase foca a criação de protótipos que posteriormente evoluem para o sistema, e para isso é utilizada muito fortemente a colaboração próxima do cliente.

Os pontos essenciais do DSDM são os princípios que tratam o cliente e o seu negócio:

- Envolvimento ativo do usuário, focando na necessidade de negócio.
- Colaboração, permitindo que o Time tome decisões.
- Entregas no prazo com o foco em entregas frequentes.
- A qualidade e a aceitação das entregas são guiadas pelo propósito do negócio.

- As soluções de negócio são convergidas através do desenvolvimento iterativo e incremental.
- As mudanças ao longo do desenvolvimento devem ser reversíveis.
- A comunicação deve ser clara e contínua, mantendo um alinhamento de alto nível dos requisitos.
- O teste é integrado ao longo de todo o ciclo de vida.
- É essencial o envolvimento colaborativo e cooperativo das partes interessadas.

Note que os aspectos técnicos, tais como a programação, são pouco abordados nos princípios.

O DSDM é um *framework* que pode ser usado com outros métodos, tais como o XP e o RUP, sem fazer com que o DSDM perca seus princípios.

Além dos princípios, algumas técnicas podem ser usadas ao longo da execução de um projeto com DSDM, tais como:

- *Time-box.*
- MoSCoW.
- Modelagem.
- Prototipação.
- Testes.
- Gerenciamento de configuração.

Quanto ao processo do DSDM, existem quatro passos básicos que levam do pré-projeto ao pós-projeto e podem ser observados na figura a seguir:

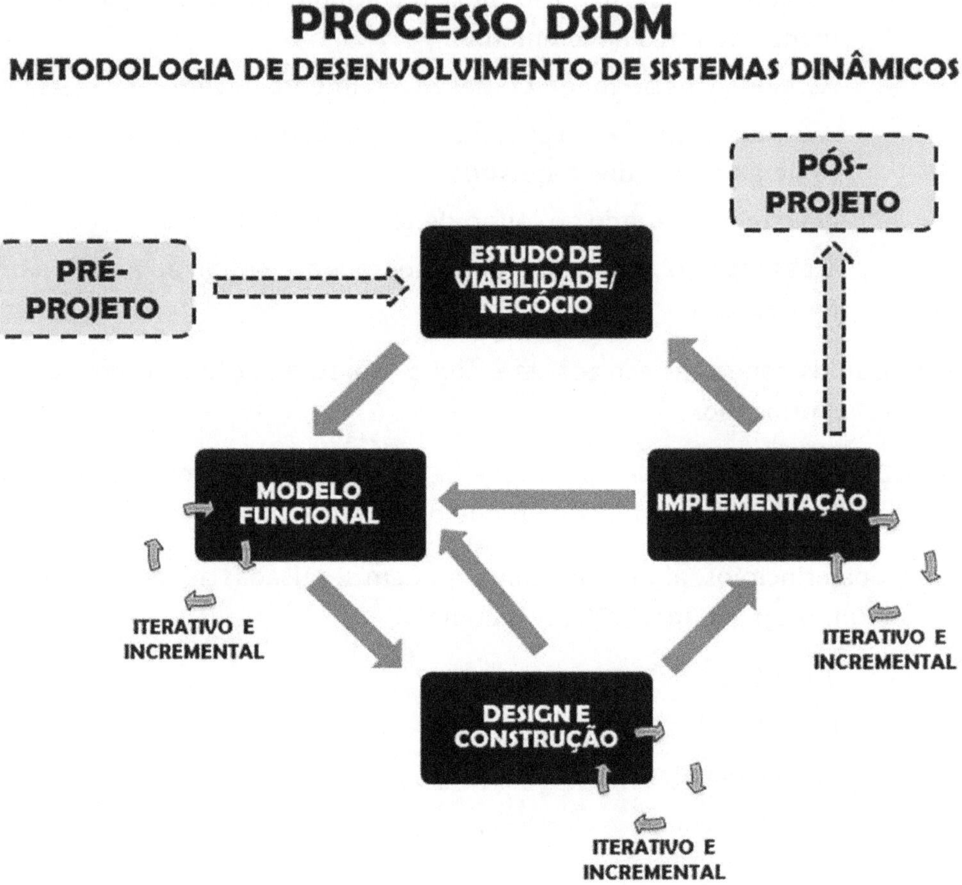

Figura 40

As quatro fases do DSDM são antecedidas pelo pré-projeto e sucedidas pelo pós-projeto, com os seguintes objetivos:

- **Pré-projeto:** tem como objetivo definir se o projeto será ou não implementado sob os aspectos gerenciais, analisando questões orçamentárias e realizando um plano de estudo de viabilidade.
- **Pós-projeto:** tem como objetivo a manutenção do sistema desenvolvido, através da realização das tarefas de alteração no sistema seguindo praticamente o mesmo formato aplicado para o desenvolvimento.

Já para as quatro fases do processo DSDM, temos as seguintes definições importantes e que devem ser aplicadas:

1. **Estudo de viabilidade.** Verifica se o DSDM é a solução mais adequada, avaliando inclusive quais processos serão afetados e quais são as necessidades de informação para definição do escopo.
2. **Modelo funcional.** Aqui os requisitos funcionais e não funcionais são obtidos de forma iterativa e incremental. Monta-se uma lista de itens priorizados, que são documentados em formato de protótipo. Nesta fase o objetivo é documentar de forma básica e resumida, deixando os detalhes para a próxima fase.
3. **Design e construção.** Esta é a fase onde todos os requisitos são detalhados, tendo como objetivo desenvolver o sistema, testando-o inteiramente e obtendo um sistema pronto. Design e construção são feitos de forma iterativa e incremental.

Observação: *esta fase pode provocar mudanças no modelo funcional, que poderá ser revisitado para implementar as mudanças identificadas.*

Dica!

É possível encaixar nesta fase do DSDM o ciclo TDD e realizar um desenvolvimento orientado a testes.

4. **Implementação.** Por fim, a última fase se refere à transição do sistema do ambiente de desenvolvimento, onde foi testado e teve todos os defeitos e *bugs* removidos, para o ambiente operacional, também conhecido como ambiente de produção. Esta etapa deve ser feita de forma iterativa e incremental, além de também serem realizadas tarefas de treinamento, repasse de documentação e outras necessárias para que a transição esteja completa.

Observação: *esta fase pode provocar mudanças no modelo funcional, que poderá ser revisitado para implementar as mudanças identificadas.*

Atenção!

A etapa de desenvolvimento (composta pelas fases de modelo funcional, design e construção e implementação) deve ser realizada de forma iterativa e incremental, ou seja, realiza-se o modelo funcional para uma parte do sistema, projetando e construindo esta mesma parte, e por fim implementando somente a parte construída, partindo então para a parte seguinte, realizando todas as três fases novamente.

Todo o processo DSDM também é considerado iterativo e incremental, pois é possível realizar a fase de estudo de viabilidade apenas para uma parte do sistema, como, por exemplo, apenas um módulo, e executar a etapa de desenvolvimento (modelo funcional, design e construção e implementação) para cada funcionalidade contida no respectivo módulo. Ao encerrar o módulo em questão, pode-se passar para o próximo, fazendo todos os passos novamente.

O DSDM e o Scrum

Assim como outros métodos apresentados anteriormente, o processo DSDM pode ser aplicado em conjunto com o Scrum no desenvolvimento de sistemas, ajudando o Time Scrum a desenvolver suas funcionalidades, focando especialmente no aproveitamento dos ciclos iterativos e incrementais do DSDM e combinando-os com as *Sprints* do Scrum.

20. AUP

O *Agile Unified Process* (AUP), ou processo unificado ágil, é uma abordagem simplificada para o desenvolvimento de software com base no processo da IBM *Rational Unified Process* – RUP[1].

O ciclo de vida AUP é sequencial, iterativo e disponibiliza versões incrementais ao longo do tempo, conforme visão geral que pode ser observada na figura a seguir.

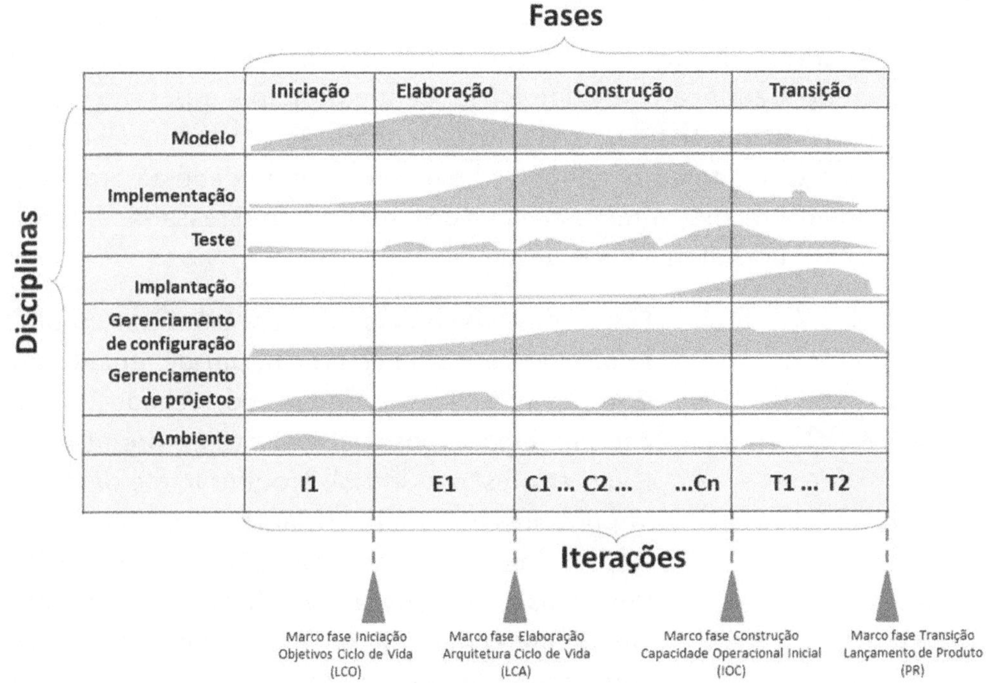

Figura 41

[1] O *Rational Unified Process* (RUP) é um processo de desenvolvimento de software proprietário da IBM baseado no processo unificado (UP – *Unified Process*) criado por James Rumbaugh, Grady Booch e Ivar Jacobson que combina as melhores características de modelos convencionais de processos, tais como ciclo de vida iterativo e incremental, arquitetura baseada em componentes, modelagem visual, com o modelo de orientação a objeto (OO *Object-Oriented*), através da notação *Unified Modeling Language* – UML.

O ciclo de vida AUP corresponde à execução de quatro fases verificadas e validadas por quatro marcos que acontecem ao final de cada fase e que são complementados por disciplinas que definem as atividades a serem realizadas.

É possível observar também que a fase de iniciação acontece apenas uma vez por iteração (I1), assim como a fase de elaboração (E1). Já as fases de construção podem ocorrer diversas vezes de acordo com a necessidade da iteração (C1 ... C2 ... Cn), e a fase de testes geralmente ocorre duas vezes (T1 ... T2).

Vamos compreender melhor o ciclo de vida AUP e seu conteúdo a seguir.

Fases do AUP

As fases do ciclo de vida AUP são sequenciais ao longo de todo o projeto:

1. **Iniciação.** Também conhecida como *inception phase*, tem o objetivo de identificar o escopo inicial de um projeto e a possível arquitetura de um sistema com o foco na obtenção de um financiamento ou orçamento aprovado inicial para dar continuidade ao projeto (e especialmente obter a aceitação das partes interessadas sobre o futuro do sistema a ser desenvolvido).

Esta é a fase recomendada para começar um projeto, quando o cliente solicita um orçamento do tipo preço fechado e/ou escopo fechado. Na *inception phase* é possível realizar um pré-projeto, levantar o escopo inicial, arquiteturas e detalhes importantes e que influenciam no orçamento previsto do projeto. Com a iniciação do AUP aumenta-se a assertividade de precificações e estimativas no início de projetos, especialmente aqueles com preço e/ou escopo fechados.

Observação: *em muitos casos a inception phase se torna um pré-projeto. Após o trabalho de identificação e detalhamento inicial do escopo do projeto principal, é possível estimar o tempo, o custo e os recursos.*

Alguns ganhos que podem ser obtidos com a aplicação da *inception phase* são:

a) Maior consenso entre as partes interessadas do projeto a respeito de seus objetivos e metas.
b) Maior definição do escopo do projeto em alto nível, incluindo o que o sistema deverá fazer e o que ele não deverá fazer, estabelecendo os seus limites de operação.
c) Maior assertividade da estimativa de custo e cronograma do projeto, que ainda será em alto nível, mas com maior conhecimento a respeito do escopo do projeto.
d) Definição antecipada de riscos do projeto, especialmente influenciada pelas definições de escopo, custo e cronograma.
e) Determinação da viabilidade do projeto, respondendo a seguinte pergunta: "o sistema esperado é possível de ser construído dos pontos de vista técnico, operacional e de negócios?". Se a resposta for "não", o projeto deve ser cancelado.
f) Preparação do ambiente do projeto, incluindo recursos financeiros, equipamentos, espaços físicos, profissionais contratados ou alocados, e, por fim, adaptação do próprio AUP para atender ao projeto específico.

2. **Elaboração.** Também conhecida como *elaboration phase*, é a responsável por provar a arquitetura do sistema inicialmente identificada na *inception phase*. Provar a arquitetura do sistema significa construir um esqueleto (protótipo) do sistema, para garantir que realmente a equipe possa desenvolver um sistema que atenda a todas as necessidades e expectativas dos requisitos identificados. Nesse momento os requisitos devem ser detalhados apenas o suficiente para compreender os riscos de arquitetura, entender o escopo de cada requisito e mostrar que o sistema é tecnicamente viável.

Dica!

Esta é a fase recomendada para a equipe construir os *wireframes*, protótipos não funcionais e projetos visuais de sistema, provando que será possível construir um sistema dentro dos requisitos esperados.

Ao realizar a *elaboration phase*, a equipe se prepara para a fase de construção e ganha mais segurança e garantia de que o desenvolvimento será bem-sucedido.

3. **Construção.** Também conhecida como *construction phase*, tem como objetivo escrever os códigos do sistema de forma incremental e atendendo aos requisitos, necessidades e expectativas do cliente e das partes interessadas. A construção deve conter todo o desenvolvimento do sistema até o ponto em que esteja pronto para o teste de pré-produção, também conhecido como validação do cliente ou homologação. Como nas fases anteriores, a maioria dos requisitos foi identificada e a arquitetura estabelecida. Nesta fase o foco recai fortemente sobre:
    a) Priorização e entendimento dos requisitos o suficiente para transformá-los em funcionalidades prontas do sistema.
    b) Modelagem da solução.
    c) Codificação, ou seja, o desenvolvimento dos códigos de todo o sistema.
    d) Testes do sistema construído.

Observação: *as primeiras versões do sistema podem ser implantadas para obter feedback o mais breve possível do usuário.*

4. **Transição.** Também conhecida como *transition phase*, é a responsável por validar e implantar o sistema no ambiente de produção. Esta fase se concentra em entregar o sistema em produção pronto e funcional. Para que isso seja possível, pode haver a necessidade de realizar diversos e extensos testes, o que varia de sistema para sistema. Correções, ajustes, alterações, assim como o retrabalho que essas ações podem gerar, são efetivamente feitos na *transition phase*. O tempo de duração da fase vai depender do projeto em questão, inclusive porque esta fase também prevê a finalização do pacote de software, que normalmente inclui manutenção, distribuição e documentação do software.

Marcos do AUP

Cada uma das fases do AUP tem ao seu final um marco que sinaliza se a equipe cumpriu todos os critérios do marco e finalizou a fase com êxito. Cada um dos marcos deve possuir uma revisão que verifica justamente se os critérios foram atendidos, como pode ser observado na figura apresentada anteriormente.

O AUP possui os quatro seguintes marcos:

1. **Marco da fase de iniciação: Objetivos do Ciclo de Vida (LCO - *Life Cycle Objectives*).** Sua finalidade é a avaliação do estado do projeto pelas partes interessadas, que devem concordar entre eles a respeito dos seguintes pontos:
   a) Escopo correto.
   b) O conjunto de requisitos de alto nível foi levantado corretamente.
   c) Plano adequado, que inclui as estimativas iniciais de custo e cronograma.
   d) Aceitação dos riscos identificados, das avaliações de seus impactos e das estratégias de resposta aos riscos.
   e) Aceitação do processo AUP adaptado para o projeto.
   f) Viabilidade do projeto segundo as perspectivas técnica, operacional e de negócio.
   g) Plano de projeto adequado para a próxima fase de elaboração.
   h) Adequação do projeto ao portfólio e à estratégia organizacional da empresa.
2. **Marco da fase de elaboração: Arquitetura do Ciclo de Vida (LCA - *Life Cycle Architecture*).** Aqui as partes interessadas também devem concordar a respeito do estado do projeto e com os seguintes pontos:
   a) A visão do projeto é estabilizada e realista.
   b) A arquitetura é estável o suficiente para satisfazer os requisitos identificados.
   c) Aceitação dos riscos e da devida documentação com as estratégias de resposta.

d) Viabilidade do projeto segundo as perspectivas técnica, operacional e de negócio.

e) Plano de projeto adequado para a próxima fase de construção.

f) Arquitetura do sistema está de acordo com a realidade da arquitetura corporativa.

3. **Marco da fase de construção: Capacidade Operacional Inicial (IOC – *Initial Operating Capacity*).** Aqui as partes interessadas devem concordar nos seguintes pontos:

   a) O sistema e a sua documentação de apoio são aceitáveis do ponto de vista de estabilidade e maturidade para que o sistema seja implantado.

   b) As partes interessadas estão preparadas e prontas para o sistema ser implantado.

   c) Continuidade da aceitação dos riscos.

   d) As despesas correntes do projeto estão de acordo com as estimativas para futuros custos e cronogramas.

   e) Plano de projeto está adequado para a próxima fase de construção.

   f) Os trabalhos da equipe para construção dos produtos estão de acordo com as normas empresariais.

4. **Marco da fase de transição: Lançamento do Produto (PR – *Product Release*).** O objetivo aqui deve ser as seguintes concordâncias por parte dos *stakeholders* do projeto:

   a) As partes interessadas especialistas no negócio estão satisfeitas e aceitam o sistema.

   b) As partes interessadas pela operação do sistema estão satisfeitas com os procedimentos e as documentações.

   c) As partes interessadas pelo suporte ao sistema estão satisfeitas com os procedimentos e as documentações.

   d) As despesas correntes do projeto estão de acordo com as estimativas para futuros custos e cronogramas.

Disciplinas do AUP

As disciplinas do AUP devem ser executadas de forma iterativa, de modo a definir quais atividades os membros da equipe de desenvolvimento devem realizar para construir, validar e entregar um sistema que atenda às necessidades do negócio identificadas ao longo das fases e dos marcos do AUP.

Atenção!

Note que cada disciplina tem um grupo maior ou menor de atividades em cada fase do AUP, conforme apresentado na figura anterior. Essa distribuição representa qual a intensidade das disciplinas por fases e iterações e indica o foco de trabalho do time.

As disciplinas do AUP são:

1. **Modelo.** Também conhecida como *model*, tem o objetivo de identificar uma solução viável para resolver o problema abordado pelo projeto através do entendimento do negócio da empresa. Essa identificação pode passar por atividades como:
   a) Modelagem de requisitos.
   b) Escrita de casos de uso.
   c) Criação de diagramas de fluxo de dados (DFD – *Data Flow Diagram*).
   d) Desenvolvimento de glossário com termos técnicos e de negócio.
   e) Compreensão da estrutura organizacional da empresa.
   f) Tratamento dos requisitos como uma pilha hierarquizada e que evolui ao longo do tempo.
   g) Modelagem da arquitetura.
   h) Prototipação de interfaces de usuário ou sistema.
   i) Participação ativa das partes interessadas (sugestão).
   j) Representações UML como fluxogramas e diagramas em vez de textos longos.
   k) Integrações com sistemas legados.

l) Utilização de casos de testes.

m) Utilização de modelos de ameaça a segurança.

n) Modelagem de banco de dados.

o) Utilização da técnica de *model storming*[2].

2. **Implementação.** O objetivo aqui é transformar os modelos em códigos executáveis, além de fazer testes, incluindo unitários. As seguintes atividades podem ser realizadas:

   a) Prototipagem, com o objetivo de esclarecer dúvidas técnicas.

   b) Prototipagem de interface de usuário, com objetivo de convencer os *stakeholders* de que suas necessidades serão atendidas.

   c) Provar que a arquitetura funciona com o desenvolvimento do protótipo do sistema.

   d) Realização de testes com base no TDD.

   e) Construção de códigos de forma continuada, com *builds* diárias e controle de versões.

   f) Correção de defeitos ao fazer as transições de códigos.

3. **Teste.** O objetivo aqui é encontrar defeitos durante a validação do sistema, conferir se tudo está funcionando conforme o projetado inicialmente e se os requisitos previstos foram atendidos. Essa validação geralmente se dá através de uma avaliação objetiva do sistema, para garantir a qualidade do produto através das seguintes atividades:

   a) Planejamento inicial de teste em alto nível na fase de iniciação.

   b) Análise inicial do gerenciamento dos produtos do projeto.

   c) Revisão dos modelos iniciais, tais como arquitetura e requisitos.

   d) Validar arquitetura e evoluir no modelo de testes na fase de elaboração.

   e) Realização de testes unitários, de *scripts* de implantação, de carga e *stress* e de aceitação de usuários.

   f) Validação do sistema e da documentação.

---

[2] Ao longo de uma iteração pode ser realizada uma sessão de *brainstorming just-in-time* (JIT) por alguns minutos para explorar os detalhes por trás de uma necessidade, ou simplesmente para refletir sobre um problema de design.

4. **Implantação.** Esta disciplina tem o objetivo de planejar a entrega do sistema e executar o plano para torná-lo disponível aos usuários finais. Geralmente são realizadas as seguintes atividades:
   a) Identificar as versões de entrega e lançamento (*Releases*), determinando a estratégia de implantação.
   b) Definir as configurações de implantação e documentá-las individualmente, fornecendo inclusive esforço para implantação.
   c) Desenvolver *scripts* de instalação e desinstalação.
   d) Atualizar plano de implantação.
   e) Implantar o sistema em ambientes de homologação (pré-produção).
   f) Finalizar pacote de implantação e documentação do sistema.
   g) Anunciar a implantação.
   h) Treinar os clientes.
   i) Implantar o sistema em produção.
5. **Gerenciamento de configuração.** A disciplina controla as versões dos produtos do projeto ao longo do tempo, gerenciando suas alterações e evoluções. As seguintes atividades são realizadas:
   a) Configuração do ambiente com a instalação do repositório de gestão de configuração (*Configuration Management* – CM), criação da estrutura apropriada de pastas e diretórios, com as devidas permissões de acesso para o Time.
   b) Todos os produtos do projeto devem ser colocados sob o controle do CM e utilizados conforme regras de envio dos pacotes de dados para o repositório (*check-in*) e de obtenção dos pacotes do repositório (*check-out*).
   c) Todos os produtos do projeto devem ser mantidos sob o controle do CM.
6. **Gerenciamento de projetos.** O objetivo desta disciplina é basicamente dirigir as atividades do projeto, tais como gerenciamento de riscos, pessoas, escopo etc. através de ações como:
   a) Construção da equipe.
   b) Gerenciamento do relacionamento com os *stakeholders*.

c) Determinação da viabilidade do projeto.
d) Desenvolvimento de cronograma de alto nível e um plano da próxima iteração *just in time* – JIT.
e) Gerenciamento de riscos.
f) Fechamento de fases.
g) Proteção da equipe.
h) Obtenção de recursos financeiros e técnicos.
i) Atualização do plano do projeto.
j) Gerenciamento das equipes.
k) Iniciar próximos ciclos de projetos de forma incremental.

7. **Ambiente.** Esta disciplina apoia todas as outras e seus esforços envolvidos, garantindo que os processos, as normas e as ferramentas estejam disponíveis para a equipe quando necessário. As seguintes atividades podem ser realizadas:
   a) Configurar o ambiente de trabalho.
   b) Identificar a categoria do projeto, para promover uma correta adaptação do AUP que atenda às necessidades de cada equipe.
   c) Ao longo do projeto é possível evoluir no ambiente de trabalho e adequar os processos.
   d) Apoiar a equipe do projeto.
   e) Configurar ambientes de treinamento.
   f) Realizar operações de instalação ou apoio.
   g) Recuperar licenças de software e versões do produto do projeto quando necessário.

O AUP e o Scrum

O AUP é um processo unificado que difere do Scrum por ter fases e disciplinas bem definidas, assim como um conjunto de atividades sugeridas para aplicação durante as iterações.

Por outro lado, o AUP pode ser utilizado como complemento do *framework* Scrum, sugerindo documentações RUP otimizadas, etapas de testes bem definidas, além do gerenciamento de configuração, projetos e ambientes preparados para o Time trabalhar no desenvolvimento de seus produtos.

Os marcos de verificação das fases do AUP podem deixar a inspeção do Scrum mais robusta, proporcionando mais artefatos e documentos de entrada para as cerimônias de adaptação e promovendo iterações futuras melhoradas e otimizadas.

O AUP também permite que diversas outras práticas ágeis possam ser combinadas com o objetivo de fortalecimento, otimização e melhoria contínua.

21. Testes Ágeis

Uma das melhores maneiras de compreender os conceitos e princípios dos testes ágeis é compará-los com os testes convencionais.

Testes convencionais

De maneira resumida, os testes convencionais são concentrados em uma equipe de qualidade, muitas vezes chamada de Time de QA (*Quality Assurance*), que em português seria garantia da qualidade.

Esse time de garantia da qualidade tem o papel principal de evitar que os defeitos ou inconformidades existentes nas funcionalidades desenvolvidas passem para o cliente. Espera-se que o Time de QA identifique qualquer defeito do sistema antes deste ser liberado para uso.

Os conceitos de desenvolvimento e testes estão intimamente ligados. Do mesmo modo que o desenvolvimento de software tradicional sugere a documentação detalhada, abrangendo todas as características possíveis do sistema para garantir que nada suma do radar, os testes convencionais também são apoiados em documentações mais extensas, feitas com base em análises profundas do sistema, passando a ser considerados mais um artefato de documentação produzido pelo processo e que será utilizado para garantir a detecção de defeitos antes da liberação da versão final.

Em testes convencionais, geralmente busca-se o gerenciamento de defeitos ou inconformidades através das seguintes ações:

- Equipe de qualidade testa o sistema no último passo do processo de desenvolvimento.

- Equipe de qualidade assume a responsabilidade e a postura de último defensor da qualidade do desenvolvimento.
- Gerenciamento de mudanças com objetivo restritivo: quanto menos mudanças, menores serão as chances de ocorrência de erros.
- O planejamento completo e detalhado no início é a chave para menos defeitos.
- Extensa documentação de desenvolvimento e testes, para garantir a qualidade.
- Processos rigorosos com entradas e saídas burocratizadas e pouco eficientes.
- Automatização dos testes focada em testes de regressão.

Testes ágeis

O primeiro fator que muda o conceito e a forma de olhar para os testes no desenvolvimento ágil são as iterações curtas.

O processo de desenvolvimento impacta diretamente nos testes, assim como foi observado nos testes convencionais. Quando um Time de Desenvolvimento ágil trabalha com entregas menores e breves, possibilita inspeções e adaptações também o mais brevemente possível.

O mesmo serve para os testes: o Time de Desenvolvimento ágil não espera um longo tempo para iniciar os testes, e muito menos por grupos grandes de funcionalidades.

Os testes ágeis estão presentes desde o início do desenvolvimento e fazem parte de todas as etapas de construção de um sistema. Além disso, todos passam a participar dos testes, e não apenas uma equipe separada responsável pela qualidade.

O princípio de um Time de Desenvolvimento ágil é não ser composto apenas de programadores ou desenvolvedores de sistema, e sim de todos que participam ou são envolvidos no desenvolvimento. Um dos pilares da agilidade é a comunicação e a transparência entre todas as partes interessadas do projeto, e aqui a maior diferença entre os testes convencionais e os testes ágeis aparecem.

Todos testam no desenvolvimento ágil, e a garantia da qualidade é assumida por todo o time envolvido com o desenvolvimento, e não só a equipe de qualidade. Isso envolve a maioria dos *stakeholders*, tais como programadores, gerentes, analistas, arquitetos, testadores e o cliente.

> Os métodos ágeis reforçam e recomendam que todas as partes interessadas de um projeto trabalhem no controle da qualidade do produto todos os dias, buscando prevenir defeitos em vez de corrigi-los. Porém, isso não significa que todos devem testar os códigos produzidos e serem especialistas em testes; significa que todos devem contribuir com os testes e para que a qualidade do produto seja atingida.

Um importante detalhe que precisa ser reforçado é que requisitos e metodologias de testes não se diferem muito entre testes convencionais e testes ágeis; o que os diferencia mais é a importância dada aos testes e os processos em que estes são aplicados.

Os testes ágeis acontecem do começo ao fim de uma iteração, de modo que todas as equipes envolvidas colaborem entre si pela qualidade do que está sendo produzido, desde a identificação e o detalhamento das necessidades e requisitos com o cliente até a construção e implementação final do produto.

A equipe de desenvolvimento antecipa a identificação e prevenção de defeitos com práticas ágeis como o desenvolvimento por iterações curtas com entregas menores, a programação em par, a integração contínua, a refatoração constante e os códigos padronizados através da aplicação das técnicas TDD e ATDD, complementadas pela automatização de testes.

Outro princípio forte dos métodos ágeis é a medida de progresso dada apenas pelo software funcionando, o que força o time a se reunir para garantir que a funcionalidade construída esteja realmente pronta.

Profissionais especialistas e/ou seniores em testes podem contribuir com as práticas de testes, mas não farão parte de uma equipe distinta e separada de garantia de qualidade. Eles serão parte da equipe de desenvolvimento, sendo afetados pelo trabalho de todos os outros profissionais e em contrapartida afetando também o trabalho de todos os outros.

> **Lembrete**
>
> Revisite o tópico que trata de equipes multifuncionais e multidisciplinares e reforce o conceito.

O valor do TDD nos testes ágeis

O TDD (*Test-Driven Development*) defende que o desenvolvimento deve ser orientado a testes com base na afirmação de que quando um time acaba, realmente acaba, pois possíveis falhas já foram detectadas e corrigidas durante a elaboração dos testes.

O TDD fornece a segurança necessária para garantir a qualidade de forma contínua e é a base do *feedback* do código para o desenvolvedor.

O TDD se torna muito valioso para as práticas de testes ágeis e promove um ambiente receptivo para a aplicação de testes ágeis.

Os conceitos fundamentais por trás da aplicação da agilidade em testes que garantem a eficiência dessas práticas passam por:

- Entender que as mudanças são inevitáveis, e que, a partir dessa premissa, todo o Time, incluindo desenvolvedores, testadores e clientes, é responsável pela qualidade final do produto pronto.
- Promover ações para que todos do Time se comuniquem ativamente e estejam disponíveis e acessíveis ao longo de todo o projeto.
- Praticar um teste de software mais preventivo, testando mais cedo, com mais frequência e com mais agressividade e profundidade, podendo utilizar a prática TDD.
- Praticar ativamente o *feedback* em todos os sentidos, pedindo e dando retorno a todos.

- Compreender que a proatividade e a colaboração nos testes são fundamentais para os testes ágeis serem efetivos e eficientes.
- Automatizar o máximo de testes possíveis, objetivando manter o ciclo de entregas no prazo estabelecido.
- Atualizar sempre os testes de regressão.
- Transformar os testes em uma rotina que nasce junto com o início da iteração planejada e morre com a entrega do produto ao final da iteração concluída.

Testes ágeis e o Scrum

Os princípios e os pilares dos testes ágeis são os mesmos do Scrum, e o Scrum pode contribuir bastante com a aplicação dos testes do início ao fim das iterações.

No Scrum as iterações são chamadas de *Sprints*, e ao iniciar uma *Sprint* os testes devem ser iniciados juntos. Já na primeira reunião de planejamento da *Sprint*, os testes devem ser planejados como atividades e devem ser previstas quais práticas serão aplicadas para garantir a qualidade do desenvolvimento ao longo de toda a *Sprint*.

A definição de pronto tem um papel importante no planejamento dos testes, pois determinará como a transformação das histórias em funcionalidades deverá ser considerada finalizada e quando.

O conceito de equipe multidisciplinar contribui muito para a necessidade de todos participarem dos testes em toda iteração, e não deixando essa responsabilidade apenas para uma equipe específica de qualidade. O compartilhamento das responsabilidades e o trabalho colaborativo dos Times Scrum promovem o nós (todo o time) e não mais o eu (equipe de qualidade).

Todas as cerimônias do Scrum, como a reunião diária, a reunião de revisão, a retrospectiva, além do planejamento da *Sprint*, favorecem o trabalho coletivo, compartilhado e colaborativo na prevenção de defeitos e inconformidades e na garantia da qualidade do início ao fim do desenvolvimento.

22. Radiadores de Informação

Os radiadores de informação são artefatos ágeis para tornar as informações do projeto visíveis para todas as partes interessadas e a organização.

Para que os radiadores de informação realmente distribuam as informações pertinentes e interessantes a respeito de um projeto, ou de portfólios de projetos, basta que artefatos como *Kanban*, Gráfico de *Burndown*, painéis de controle, *roadmaps* de produtos, mapas de histórias, entre outros, estejam visíveis em áreas de circulação da empresa.

Áreas de lazer, espaços para café e refeições e corredores de circulação são comumente utilizados para fixar os radiadores de informação, além de salas de guerras (*war room*) utilizadas para operações emergenciais ou de alto foco de times para o desenvolvimento de funcionalidades prioritárias.

O principal objetivo é propagar rapidamente as informações sobre os projetos e tornar as realizações, os problemas e os riscos transparentes para todos os envolvidos com o projeto.

Radiadores de informação e o Scrum

Os principais radiadores de informação utilizados por Times Scrum são o Quadro de Tarefas (*Taskboard*) e o Gráfico de *Burndown* (*Burndown Chart*). Esses radiadores contribuem muito para o pilar de transparência do Scrum.

23. Boas Práticas Ágeis

Além do que já foi apresentado, existem boas práticas ágeis que podem ser utilizadas com praticamente tudo o que foi abordado neste livro, contribuindo para aumentar a eficiência ou resolver problemas, melhorar ou otimizar processos, ou simplesmente facilitar etapas do desenvolvimento de software.

Vamos conhecer algumas delas e entender como encaixá-las em nosso dia a dia.

Histórias INVEST

O conceito INVEST sugere uma estrutura normalizada e eficiente para as histórias, de modo que estas fiquem mais fáceis de ser entendidas, estimadas e com critérios de aceite e valores bem definidos.

Segundo o INVEST, uma história deve ser independente (I – *Independent*), negociável (N – *Negotiable*), valiosa (no sentido de gerar valor) (V – *Valuable*), estimável (E – *Estimatable*), dimensionada apropriadamente (S – *Scalable*) e testável (T – *Testable*).

As boas práticas para escrever uma história INVEST são:

- **Independente.** A história precisa ser independente das demais, para não dificultar a sua completa finalização.
- **Negociável.** A história não pode ser algo imutável; é necessário poder negociá-la com o cliente, alterando datas de entrega, conteúdos e até mesmo retirando-a ou substituindo-a.

- **Valiosa.** Toda história deve gerar valor ao cliente, valor este que precisa ser apoiado através de uma concordância formal ou informal. Histórias que não gerem valor precisam ser removidas do *backlog* do produto.
- **Estimável.** O Time deve ser capaz de estimar o tamanho de cada história e o esforço para completá-la.
- **Dimensionada apropriadamente.** Muitos interpretam essa característica como pequena (*scalable*), mas é mais seguro pensar em um tamanho apropriadamente dimensionado. Uma história pequena demais não é recomendada, nem uma história grande demais. Muitas vezes uma história atinge o seu tamanho adequado quando o Time consegue estimá-la com segurança.
- **Testável.** Toda história deve poder ser testada, e o Time precisa entender quais serão os critérios de teste e aceitação.

Dica!

Histórias INVEST contribuem para que as estimativas sejam mais assertivas e ajudam o Time a definir melhor os objetivos das *Sprints* e a atingir a meta de entregas e de projetos.

Tarefas SMART

É recomendável utilizar o conceito SMART para escrever uma tarefa, de forma que ela seja específica (S – *Specific*), mensurável (M – *Measurable*), realizável (A – *Achievable*), relevante (R – *Relevant*) e que tenha uma duração fixa (T – *Time-boxed*).

As boas práticas para escrever uma tarefa SMART são:

- **Específica.** A tarefa deve ser específica o suficiente para que todos possam entender e compreender que história ela ajudará a completar.
- **Mensurável.** Todas as tarefas precisam ser medidas, assim como suas histórias. Caso contrário, não será possível saber quantas tarefas caberão em um dia e muito menos quantas tarefas serão realizadas dentro de uma *Sprint*.

- **Realizável.** Cada tarefa deve poder ser feita de forma independente. A dependência ou deficiência precisa ser identificada e removida.
- **Relevante.** Todas as tarefas devem ser individualmente relevantes para completar pelo menos uma história do *backlog*. Uma tarefa inútil deve ser removida do Quadro de Tarefas.
- **Duração fixa.** O conceito de duração fixa ou *time-boxed* pode ser aplicado para criar tarefas que caibam em um dia de trabalho. As tarefas precisam caber dentro da *Sprint* que está sendo realizada.

Tarefas SMART contribuem para a criação de atividades que o Time conseguirá realizar com mais segurança e de maneira mais assertiva quanto a prazo, qualidade e custo.

Estimativa por afinidade

Estimar por afinidade é a ação de determinar o tamanho e/ou esforço de grupos de histórias com classificações similares.

Esta prática é geralmente aplicada quando um projeto é grande e possui uma enorme quantidade de histórias. Em vez de estimar história a história, individualmente, o Time faz um agrupamento de histórias e o estima.

Frequentemente são utilizadas as definições de tamanho da estimativa *T-shirt*, que separa os tamanhos e/ou esforços das histórias como camisetas, tais como PP, P, M, G e GG.

Com base na estimativa *T-shirt*, o Time agrupa as histórias em categorias, coleções ou temas similares e determina qual o tamanho *T-shirt* de cada grupo.

Tais equivalências podem ser convertidas para pontos por história, horas ou outra unidade de medida que o Time entenda e com a qual tenha familiaridade.

> **Dica!**
>
> Os agrupamentos das histórias também podem ser realizados por funcionalidades ou até mesmo por Épicos.

A estimativa por afinidade é uma técnica para ganhar velocidade na estimativa inicial de muitos itens de *backlog* e/ou classificação e categorização de requisitos de negócio.

Dias ideais

Um dia ideal é aquele no qual uma quantidade de trabalho é realizada sem qualquer interrupção ou distração. É um dia em que hipoteticamente tudo está perfeito e disponível, nada dá errado e até a inspiração do profissional está alta.

O dia ideal é aquele em que o desenvolvedor trabalhará apenas na sua história, e tudo o que ele precisará para completar o seu trabalho estará imediatamente à mão.

Algumas equipes até promovem o dia ideal de cada desenvolvedor, onde a equipe toda vira servidora de apenas um desenvolvedor. Tudo o que ele precisar para ter o seu dia ideal será atendido e providenciado pelos outros integrantes do Time, de preferência no dia anterior.

É importante reforçar que o dia ideal não é real e raramente irá acontecer se não houver uma conspiração positiva para favorecê-lo, portanto é recomendado não utilizar o dia ideal para estimar tempo, mas sim esforço em relação à conclusão de uma história.

Horas ideais

As horas ideais são simplesmente as horas realmente produtivas durante um dia de trabalho.

Muitos ainda insistem em prever oito horas de trabalho para um profissional durante o dia, e consequentemente 168 ou 176 horas de trabalho por mês. Para que um profissional trabalhe e produza realmente oito horas por dia será preciso que ele não levante, não interaja com ninguém, não tome café, não vá no banheiro, não atenda o telefone, não leia e-mails, ou seja, se isole olhando para o monitor e produza códigos ininterruptamente.

Quem realmente acredita que esse cenário acontece e é real?

Quando se estima pensando que um dia tem oito horas de produção de código e de desenvolvimento de sistema, já está começando atrasado, pois haverá pelo menos duas horas a menos por dia de produção, e ao final do mês haverá simplesmente quarenta horas de atraso aproximadamente por pessoa, ou seja, uma semana atrasada.

É comprovado que as horas ideais de trabalho em um dia giram em torno de quatro a seis horas, afinal todo ser humano se distrai por alguns minutos, precisa cumprir necessidades básicas como ir ao banheiro, tomar água, comer uma fruta. Além disso, as pessoas precisam ler e-mails e respondê-los, comparecer a reuniões, fazer ligações para clientes, fornecedores, relacionar-se com as outras pessoas da empresa em um café ou em uma conversa rápida de corredor, e tudo isso consome tempo.

Por fim, desenvolvedores precisam fazer pesquisas para codificar determinados algoritmos, pedir opiniões para escrever funções complexas, pedir ajuda para solucionar problemas... não é um simples aperto de parafusos ininterruptos.

Sendo assim, considere no máximo seis horas diárias de produção real. Com isso, uma semana de trabalho de quarenta horas produzirá em torno de trinta horas reais, completando em um mês de 120 a 130 horas.

Atenção!

Planejar e prever mais de seis horas diárias de produção é tornar o cumprimento dos prazos e das metas algo irreal, insatisfatório e frustrante para todos os envolvidos com os objetivos do projeto.

Espaço da equipe e sala de guerra

O espaço da equipe é aquele local da empresa onde os integrantes do Time vão trabalhar juntos e focar no desenvolvimento do projeto. Não deve ser um lugar qualquer: o ideal é que seja um ambiente que promova a comunicação face a face entre todos do Time, permitindo que todos se sentem próximos uns dos outros e sem barreiras.

O espaço da equipe pode ser ainda uma sala reservada que, além de permitir maior colaboração e compartilhamento de conhecimento entre o Time, promova também uma concentração e um foco maiores, sem interrupções ou distrações causadas por barulhos, circulação de pessoas e conversas paralelas que não tenham a ver com os trabalhos sendo feitos.

Esse agrupamento do Time em uma sala para aumentar o foco e dimunuir as distrações também é conhecido como sala de guerra (*war room*) ou sala de crise.

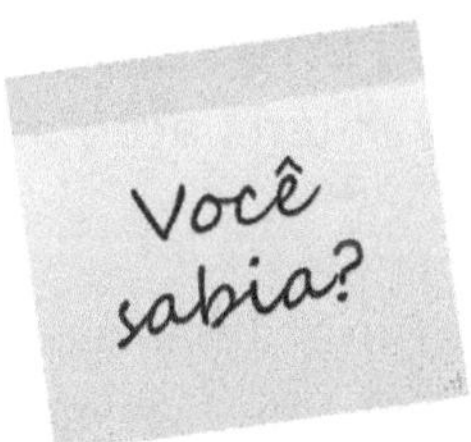

Você sabia que muitas equipes utilizam a sala de guerra para ações em situações de crise, permanecendo ali trabalhando na solução do problema até a crise passar?

O espaço da equipe promove uma maior circulação e disseminação de conhecimento tácito, aquele que não é escrito ou externalizado de um indivíduo para o outro, mas, sim, absorvido através da convivência e da observação.

Também podemos chamar isso de **comunicação osmótica**, que nada mais é do que uma analogia a uma transmissão de conhecimento que parece sair da cabeça de um e entrar na cabeça do outro sem movimento e sem esforço.

A sala de guerra, ou espaço da equipe, também pode se transformar em um espaço conhecido como "**caverna**", que fornece silêncio e privacidade diferenciados. O Time que se concentra e trabalha nesse local tem um foco ainda maior e nenhuma distração.

Atenção!

Salas de guerra e demais espaços similares promovem e enfatizam o trabalho em equipe.

Defeito escapado

Defeito escapado é uma tradução livre para *escaped defect*. São os defeitos que escaparam dos processos de testes e dos trabalhos da equipe de qualidade de software e que geralmente são descobertos pelos clientes ou pelas operações de usuários fora das etapas de validação previstas.

Um defeito escapado gera insegurança e muitas vezes desgasta a relação de confiança existente entre o fornecedor de software e seu cliente, pois a última coisa que um usuário de software quer ver é um erro estourando na sua tela extamente no momento em que ele precisa realizar uma ação importante ou urgente.

Por isso é importante implantar um mecanismo de análise dos defeitos escapados, de modo a mapeá-los e evitá-los no futuro. O defeito que escapou deve ser estudado pelos times de desenvolvimento e de qualidade, para que este seja capturado ao longo da validação e não apareça mais em entregas futuras.

Diversas estratégias podem ser aplicadas para minimizar os *escaped defects*, tais como o acréscimo de testes unitários, a implantação de testes integrados e/ou automatizados e outras técnicas sugeridas pelo TDD e pelo ATDD.

Calendário NIKO-NIKO

Quando os integrantes de um Time deixam o escritório no final do dia, vão até uma parede com um calendário pendurado e desenham ali uma carinha alegre, uma carinha neutra ou uma carinha triste, isso é chamado de calendário NIKO-NIKO (*NIKO-NIKO calendar*).

Calendário NIKO-NIKO

Agosto 2014							
	1	2	3	4	5	6	7
Cruz	☺	☺	☺	////	////	☺	☺
Klotz	😐	😐	😐	////	////	😐	😐
Ferreira	☺	☺	☺	////	////	☺	☺
Gindri	☺	😐	☹	////	////	😐	☹
Benelli	☹	☹	☹	////	////	☹	☹

Figura 42

O objetivo é armazenar as emoções de todos os integrantes do Time nos dias de trabalho de forma que todos possam ver.

Essa prática pode parecer estranha em um primeiro momento, mas faz todo o sentido quando observada como parte de um foco ágil na produtividade e na rápida melhoria contínua dos times e de seus ambientes no que diz respeito a processos, ferramentas e relacionamentos.

A ideia principal é colher *feedbacks* diários a respeito do clima de trabalho e de possíveis causas para o aumento de defeitos, a falta de motivação, o baixo desempenho e outras situações negativas.

Situações onde todos estão chateados (carinhas tristes), ou até mesmo quando somente uma pessoa está chateada, são motivos de investigação, podendo gerar reflexões do Time a respeito do seu próprio humor: "por que nós não estamos felizes?"

A palavra japonesa *niko* significa sorriso e a expressão *niko-niko* significa algo próximo a "emoticon", que por sua vez significa carinhas que expressam sentimentos e emoções.

O calendário NIKO-NIKO é um radiador de informação. Ele não se propõe a fornecer todas as respostas para os problemas do Time, mas pode maximizar as autoavaliações dos seus membros e fornecer aos gerentes ou líderes temas para discussões com foco na resolução de problemas e conflitos.

Outra forma de usar o calendário NIKO-NIKO é permitir que as pessoas coloquem suas carinhas de forma anônima. Essa prática evita que as pessoas mintam sobre suas reais emoções, porém não permite discussões diretas de forma individualizada.

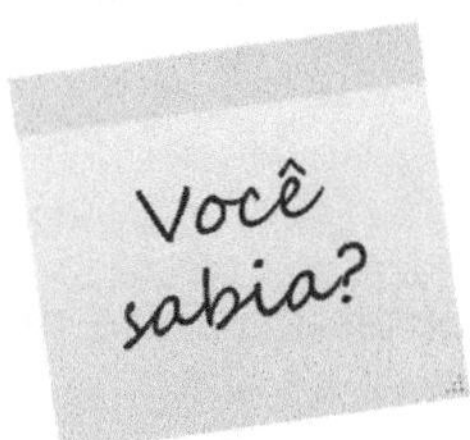

Você sabia que pessoas mais felizes são mais produtivas e que para isso precisam de um conjunto de coisas que as façam se sentir realizadas?

Tempo decorrido

Muitos confundem o tempo decorrido com as horas ideais, ou até mesmo com o esforço empregado para realizar uma tarefa. No entanto, este é um conceito diferente.

O tempo decorrido é aquele contado no relógio, independentemente do tempo real produzido ou do tempo ideal de trabalho.

No caso do jogo de futebol, o tempo decorrido seria a soma dos noventa minutos, os acréscimos e o intervalo, totalizando pouco mais de 105 minutos.

Para o cliente, em um atraso geralmente observa-se o tempo decorrido, pois se algo deveria ter sido entregue no dia 10 e isso ocorreu apenas no dia 12, houve dois dias de atraso.

Em outras palavras, o tempo decorrido é aquele do relógio e do calendário, sem considerar esforço ou horas ideais.

Dica!

O tempo decorrido pode ser utilizado em algumas previsões mais macros e iniciais.

Planejamento por sucessão

O planejamento por sucessão (*Succession*) é uma técnica que promove o conceito de evoluir a arquitetura de um sistema apenas "o suficiente para agora", considerando apenas o que é relevante para o presente e o que será necessário para a próxima versão.

É fácil de entender quando se pensa em um sistema que irá tratar uma requisição de entrada A na próxima versão, e eventualmente em futuras versões também tratará as entradas C, D e E. Nesse caso o *succession* sugere que se trate apenas a entrada A, pois esta será realmente utilizada, e quando chegar o momento oportuno as outras entradas serão tratadas.

Para muitos, a ideia de prever todas as entradas e já deixar tudo pronto na primeira oportunidade é um ganho de produtividade, de evolução do sistema, de estratégia de mercado ou até de menor custo, porém, quando se pensa na possibilidade dessas entradas futuras não serem utilizadas, todo o cenário se inverte e o que se tem é desperdício de tempo e dinheiro.

Recomenda-se aguardar a necessidade real de uso e apenas nesse momento construir tal requisito. Por isso o nome de planejamento por sucessão.

Dica!

Várias práticas ágeis, incluindo o XP, sugerem manter a arquitetura simples e somente com o tempo, e conforme a necessidade, evoluir seus códigos.

Self testing

O *self testing*, também chamado de *self testing build*, é uma prática sugerida pelo *eXtreme Programming* (XP) e pelo TDD (*Test Driven Development*).

Self testing poderia ser traduzido a grosso modo como *build* de "autoteste", ou seja, todos os testes que fazem parte desta *build* serão executados completamente toda vez que forem solicitados.

É uma forma de fazer com que o sistema teste a si mesmo, procurando erros, identificando-os e principalmente sinalizando-os.

O *self testing* é um mecanismo eficiente para garantir a segurança dos testes automatizados, reforçando o objetivo de repetir testes necessários toda vez que for preciso, de forma automatizada, frequente e consistente, mantendo sempre o mesmo padrão de verificação da qualidade, evitando falhas humanas ou até mesmo a não realização de testes por motivos como esquecimento, falta de tempo e negligência.

Geralmente o *self testing* possui os seguintes componentes:

1. **Casos de teste de funcionalidades críticas do sistema**, com o objetivo de checar as funcionalidades mais utilizadas pelos usuários ou as mais delicadas para o negócio.
2. **Mecanismos para testar componentes do sistema de forma automatizada**, realizando testes de regressão, fornecendo gravação de histórico automático de transações e operações, além de executar os casos de testes e comparar os resultados com valores padronizados.

> **Dica!**
>
> O *self testing* reforça as práticas de teste do XP e do TDD.

Spike

Spike pode ser uma tarefa ou até uma história que, em vez de desenvolver um produto possível de ser entregue, destina-se a responder a uma pergunta ou a encontrar uma solução ou informação a respeito de algum problema ou questão.

Algumas vezes uma história, apesar de criada, não pode ser estimada até que o Time faça um outro trabalho para solucionar uma questão técnica ou resolver um problema de arquitetura ou design. O caminho para esse trabalho é criar uma *Spike* com o propósito de fornecer a solução técnica ou resolução do problema.

> **Dica!**
>
> Crie uma *Spike* para aqueles casos em que não é possível se comprometer com a sua estimativa, por não haver informações suficientes ou conhecimentos necessários.

Detalhe importante: caso essas informações ou conhecimentos possam ser trazidos pelo *Product Owner* (PO), por terem origem no cliente, então a história não é uma *Spike*, e sim apenas uma história que foi mal entendida ou mal detalhada e que precisa de maiores esclarecimentos.

Portanto, uma *Spike* precisa ter um objetivo específico.

Vejamos agora se os casos a seguir são realmente *Spikes* ou não:

***Spike* 1:** o Time fará um "protótipo-piloto" para descobrir se é possível ou não implementar a navegabilidade que o cliente solicitou.

***Spike* 2:** o Time precisa descobrir quais são as assinaturas dos *webservices* fornecidos pelo banco Cruzeta para validar se é possível obter um grupo X de informações para construir uma integração de boletos.

***Spike* 3:** o Time recebeu como requisito a necessidade de construir uma tela de cadastro, mas não sabe quais campos o cliente precisa controlar.

***Spike* 4:** o Time recebeu como requisito a necessidade de construir um relatório que retorne os dados de nome e endereço do cliente, sendo que esses dados já existem na tabela de dados do sistema do cliente atual.

- ***Spike* 1:** é realmente uma *Spike*, pois o Time precisa descobrir se o protótipo funciona, e tal descoberta é uma questão técnica que fará com que o Time prossiga ou recue, partindo para outra solução.

Observação: *sem saber se (e como) o protótipo funciona, o Time não consegue estimar o seu uso e muito menos se comprometer com a sua entrega.*

- ***Spike* 2:** também é uma *Spike*, pois o Time precisa fazer uma integração com o banco Cruzeta, mas não sabe quais *webservices* o banco disponibiliza e quais são as suas assinaturas. Quando o Time descobrir quais são e o que oferecem, poderá decidir por usar algum *webservice*, solicitar ao banco a construção ou alteração de algum *webservice* específico ou alterar o seu próprio código para integrar com algum *webservice*.

Observação: *sem descobrir quais são os webservices que o banco disponibiliza, o Time não consegue estimar a integração nem dizer se ela é possível.*

- ***Spike* 3:** não é uma *Spike*, e sim apenas uma história com indefinições. O PO precisa coletar mais detalhes para que o Time possa estimar e trabalhar na história.
- ***Spike* 4:** é simplesmente uma história que pode ser entendida completamente e colocada no *backlog* de desenvolvimento.

Por fim, uma *Spike* não necessariamente estará dentro de uma *Sprint*, principalmente quando o Time não souber muita coisa sobre a descoberta ou problema que precisa solucionar. Pode ser que o Time decida que é preciso ter mais tempo do que a duração de uma *Sprint* para trabalhar na resposta que a *Spike* irá fornecer.

Entretanto, todas as *Spikes* precisam ter uma data final para serem encerradas, delimitando um tempo máximo em que o Time irá trabalhar para obter a resposta, mesmo que negativa, tal como a descoberta da impossibilidade de fazer algo.

Atenção!

Nenhuma realização em projetos deve ficar sem data final estimada. É preciso que os Times persigam metas e busquem cumprir os objetivos definidos, e isso impreterivelmente também vale para as *Spikes*.

O conceito de *Spike* é importante e se torna fundamental quando um Time descobre que muitas coisas que precisam ser feitas possuem uma complexidade não conhecida. Somente após o Time assumir que não entende o suficiente do tema tratado é que irá buscar mais informações, respostas e conhecimentos antes de partir para o desenvolvimento.

Dica!

Sem aplicar o conceito da *Spike*, o Time parte para o desconhecido ao trabalhar em uma história que não domina totalmente, acarretando falhas de estimativas, não cumprimento de metas e insatisfação de clientes.

24. Questões de Fixação III

1. **Um Time conversa sobre iniciar os trabalhos de planejamento de um projeto utilizando o conceito de *Planning Onion*, mas alguns integrantes estão divergindo sobre como separar as etapas de planejamento. Qual definição melhor ajudaria o Time a aplicar os conceitos do planejamento em vários níveis?**

    a) Planejar em ciclos curtos e iterativos, com o produto separado em partes, permitindo inspeção, adaptação e transparência nos planejamentos e futuros desenvolvimentos

    b) Planejar toda a construção do produto de uma só vez, eliminando todos os riscos possíveis de algo dar errado, e, com tudo planejado, partir para o desenvolvimento de todo o escopo definido

    c) Planejar de forma macro a estratégia do produto a ser construído, considerando os principais valores esperados pelo cliente. Com os valores entendidos por todos, planejar como as entregas ocorrerão, definindo as *Releases*. Com as *Releases* definidas, planejar as iterações que entregarão incrementos do produto e, por fim, planejar diariamente os trabalhos de "mão na massa", para adaptações rápidas e objetivas

    d) Quebrar o *backlog* do produto em pedaços menores que poderão ser desenvolvidos dentro da *time-box* da próxima *Sprint*

2. Uma equipe de desenvolvimento de software está pensando em utilizar as práticas do XP devido ao fato de trabalhar com requisitos vagos e muitas mudanças. Depois de várias conversas, o Time decide que precisa assimilar os valores do XP aplicando-os ao seu dia a dia. Quais são os valores do XP que o time deve aplicar?

a) *Feedback* rápido, simplicidade, aceitar as mudanças e manter uma alta qualidade

b) Comunicação, retornos, transparência, adaptação e inspeção

c) Comunicação, *feedback*, coragem, simplicidade e respeito

d) Equipe unida, padronização de código, design simples e ritmo sustentável

3. Um Time Scrum está em uma reunião de retrospectiva e constata que seus testes e processos de qualidade estão fracos e ineficientes. Eles então resolvem aplicar uma melhoria imediata, implantando o ciclo TDD na próxima *Sprint*. Que passos de testes o Time precisa adotar para cumprir um ciclo TDD completo?

a) Escrever o teste de qualidade, escrever o código para passar no teste e eliminar a redundância

b) Escrever o teste, escrever o código, executar o teste e refatorar o código

c) Escrever o código, escrever o teste, executar o teste e refatorar o código

d) Escrever o teste, executar o teste que falha, escrever o código, executar o teste de sucesso e refatorar o código

4. Com o tempo, os sistemas tendem a se deteriorar e os códigos precisam ser limpos e reorganizados. Para evitar ou mitigar essa degradação ao longo do tempo, que prática os Times devem executar?

a) Programação pareada

b) Desenvolvimento orientado a testes

c) Refatoração

d) Código padronizado

5. **Que metodologia pode variar de acordo com a quantidade de pessoas, a criticidade e a prioridade de um projeto, permitindo que a carga de processos seja menor ou maior?**
   a) *eXtreme Programming*
   b) *Crystal*
   c) ATDD
   d) Scrum

6. **Que metodologia ágil promove o trabalho conjunto no entendimento do negócio do cliente e no atendimento de suas expectativas, especialmente sugerindo a não separação entre a equipe de negócio e a de desenvolvimento?**
   a) *eXtreme Programming*
   b) ATDD
   c) Scrum
   d) FDD

7. **O cliente está insatisfeito com as últimas entregas, e por isso os integrantes do Time se reúnem e decidem focar nos testes do ponto de vista do cliente, considerando o atendimento das necessidades de negócio e não os testes unitários. Que prática mais se aproxima desse conceito de testes?**
   a) TDD
   b) ATDD
   c) FDD
   d) XP

8. **O cliente solicita ao Time que apresente um protótipo para o usuário final aprovar. Só depois o desenvolvimento do novo sistema será autorizado. Que metodologia a equipe poderia aplicar para melhor atender ao pedido do cliente?**
   a) *eXtreme Programming*
   b) Scrum

c) DSDM

d) AUP

9. **Um Time de Desenvolvimento utiliza, para a construção de seus sistemas, uma metodologia pesada e muito burocrática, baseada no processo RUP, e decide migrar para uma abordagem mais ágil, sem deixar de lado algumas das boas práticas sugeridas pelo RUP. Caso o time decida utilizar a metodologia AUP para realizar essa migração, qual seria a ordem sequencial das fases de desenvolvimento?**

   a) Iniciação, elaboração, construção e transição

   b) Iniciação, planejamento, construção e transição

   c) Planejamento, elaboração, construção e transição

   d) Iniciação, elaboração, construção, testes e transição

10. **Um Time de Desenvolvimento é severamente cobrado a respeito da qualidade das suas entregas, especialmente porque muitos defeitos escapados estão sendo identificados após as suas entregas. Que estratégia ou técnica pode ser aplicada para reduzir o número de defeitos escapados?**

    a) *Crystal Clear*

    b) DSDM

    c) TDD

    d) FDD

Confira as respostas no Anexo deste livro.

PARTE IV. A CERTIFICAÇÃO *AGILE SCRUM FOUNDATION*

As certificações mais básicas de Scrum e *Agile* são voltadas para profissionais com um bom conhecimento teórico inicial sobre o assunto.

Nenhuma certificação de nível básico atesta que alguém possui experiência prática e vivência em projetos com Scrum e *Agile*, mas garante que o profissional conhece o assunto e está preparado para discutir as melhores práticas, fazer parte de um Time Scrum e aplicar o que aprendeu, dando seus primeiros passos no mundo ágil.

Este não é o único material disponível para estudar para estas provas, e muito menos se propõe a ser o melhor. Os conhecimentos cobrados pelas certificações de nível inicial mais reconhecidas no Brasil e no mundo estão contidos nesta obra, que serve de base sólida para a realização de qualquer uma das seguintes provas:

- ASF – EXIN *Agile Scrum Foundation*
- CSM – *Certified Scrum Master*
- PSM I – *Professional Scrum Master I*

Apesar das similaridades, as provas possuem algumas diferenças importantes e são mantidas por empresas distintas. Nesta parte vamos conhecer um pouco mais cada uma delas e como se preparar, marcar e fazer o exame.

Este livro é reconhecido e chancelado como material oficial de estudos para a certificação EXIN *Agile Scrum Foundation* (ASF) e inclui um ***voucher*** de desconto para a prova da certificação. Fique de olho e não perca o seu!

25. ASF – EXIN *Agile Scrum Foundation*

A certificação EXIN *Agile Scrum Foundation*, mais conhecida como ASF, é a mais recente das certificações ágeis do mercado.

Figura 43

Esta certificação avalia o conhecimento sobre metodologias ágeis e o conteúdo do *framework* Scrum.

O conteúdo abordado pela prova ASF referente ao Scrum é relativamente o mesmo das outras certificações de mesmo nível no mercado, com a diferença de que os demais conteúdos ágeis apresentados na Parte III deste livro estão presentes nas questões da prova, sendo mais cobrados neste exame do que nos outros.

A certificação ASF recebe o *Foundation* em seu nome justamente porque a forma como o conteúdo é abordado e cobrado na prova de certificação é mais focado na teoria e nos conhecimentos fundamentais das práticas abordadas.

Esta é a primeira certificação da cadeia ágil do EXIN, que pretende em breve lançar outras certificações mais avançadas no mercado.

O exame pode ser feito em português.

Como estudar?

Para se preparar para a prova de certificação ASF o primeiro passo é a leitura completa desta obra. Procure fazer analogias e comparações com o seu ambiente de trabalho, e de preferência aplique algumas das práticas ágeis aqui abordadas como exercício de fixação e de aprendizado.

O segundo passo é realizar os exercícios de fixação, que servem para testar os conhecimentos adquiridos ao longo da leitura, e especialmente para pegar os *gaps* de conhecimentos que possam ter passado durante os estudos.

De maneira geral, a dica é ler os capítulos e fazer seus exercícios de fixação ao final, anotando todas as respostas escolhidas e conferindo os resultados no Anexo. Para todas as respostas erradas, além de reler os resultados, releia também os tópicos que abordam o assunto que gerou o erro, assim ficará mais fácil assimilar os conhecimentos.

Antes de fazer a prova, teste os seus conhecimentos gerais no simulado contido no Capítulo 27.

Dica!

A prova possui quarenta questões que devem ser respondidas em até uma hora.

Para complementar o assunto e sentir ainda mais segurança, vale a leitura dos materiais contidos na bibliografia deste livro, dando atenção especial para o Guia do Scrum, em sua versão mais atualizada.

Leia também as recomendações para a realização da prova no site do EXIN (<https://www.exin.com/BR/pt/exames/&exam=exin-agile-scrum-foundation>). Baixe o PDF com as questões exemplo (*Sample exams*), que também funcionam como um resumo da prova.

Caso você esteja atingindo no mínimo 90% de acertos nas questões respondidas neste livro e no simulado do EXIN, marque a sua prova de certificação.

Observação: *a prova irá abordar mais questões sobre ágil do que as demais certificações Agile e/ou Scrum, portanto é importante dar bastante valor à Parte III deste livro, e não apenas ao Scrum.*

Como fazer a prova?

A prova ASF do EXIN não tem pré-requisito e nenhuma obrigatoriedade a ser cumprida, portanto basta estudar o conteúdo, realizar os simulados e, ao se sentir preparado, basta acessar o site <www.exin.com> e agendar a sua prova *on-line*.

Lembre-se: neste livro há um ***voucher*** de desconto para a prova. Ao validar o seu ***voucher***, você terá até 21 dias para fazer o exame.

Para ativar o ***voucher***, o pagamento deverá ser realizado via cartão de crédito internacional ou PayPal. Você receberá em seu e-mail a confirmação e liberação para a realização da prova *on-line* (*link*).

A prova pelo EXIN *Anywhere*

Depois de estudar, se preparar e agendar a sua prova de certificação ASF, basta fazer a prova *on-line* também, sem precisar sair de casa ou até mesmo se ausentar do trabalho por mais de uma ou duas horas no máximo. Porém, é importante tomar alguns cuidados.

Como a prova de certificação ASF é totalmente *on-line*, é preciso preparar o computador, testando as ferramentas e o ambiente para garantir que tudo esteja funcionando corretamente.

O sistema gravará o som do computador de quem está fazendo a prova, portanto é importante que o candidato tenha um microfone ligado o tempo inteiro do exame, sem interrupção.

O candidato também deverá possuir uma *webcam* e deixá-la ligada durante todo o exame com foco no seu rosto, sem poder interromper a transmissão da imagem.

Por fim, a tela do computador também será gravada o tempo todo, não sendo permitido alternar telas ou usar qualquer tipo de software de ajuda ou pesquisas na internet. Para se preparar melhor, leia as instruções e assista aos vídeos antes de iniciar seu exame (<https://www.exin.com/BR/pt/exames/exin-anywhere-exams-online>).

A prova ASF demonstra muita seriedade em seu formato de avaliação, pois durante todo o tempo o candidato será gravado em três aspectos: vídeo, voz e tela, permitindo que uma auditoria respeitável seja realizada após a conclusão da prova.

A prova é realmente séria e merece respeito da comunidade. Eu mesmo fui reprovado na primeira tentativa, pois, apesar de atingir uma pontuação que me aprovou, minha prova foi invalidada porque o vídeo ficou cortado durante alguns minutos da prova, não permitindo que os auditores acompanhassem toda a realização da prova.

Em caso de suspeita de fraude (caso o candidato converse durante a prova, olhe para o lado durante qualquer período de tempo, alterne as telas durante o exame ou se ausente por qualquer motivo etc.) a prova será invalidada e o candidato deverá adquirir e realizar a prova novamente.

Se você for reprovado devido a falhas de áudio, vídeo ou link, o EXIN providenciará um ***voucher*** para realização da prova novamente, sem custo adicional.

Bom, além dos requisitos técnicos comentados anteriormente, o candidato terá uma hora a partir do momento em que iniciou oficialmente a prova. Os testes de áudio, vídeo e gravação não fazem parte desse tempo limite.

A prova é composta por quarenta questões de múltipla escolha, com uma média de quatro respostas possíveis para cada pergunta, havendo apenas uma correta.

Logo após responder todas as questões, o resultado de aprovado ou reprovado já é apresentado. O candidato precisa acertar no mínimo 26 questões, ou seja, 65% da prova, para ser aprovado. O resultado temporário sai logo após a finalização da sessão, e a prova é encaminhada para auditoria. O candidato só é aprovado definitivamente se não houver nenhuma irregularidade. O resultado definitivo e o certificado digital ficam liberados no Portal do Candidato EXIN por até dez dias.

O EXIN

O EXIN é um instituto independente internacional que tem como meta fornecer a melhor certificação independente e acreditação para gerenciamento de informações do mundo.

É um objetivo ousado e ambicioso, mas o EXIN está no caminho certo, pois atualmente fornece mais de vinte certificações internacionais, incluindo temas altamente relevantes no mundo da tecnologia da informação, tais como *Cloud Computing*, ITIL®, PRINCE2®, Segurança da Informação, ITSM baseado na ISO/IEC 20000, *Lean*, MOF, *Green IT*, entre outras.

As certificações estão todas ligadas a centros certificadores, como Prometric e Person Vue, e também a provedores de treinamento oficiais, permitindo que as provas sejam realizadas presencialmente em um centro autorizado ou *on-line*, com todas as garantias de seriedade do sistema de auditoria já mencionado.

Visite <https://www.exin.com/BR/pt/home/> e saiba mais sobre o EXIN, suas certificações, seus eventos e conteúdos relevantes para a área de tecnologia e gerenciamento da informação.

26. Outras Certificações do Mercado

PSM I – *Professional Scrum Master I*

Esta certificação demonstra o nível de conhecimento, entendimento e aplicação do *framework* Scrum, focando na preparação de profissionais para atuarem no papel de *Scrum Master* ou de membros de Times.

Atualmente há dois níveis para a certificação PSM:

- A PSM I certifica o entendimento sobre os fundamentos do *framework* Scrum, focando mais em seus conhecimentos teóricos.
- A PSM II certifica um alto nível de conhecimento do *framework* Scrum, suas práticas e valores, e especialmente sua aplicação no mundo real.

As certificações PSM são mantidas pela Scrum.org (<www.scrum.org>), responsável pela distribuição do Guia do Scrum, que é o material básico oficial de compartilhamento e disseminação do *framework* Scrum no mundo.

A PSM I equivale à certificação ASF do EXIN no conteúdo referente ao Scrum e seu *framework*, mas não aborda outros conteúdos ágeis.

A prova

A prova de certificação PSM I pode ser realizada de qualquer lugar, sem maiores restrições ou requisitos. O exame não é gravado ou auditado como a ASF do EXIN, porém só pode ser feito em inglês, o que pode deixar as perguntas e respostas mais complexas devido ao entendimento e à interpretação de termos técnicos.

Mesmo que você tenha fluência na língua inglesa, é sugerido que você estude um pouco do conteúdo diretamente no inglês, para se familiarizar com termos e expressões que possam cair na prova, aumentando as chances de aprovação no exame.

A prova possui oitenta questões que devem ser respondidas em até uma hora, tempo relativamente curto para o número de questões. São necessários 68 acertos para aprovação. Para mais detalhes, acesse <www.scrum.org>.

Scrum.org

A Scrum.org foi a mantenedora oficial do Guia do Scrum até setembro de 2014, disponibilizado-o gratuitamente em formato PDF em vários idiomas[1].

A Scrum.org é uma organização de propriedade de Ken Schwaber, um dos fundadores do Scrum e símbolo de referência nas práticas ágeis.

Para outras informações visite o site da Scrum.org.

ScrumGuides.org

Desde setembro de 2014 a Scrum.org, a Scrum Alliance e a Scrum Inc. se uniram no apoio ao Guia do Scrum, reconhecendo-o como única fonte oficial

[1] As versões oficiais de 2011, 2013, 2016 e 2017 do Guia do Scrum em português foram traduzidas pelo autor deste livro, Fábio Cruz, com autorização e apoio da própria Scrum.org e podem ser encontradas em <http://www.scrumguides.org/> e em <www.fabiocruz.com.br/guia-do-scrum-2017>.

das definições e dos padrões do Scrum. O site oficial da ScrumGuides.org (<www.scrumguides.org>) passou a disponibilizar a versão oficial, e atual, do Guia do Scrum gratuitamente em PDF em diversos idiomas.

CSM – *Certified Scrum Master*

Esta certificação demonstra o nível de conhecimento, entendimento e aplicação do *framework* Scrum, focando na formação de profissionais para atuarem no papel de *Scrum Master* ou de membros de Times.

A CSM é de nível básico, abordando o *framework* Scrum, os papéis do Time Scrum, as atividades e os artefatos do Scrum.

A certificação CSM é mantida pela Scrum Alliance (<www.scrumalliance.org>), uma organização que promove o compartilhamento e a disseminação do *framework* Scrum e da agilidade no mundo.

A CSM também é equivalente à certificação ASF do EXIN no que se refere ao Scrum e seu *framework*, não abordando outros conteúdos ágeis. Nesse sentido, é mais parecida em conteúdo e formato com a PSM I da Scrum.org.

A prova

No caso da certificação CSM, é obrigatória a realização de um curso oficial da Scrum Alliance, ou de um dos instrutores credenciados pela rede. O curso também será um forte aliado e servirá de material de estudos, além de uma boa oportunidade para a troca de experiências com outros profissionais da área.

Dica!

A prova possui 35 questões que devem ser respondidas em até uma hora. Leia também as recomendações e os materiais de estudo sugeridos no site <www.scrumalliance.org>.

A prova de certificação CSM pode ser realizada de qualquer lugar, sem maiores restrições ou requisitos (a prova não é gravada ou auditada como a ASF do EXIN). A Scrum Alliance também tem a prova em português, mas quem preferir pode fazê-la em inglês.

São 35 questões de múltipla escolha, com apenas uma resposta correta por questão.

Logo após responder todas as questões, o resultado de aprovado ou reprovado já é apresentado. O candidato precisa acertar no mínimo 24 questões.

Scrum Alliance

A Scrum Alliance é uma organização de propriedade de Jeff Sutherland, um dos fundadores do Scrum, e é a atual mantenedora da certificação CSM.

Para outras informações visite o site da Scrum Alliance.

27. Simulado

A proposta do simulado é aproximá-lo das provas de certificação de Scrum e *Agile*, preparando-o para realizar o exame e ser aprovado. São questões similares àquelas que o candidato irá encontrar nas provas CSM, da Scrum Alliance, PSM, da Scrum.org, e especialmente na EXIN *Agile Scrum Foundation.*

Responda todas as perguntas sem pausa, sem consulta e com foco, como se fosse o dia da prova. Assim você já vai se acostumando.

Para as respostas erradas, releia com atenção o comentário do autor e os tópicos que envolvam o conteúdo abordado, e depois tente responder todo o simulado novamente.

Questões

1. **Uma equipe está migrando para o uso do Scrum, e um dos seus membros é um coordenador de projetos responsável por remover impedimentos da equipe e facilitar o trabalho do Time durante os desenvolvimentos. Qual seria o melhor papel para esse profissional após a implantação do Scrum?**
   a) Gerente de projetos
   b) Coordenador de projtos
   c) *Product Owner*
   d) *Scrum Master*

2. O Gráfico de *Burndown* da *Release* precisa ser atualizado para conter as atualizações e a situação mais atual possível em relação ao andamento das entregas do produto. Qual é o melhor momento para atualizá-lo?

a) Todos os dias

b) Ao final da *Sprint*

c) Ao final da *Release*

d) Todas as vezes em que a situação de uma tarefa mudar

3. De acordo com o Manifesto Ágil, qual seria a melhor frase que descreve o tipo de comunicação que os integrantes de um time ágil devem promover?

a) Bate-papos virtuais através de ferramentas de *chat* e mensagens *on-line*

b) Comunicações através de ferramentas específicas para registro e documentação de conversas

c) Conversas cara a cara

d) Conversar o mínimo possível para não atrapalhar a produtividade

4. O que o Time faz primeiro na *Sprint*?

a) Entrega documentos de design

b) Determina toda a arquitetura e infraestrutura

c) Entrega o objetivo da *Sprint*

d) Desenvolve um plano para o restante da *Sprint*

5. Qual técnica é um método produtivo para o *Scrum Master* facilitar a comunicação entre o *Product Owner* e o Time?

a) Ensinar o Time a falar uma linguagem de negócios e objetiva

b) Ensinar o *Product Owner* sobre as tecnologias empregadas durante a *Sprint*

c) Facilitar reuniões de colaboração entre o Time e o *Product Owner*

d) Todas as opções anteriores

6. Como os times são guiados durante a *Sprint*?

a) O *Product Owner* guia o Time participante das reuniãos diárias durante as cerimônias

b) O *Scrum Master* assegura que o Time não esteja disperdiçando tempo

c) A própria documentação do projeto e dos processos do Scrum guia o Time

d) O Time se guia pelo seu próprio conhecimento coletivo e sua experiência adquirida

7. É possível que o *Product Owner* e o *Scrum Master* sejam a mesma pessoa?

a) Sim, desde que a pessoa tenha capacidade, experiência e consiga balancear ambas as responsabilidades com muito cuidado

b) Não. Essa pessoa teria muito poder, incluindo poderes conflituosos, o que poderia criar problemas

c) Sim, mas somente se a pessoa possuir autoridade e poder para fazer as duas coisas

d) Não. Tomaria tempo demais de uma pessoa só

8. Na técnica de programação pareada, qual é a melhor combinação a ser utilizada?

a) Arquiteto de software e desenvolvedor

b) *Tester* e desenvolvedor

c) Líder técnico e desenvolvedor

d) Dois desenvolvedores

9. Qual é a melhor técnica para melhorar a comunicação e o trabalho de Times grandes e remotos em um mesmo projeto?

a) Incentivar as ligações e as reuniões virtuais para diminuir o custo do projeto

b) Incentivar o uso de mais comunicação escrita do que comunicação verbal

c) Disseminar como os Times trabalham e também promover o conhecimento e entendimento das culturas diferentes
d) Monitorar diariamente todos os Times para não deixar que eles desperdicem tempo

10. Qual é o principal objetivo da cerimônia Scrum dos Scrums?

a) Colocar todos os membros das equipes juntos para colaborarem entre si
b) Coordenar os trabalhos dos vários Times Scrum
c) Informar os gerentes de projeto como estão os avanços de todas as equipes que estão trabalhando no projeto simultaneamente
d) Comunicar todas as realizações de vários Times Scrum no último período e o que cada um dos Times pretende fazer no próximo, além de impedimentos que podem interferir nos trabalhos

11. Qual é a maior contribuição do *eXtreme Programming* em um planejamento de sucessão em um projeto?

a) Integração contínua
b) Desenvolvimento orientado a testes
c) Design simples
d) Refatoração

12. O que é feito durante a reunião de planejamento da *Release*?

a) O *Product Owner*, o *Scrum Master* e os líderes do Time definem o que será realizado na próxima entrega
b) O Time, com o apoio do *Product Owner*, tenta definir o que será entregue na próxima versão
c) Todo o time em colaboração entende quais as necessidades do cliente quanto a escopo, custo e tempo e define o conteúdo da próxima entrega
d) O *Product Owner* como representante do cliente informa ao Time o que eles irão entregar

13. O que é uma reunião de planejamento da *Sprint*?

a) É o momento em que o *Product Owner* informa ao Time o que será construído na próxima *Sprint* e entregue ao cliente

b) É o momento em que o *Scrum Master* e o *Product Owner* definem em conjunto como o Time irá trabalhar na próxima *Sprint* para transformar o *backlog* da *Sprint* em um incremento do produto

c) É o momento em que o Time, com o apoio do *Product Owner*, entende, prioriza e estima o *backlog* da próxima *Sprint*

d) É o momento em que o *Product Owner*, o *Scrum Master* e o Time priorizam o *backlog* do produto e definem o *backlog* da *Sprint*

14. Na reunião diária o Time acompanha seus trabalhos e tem uma boa noção sobre o quanto está atingindo seus objetivos durante a *Sprint*. Com base nessa afirmação, o que melhor representa o propósito da reunião diária?

a) O *Scrum Master* atualiza o Gráfico de *Burndown*

b) O Time acompanha suas realizações e seus impedimentos e consegue saber se está atingindo seus objetivos ou não

c) O *Product Owner* monitora o andamento do Time a partir da reunião diária

d) O Time passa um status para a sua liderança a respeito do progresso do projeto diariamente

15. O *Product Owner* solicita participação na reunião diária para saber o que o Time está realizando, quais são as questões levantadas e também para ver o quanto o Time está respondendo às necessidades do projeto. Com base nessa afirmação, qual é a atitude mais correta do *Scrum Master*?

a) Permite que o PO participe apenas como ouvinte

b) Permite que o PO participe como um membro normal do Time

c) Não permite a participação do PO, pois esta é uma cerimônia exclusiva do Time

d) Qualquer uma das alternativas está correta

16. Uma história foi estimada em oito horas de duração, o equivalente a um dia normal de trabalho. Porém, os desenvolvedores finalizam seu dia de trabalho após seis horas de produção. Com isso, quanto tempo real será necessário para terminar a história?

a) Menos de um dia

b) Exatamente um dia

c) Um dia e mais duas horas

d) Não é possível responder sem conhecer a velocidade do Time

17. Qual das seguintes afirmações pode ser considerada um ganho com o uso do TDD?

a) Aumento das chances de gerar código redundante

b) Escrever testes viciados

c) Aumento do número de falhas identificadas e corrigidas durante a elaboração dos testes

d) Servir como *feedback* dos testes realizados

18. Um Time completou quatro histórias na última *Sprint*, que tinham respectivamente 3, 5, 8 e 2 pontos por história. Além disso, também completou metade de uma outra história de 13 pontos. Qual é a velocidade do Time?

a) 18

b) 24,5

c) 24

d) 31

19. Durante uma reunião de planejamento, o pessoal de vendas defende que a próxima entrega deve focar no produto novo, para que eles possam vender mais. O pessoal de marketing acredita que é preciso corrigir problemas existentes no produto atual para melhorar a imagem da empresa, e o gerente sênior solicita que sejam realizados primeiro os itens que caibam no prazo.

Com isso, o PO está confuso e não sabe o que priorizar. Como ele deve proceder?

a) Manter a sua mente no que é mais importante para o cliente

b) Começar pelo mais fácil e decidir depois o que fazer

c) Perguntar para o Time o que ele conseguirá realizar na próxima *Sprint*, porque somente o Time pode estimar seu trabalho

d) Começar pelos itens mais difíceis porque são neles que estarão os maiores problemas e riscos do projeto

20. Durante a reunião de planejamento, os membros do Time estão tendo dificuldade para estimar um item porque nunca fizeram nada parecido, os detalhes altamente técnicos estão incompletos e a tecnologia é nova. O que deve ser feito neste caso?

a) O Time pede para o PO detalhar tecnicamente o item e trazer mais informações sobre a nova tecnologia

b) O Time define de forma colaborativa uma estimativa com a qual todos concordam e passa para o próximo item

c) O *Scrum Master* define a estimativa devido a sua maior experiência com Scrum

d) O time se protege e diz que não realizará o item na próxima *Sprint*

21. O que significa o W na técnica MoSCoW?

a) Would

b) Won't

c) We can

d) Win

22. O Time não concorda a respeito do valor em potencial de uma nova funcionalidade que deve ser fornecida. Qual é o melhor caminho para resolver o impasse?

a) O Time precisa decidir por si

b) Os usuários finais precisam ser consultados

c) O *Product Owner* precisa ser consultado e informar o valor da funcionalidade

d) Um *coach* precisa ser inserido ao Time

23. A menor unidade que pode adicionar valor para o cliente é conhecida como:

a) Um ponto por história

b) A menor funcionalidade que pode ser entregue ao cliente

c) Um ponto por função

d) Um caso de uso

24. Em relação à propriedade dos códigos, quais são as práticas defendidas pelo XP e pelo FDD?

a) Ambos sugerem que a propriedade deve ser coletiva

b) Ambos sugerem que a propriedade deve ser individual

c) O XP sugere a propriedade coletiva e o FDD a propriedade individual

d) A propriedade é coletiva no FDD e individual no XP

25. Os integrantes de um Time não sabem ao certo quantas horas devem gastar com o planejamento inicial da *Sprint*. De acordo com as regras do Scrum, a quantas horas o *Scrum Master* deve limitar a duração dos planejamentos do Time?

a) Quatro horas no máximo, para que o Time inicie o mais breve possível o desenvolvimento e não desperdice tempo

b) Uma hora para cada semana de duração da *Sprint*

c) Duas horas para cada semana de duração da *Sprint*

d) Oito horas para uma *Sprint* de até um mês de duração, sete horas para uma *Sprint* de até três semanas de duração e seis horas para uma *Sprint* de até duas semanas de duração

26. Um Time de Desenvolvimento está com muitos problemas de relacionamento com o cliente e entre si devido a conflitos não gerenciados corretamente pelo *Product Owner*. Qual é a cerimô-

nia do Scrum que mais poderá ajudar o Time e o PO a resolver seus problemas?

a) A próxima reunião diária

b) Uma reunião específica marcada exclusivamente para o Time Scrum resolver seus problemas

c) A próxima reunião de revisão

d) A próxima reunião de retrospectiva

27. O Time de Desenvolvimento está próximo de atingir a meta da *Sprint* quando o *Product Owner* chega repentinamente com uma mudança importante, prioritária e de enorme valor para o cliente, que é imediatamente aceita pelo Time e incluída na *Sprint* corrente, alterando inclusive o objetivo original definido para a *Sprint*. Qual deveria ter sido a ação correta do *Scrum Master* nessa situação?

a) Apoiar o Time na sua decisão

b) Orientar o Time a não aceitar a mudança

c) Orientar o Time a questionar uma necessidade tão importante que não tinha sido identificada anteriormente no início da *Sprint*

d) Orientar o PO a cancelar a *Sprint*

28. Um Time está entendendo e estimando os itens de *backlog* do produto que serão realizados na próxima *Sprint*. Um dos itens está gerando diferentes estimativas, e os integrantes do Time não conseguem chegar a uma decisão única sobre o esforço para completá-lo. Qual é a orientação que o *Scrum Master* deve dar ao Time para que o impasse seja resolvido?

a) O desenvolvedor mais experiente define o esforço do item e determina a estimativa

b) O Time deve ficar jogando ininterruptamente o *Planning Poker Card* até que todos cheguem a um consenso, não importando o tempo que durar

c) O Time faz uma média de todas as estimativas que os integrantes deram e a usa como estimativa final para o item

d) O Time considera o esforço maior do item e determina a maior estimativa como válida

29. Quais são as cerimônias do Scrum que promovem planejamentos?

a) Apenas a reunião de planejamento da *Sprint*

b) A reunião de planejamento da *Sprint* e a reunião de revisão

c) A reunião diária e a reunião de planejamento da *Sprint*

d) Todas as cerimônias do Scrum promovem planejamento e/ou replanejamento

30. Em um Time de Desenvolvimento com apenas cinco integrantes, o *Scrum Master* possui horas ociosas em seu dia ideal de trabalho, gerando questionamentos sobre seu trabalho e a sua alocação no projeto a longo prazo. O que o *Scrum Master* poderia sugerir para resolver essa situação?

a) Dividir-se entre as tarefas de *Scrum Master* e de desenvolvedor no Time

b) Dividir-se entre as tarefas de *Scrum Master* e de *Product Owner*

c) Retirar-se do Time, pois não há necessidade de um *Scrum Master* em um Time que está trabalhando muito bem junto há alguns meses.

d) Manter-se no Time sem maiores alterações e buscar na próxima *Sprint* eliminar seu tempo ocioso colaborando mais com o Time

Anexo

A seguir você encontrará todas as respostas para as questões presentes ao longo deste livro com comentários do autor.

Respostas das questões de fixação I

1. **De acordo com o Manifesto Ágil, qual seria a melhor sentença que descreve o tratamento em relação às mudanças que um time ágil deve realizar?**

   c. Realizar as mudanças de acordo com o seu aparecimento, sua importância e seu valor para o negócio do projeto, levando em consideração a capacidade do Time e as decisões do cliente

   ---

   ***Comentário do autor:* o Manifesto Ágil defende que aceitar a mudança é mais importante do que seguir um plano, porém isso não significa que as mudanças devam ser realizadas imediatamente e sem análise de impactos.**

   ---

2. **Qual das seguintes afirmações é um dos valores do Manifesto Ágil?**

   d. Responder a mudanças mais que seguir um plano

3. O Time de Desenvolvimento solicitou ao seu gerente que não mais determinasse quem faria cada uma das atividades, e como deveriam ser feitas, pedindo autonomia para organizar suas próprias tarefas e controlar o seu próprio progresso. Que princípio o Time está buscando aplicar?

d. Construir projetos ao redor de indivíduos motivados, dando a eles o ambiente e o suporte necessários, e confiando que farão seu trabalho

---

Comentário do autor: ***permitir que os desenvolvedores se auto-organizem e controlem seus próprios trabalhos promove ambientes motivadores e deixa o Time mais confiante e com mais segurança em seus próprios trabalhos.***

---

4. Qual das seguintes afirmações não corresponde a nenhum dos 12 princípios do Manifesto Ágil?

d. Simplicidade: a arte de maximizar a quantidade de trabalho que precisou ser feita

---

Comentário do autor: ***simplicidade é a arte de maximizar a quantidade de trabalho que NÃO precisou ser feita. Os demais princípios estão corretos.***

---

5. Qual sentença melhor descreve a excelência técnica que pode aumentar a agilidade?

d. A excelência técnica passa pelo uso correto das melhores práticas disponíveis e está mais próxima do fazer bem feito

---

Comentário do autor: ***a excelência técnica não está ligada à perfeição, tampouco ao uso de tecnologias novas ou avançadas, mas, sim, ao uso correto das melhores práticas para cada situação e necessidade (fazer bem feito).***

Respostas das questões de fixação II

1. **Ume equipe de projeto está migrando para o uso do Scrum, e um dos membros da equipe é um analista de negócios e requisitos que tem como principal papel entender as necessidades e expectativas do cliente e orientar os desenvolvedores a entregar um produto de valor ao cliente. Qual seria o melhor papel para esse profissional após a implantação do Scrum?**

   c. *Product Owner*

   Comentário do autor: ***antes de qualquer análise, por exclusão não existem os papéis de gerente de projetos e coordenador de projetos, e o papel do Scrum Master não tem responsabilidades acerca de requisitos, negócio e análise das necessidades do cliente. Já o PO se encaixa perfeitamente nas descrições, inclusive na orientação de entrega de valor pelo Time.***

   ---

2. **O Gráfico de *Burndown* da *Sprint* precisa ser atualizado para conter a situação mais atual possível em relação ao andamento da próxima entrega. Qual é o melhor momento para atualizá-lo?**

   b. Todos os dias

   Comentário do autor: ***o melhor momento de atualização é pelo menos uma vez ao dia. Ao final da Sprint seria o mesmo momento em que se entrega um incremento do produto, ou seja, é tarde demais. Já atualizar sempre que uma tarefa mudar de situação sobrecarrega o Time e não provoca transparência, e sim confusão.***

   ---

3. **Considerando os papéis do Scrum, de quem é a responsabilidade de priorizar e determinar a importância dos itens que serão trabalhados na próxima *Sprint*?**

   c. Do *Product Owner*

***Comentário do autor:** a priorização é sempre do PO, que deve trazer essa informação a partir do que tem mais valor para o cliente. Nem o Time nem o Scrum Master podem alterar essa prioridade ou importância.*

4. **Após o Time de Desenvolvimento selecionar os itens do *backlog* do produto que compõem o *backlog* da *Sprint* e começar a trabalhar na transformação desses itens em produto, quem pode alterar os itens do *backlog* da *Sprint* após o início da *Sprint*?**

   b. O Time de Desenvolvimento, com aprovação do *Product Owner*

***Comentário do autor:** não é recomendado alterar os itens do backlog da Sprint após o seu início, mas isso pode acontecer com frequência de acordo com o ambiente e produto. Porém, após o Time selecionar e estimar seus itens, somente ele pode alterar seu backlog, pois precisará entender, selecionar e estimar novos itens ou remover itens anteriormente selecionados. No entanto, essa autorização precisará sempre do acompanhamento e da aprovação do PO, por conta da priorização e da importância definidas pelo cliente.*

5. **Qual é o evento do Scrum que promove inspeção e adaptação?**

   c. Todos os eventos contidos na *Sprint*, incluindo a reunião de planejamento, a reunião diária, a reunião de revisão e a reunião de retrospectiva

***Comentário do autor:** todos os eventos promovem inspeção e adaptação. Na reunião de planejamento elas ocorrem no backlog inicial, nas tarefas que o Time irá realizar para atingir a meta da Sprint e nas trocas realizadas para comportar melhor o backlog que será realizado versus a velocidade do Time. Na reunião diária, o Time está inspecionando seu trabalho diário e se adaptando*

para atingir as metas do próximo dia, comunicando problemas, realizações e previsões. Na revisão o produto é inspecionado, podendo provocar adaptação novamente no backlog e nas tarefas da próxima Sprint. O mesmo acontece na retrospectiva, porém com olhar nas pessoas, nos relacionamentos e nos processos.

---

6. **O *Product Owner* demonstra sua intenção de convidar o cliente e seus principais *stakeholders* para participar da reunião de revisão da *Sprint*. Qual é a atitude mais correta do *Scrum Master* nessa situação?**

   c. Não interfere na decisão do PO, que pode convidar quem quiser para a reunião de revisão

---

***Comentários do autor:* segundo o próprio Guia do Scrum, os participantes da reunião de revisão incluem o Time Scrum e os stakeholders convidados pelo Product Owner, sem restrições. É claro que o tempo e o objetivo da reunião devem ser considerados, mas isso não pode ser um motivo para não convidar o cliente e suas partes interessadas.**

---

7. **Que definição melhor descreve a ação de refinar os itens do *backlog* do produto?**

   b. Adicionar detalhes, entendimentos, características e estimativas aos itens do *backlog* do produto

---

***Comentário do autor:* os itens que podem ser prontos dentro da Sprint são considerados preparados para seleção durante o planejamento da Sprint, e o detalhamento desses itens é o refinamento.**

---

8. **Qual das seguintes realizações é um objetivo da reunião diária?**

   c. Alinhamento do progresso para atingir o objetivo da *Sprint* do Time de Desenvolvimento.

<u>Comentário do autor:</u> o PO não participa da reunião diária e só ele pode reordenar os itens do backlog da Sprint. De qualquer forma, reordenar os itens do backlog não faz parte da definição de time-boxed da daily. Não se deve utilizar a reunião diária para "passar status das atividades".

9. Qual é a melhor definição para a priorização dos itens do *backlog* do produto?

b. É a determinação dos itens mais importantes para o cliente segundo a visão adquirida pelo *Product Owner* com base nos valores mais esperados pelo cliente

<u>Comentário do autor:</u> a priorização sempre deve respeitar os valores, as necessidades e as expectativas do cliente, para atender à qualidade do negócio em primeiro lugar.

10. Quais itens devem ser apresentados ao *Product Owner* na reunião de revisão da *Sprint*?

d. Somente os itens que atendem à definição de pronto

<u>Comentário do autor:</u> o objetivo da reunião de revisão da Sprint é apresentar os itens prontos para o PO, para que este possa aceitá-los e/ou rejeitá-los. A reunião de revisão não é o momento de testes.

11. No Scrum a transparência dos artefatos não é obtida de um dia para o outro, mas é um caminho a ser seguido. Qual é o principal ganho quando se aumenta a transparência?

c. Decisões mais sólidas para otimizar o valor e o controle dos riscos baseados nas percepções existentes no estado do artefato

<u>Comentário do autor:</u> os riscos são diminuídos e as decisões seguras e assertivas se tornam mais frequentes – por isso o aumento da transparência proporciona ganhos.

12. A composição do Time deve permanecer constante em todo o projeto, para que seja possível obter os ganhos proporcionados pelo Scrum. Com base nesta sentença, é possível afirmar que:

b. Não é necessário manter a composição do Time constante ao longo de todo o projeto para obter os ganhos do Scrum. Ele pode se adaptar para melhor atender às necessidades e mudanças do projeto e se manter constante o suficiente para obter os ganhos proporcionados pelo Scrum

---

<u>Comentário do autor:</u> o Guia do Scrum retirou a frase que afirmava que o Time devia ser constante, pois os autores entenderam que este precisa se adaptar ao cenário real do projeto, buscando atender da melhor maneira às necessidades e expectativas do cliente, o que provoca mudanças no projeto.

---

13. Após a definição de pronto, a seleção do *backlog* da *Sprint* e a determinação do objetivo da *Sprint*, que alterações podem ocorrer ao longo da execução da *Sprint*?

b. Somente alterações que não coloquem em perigo o objetivo da *Sprint*

<u>Comentário do autor:</u> visando aumentar as chances da Sprint ser concluída com suas metas atingidas, o Guia do Scrum traz a definição de que as mudanças podem ser introduzidas na Sprint desde que não coloquem em perigo o seu objetivo, pois pode ser que a mudança não afete diretamente o objetivo ao ser analisada e aceita, mas poderá afetar ao ser implementada ou durante a implementação. Por isso é necessário analisar os riscos, e não só o impacto direto.

---

14. O *Scrum Master* deve guiar o *Product Owner* e o Time na realização da reunião de planejamento da *Sprint* sempre no início de uma nova *Sprint*. Qual é o objetivo principal dessa reunião?

b. Definir de forma colaborativa o que será trabalhado e como o trabalho será realizado para atingir o objetivo da *Sprint*

***Comentário do autor:* não há definição de quando o backlog da Sprint estará pronto, pois o backlog selecionado deverá sempre estar pronto ao final da Sprint. O objetivo da Sprint deverá representar o resultado dessa análise, e o backlog preparado é a entrada da reunião de planejamento e não a saída. A saída será o backlog refinado.**

---

15. Qual definição melhor descreve o objetivo da reunião de retrospectiva da *Sprint*?

c. Inspecionar o que ocorreu na última *Sprint* considerando as pessoas, os relacionamentos, os processos e as ferramentas utilizadas

---

***Comentário do autor:* todas as demais opções podem ser realizadas durante a reunião de retrospectiva, mas não somente elas isoladamente e sim todas com o objetivo de realizar a ação descrita na resposta "c".**

---

16. Quem deve participar da reunião diária do Scrum?

d) Somente o Time de Desenvolvimento

***Comentário do autor:* segundo o Guia do Scrum, apenas o Time de Desenvolvimento é o responsável por realizar e participar da reunião diária. Esta é uma cerimônia para o Time de Desenvolvimento sincronizar os seus trabalhos. O Scrum Master deve ensinar o Time de Desenvolvimento a se auto-organizar e manter a reunião diária dentro do time-boxed e seu propósito, mas não é obrigatório na reunião.**

---

17. Quem pode convidar participantes para a reunião diária?

c) Somente o Time de Desenvolvimento

Comentário do autor: ***a reunião diária é para o Time de Desenvolvimento sincronizar os seus trabalhos, e apenas o Time de Desenvolvimento pode convidar outros a participar da sua Daily Meeting.***

---

18. Avaliando os valores do Scrum, qual a melhor combinação de valores que torna vivos os pilares de transparência, inspeção e adaptação?

d) Todos os valores juntos

Comentários do autor: ***todos os valores contribuem para tornar vivos os pilares do empirismo, assim como as cerimônias e as regras do Scrum, e o entendimento e a aplicação dos princípios do Manifesto Ágil.***

---

19. Segundo o Scrum, qual o tamanho que o Time de Desenvolvimento deve ter?

d) O Scrum apenas sugere que um Time com tamanho entre três e nove integrantes obtém mais ganhos do que outros tamanhos

---

Comentário do autor: ***o Scrum não diz que o tamanho do time de desenvolvimento deve ser entre três e nove integrantes, apenas sugere que o tamanho ideal do Time de Desenvolvimento é pequeno o suficiente para se manter ágil e grande o suficiente para completar um trabalho significativo dentro da Sprint.***

---

20. Quando há múltiplos Times Scrum trabalhando na mesma versão do produto, qual é a melhor forma de ter uma Definição de Pronto?

c) Os Times de Desenvolvimento de todos os Times Scrum devem mutuamente determinar uma única Definição de Pronto

---

Comentário do autor: ***é imprescindível que todos os Times Scrum que trabalhem juntos em um mesmo sistema ou produto compartilhem da mesma Definição de Pronto, sendo que esta deve ser definida mutuamente por todos eles.***

Respostas das questões de fixação III

1. **Um Time conversa sobre iniciar os trabalhos de planejamento de um projeto utilizando o conceito de *Planning Onion*, mas alguns integrantes estão divergindo sobre como separar as etapas de planejamento. Qual definição melhor ajudaria o Time a aplicar os conceitos do planejamento em vários níveis?**

   c. Planejar de forma macro a estratégia do produto a ser construído, considerando os principais valores esperados pelo cliente. Com os valores entendidos por todos, planejar como as entregas ocorrerão, definindo as *Releases*. Com as *Releases* definidas, planejar as iterações que entregarão incrementos do produto e, por fim, planejar diariamente os trabalhos de "mão na massa", para adaptações rápidas e objetivas

---

Comentário do autor: ***planejar em ciclos curtos e iterativos está mais próximo da definição de Sprint e planejar toda a construção lembra o planejamento cascata. Já a quebra do backlog em pedaços menores tem a ver com a Release Planning, que pode ser uma etapa da Planning Onion, mas não o planejamento ágil completo.***

---

2. **Uma equipe de desenvolvimento de software está pensando em utilizar as práticas do XP devido ao fato de trabalhar com requisitos vagos e muitas mudanças. Depois de várias**

conversas, o Time decide que precisa assimilar os valores do XP aplicando-os ao seu dia a dia. Quais são os valores do XP que o time deve aplicar?

c. Comunicação, *feedback*, coragem, simplicidade e respeito

***Comentário do autor:* perceba quais são os valores do XP e não os confunda com os princípios e as práticas.**

---

3. **Um Time Scrum está em uma reunião de retrospectiva e constata que seus testes e processos de qualidade estão fracos e ineficientes. Eles então resolvem aplicar uma melhoria imediata, implantando o ciclo TDD na próxima *Sprint*. Que passos de testes o Time precisa adotar para cumprir um ciclo TDD completo?**

   d. Escrever o teste, executar o teste que falha, escrever o código, executar o teste de sucesso e refatorar o código

4. **Com o tempo, os sistemas tendem a se deteriorar e os códigos precisam ser limpos e reorganizados. Para evitar ou mitigar essa degradação ao longo do tempo, que prática os Times devem executar?**

   c. Refatoração

***Comentário do autor:* apenas a refatoração permite a reorganização e a melhoria de códigos que sofrerão degradação ao longo do tempo.**

---

5. **Que metodologia pode variar de acordo com a quantidade de pessoas, a criticidade e a prioridade de um projeto, permitindo que a carga de processos seja menor ou maior?**

   b. *Crystal*

***Comentário do autor:* o Crystal possui mais de uma metodologia, que pode ser selecionada de acordo com a complexidade e as características do projeto em questão.**

---

6. **Que metodologia ágil promove o trabalho conjunto no entendimento do negócio do cliente e no atendimento de suas expectativas, especialmente sugerindo a não separação entre a equipe de negócio e a equipe de desenvolvimento?**

   d. FDD

   Comentário do autor: ***o desenvolvimento orientado a funcionalidades promove a prática de modelar em conjunto com base no negócio, não havendo divisão entre a equipe de negócio e a equipe de desenvolvimento.***

7. **O cliente está insatisfeito com as últimas entregas, e por isso os integrantes do Time se reúnem e decidem focar nos testes do ponto de vista do cliente, considerando o atendimento das necessidades de negócio e não os testes unitários. Que prática mais se aproxima desse conceito de testes?**

   b. ATDD

   Comentário do autor: ***o desenvolvimento orientado a testes de aceitação foca nos testes do ponto de vista do cliente. O TDD não é focado nos testes de aceitação, e sim na detecção de falhas durante os testes. O FDD e o XP não se enquadram na descrição.***

8. **O cliente solicita ao Time que apresente um protótipo para o usuário final aprovar. Só depois o desenvolvimento do novo sistema será autorizado. Que metodologia a equipe poderia aplicar para melhor atender ao pedido do cliente?**

   c. DSDM

   Comentário do autor: ***o DSDM é a única prática que sugere a modelagem e a prototipação como artefato de planejamento e medição.***

9. **Um Time de Desenvolvimento utiliza, para a construção de seus sistemas, uma metodologia pesada e muito burocrática, baseada no processo RUP, e decide migrar para uma abordagem mais ágil, sem deixar de lado algumas das boas práticas sugeridas pelo RUP. Caso o time decida utilizar a metodologia AUP para realizar essa migração, qual seria a a ordem sequencial das fases de desenvolvimento?**

   a. Iniciação, elaboração, construção e transição

   Comentário do autor: ***verifique quais são as fases do AUP e a sua ordem de realização.***

   ---

10. **Um Time de Desenvolvimento é severamente cobrado a respeito da qualidade das suas entregas, especialmente porque muitos defeitos escapados estão sendo identificados após as suas entregas. Que estratégia ou técnica pode ser aplicada para reduzir o número de defeitos escapados?**

    c. TDD

    Comentário do autor: ***uma das técnicas mais recomendadas para tratar e evitar os defeitos escapados é o TDD, pois o seu objetivo é identificar os defeitos durante os testes.***

Respostas do simulado

1. **Uma equipe está migrando para o uso do Scrum, e um dos membros é um coordenador de projetos responsável por remover impedimentos da equipe e facilitar o trabalho do Time durante os desenvolvimentos. Qual seria o melhor papel para esse profissional após a implantação do Scrum?**

   d. *Scrum Master*

***Comentário do autor:** antes de qualquer análise, por exclusão não existem os papéis de gerente de projetos e coordenador de projetos, e o papel do PO não tem responsabilidades acerca de remover impedimentos do Time. Já o Scrum Master se encaixa perfeitamente nas descrições, inclusive na ação de facilitar o trabalho do Time durante os desenvolvimentos.*

2. O Gráfico de *Burndown* da *Release* precisa ser atualizado para conter as atualizações e a situação mais atual possível em relação ao andamento das entregas do produto. Qual é o melhor momento para atualizá-lo?

b. Ao final da *Sprint*

***Comentário do autor:** como o Gráfico Burndown da Release tem o objetivo de apresentar o trabalho restante para se concluir o produto, o melhor momento de atualização é ao final de uma Sprint que entregou um incremento do produto.*

3. De acordo com o Manifesto Ágil, qual seria a melhor frase que descreve o tipo de comunicação que os integrantes de um time ágil devem promover?

c. Conversas cara a cara

***Comentário do autor:** em times ágeis a melhor forma de comunicação é a promovida pelas conversas face a face, apesar de outros métodos darem resultados.*

4. O que o time faz primeiro na *Sprint*?

c. Entrega o objetivo da *Sprint*

***Comentário do autor:** a primeira entrega que o Time deve realizar é o entendimento, a compreensão e a definição do objetivo da Sprint. Com base nisso, planeja a Sprint e trabalha para atingir o objetivo.*

5. **Qual técnica é um método produtivo para o *Scrum Master* facilitar a comunicação entre o *Product Owner* e o Time?**

   d. Todas as opções anteriores

   <u>Comentário do autor:</u> o Scrum Master deve garantir que a comunicação ocorra da melhor forma possível entre todos os integrantes do Time, e uma das maneiras para isso acontecer é provocar que um compreenda mais a linguagem do outro e utilizar dentro do possível termos e expressões de negócio e/ou técnicos que se aproximem da realidade de todos.

6. **Como os Times são guiados durante a *Sprint*?**

   d. O Time se guia pelo seu próprio conhecimento coletivo e sua experiência adquirida

   <u>Comentário do autor:</u> devido à auto-organização do Time, nada melhor do que ele próprio guiar seu trabalho ao longo da Sprint e da construção de seu produto.

7. **É possível que o *Product Owner* e o *Scrum Master* sejam a mesma pessoa?**

   b. Não. Essa pessoa teria muito poder, incluindo poderes conflituosos, o que poderia criar problemas

   <u>Comentário do autor:</u> os conflitos de poder dos papéis são as principais causas do fracasso de mais de um papel combinado a uma mesma pessoa. Pode até funcionar por um tempo, mas em um momento de crise não haverá garantias de que a pessoa "vestirá o chapéu" correto para a resolução do problema mais crítico.

8. **Na técnica de programação pareada, qual é a melhor combinação a ser utilizada?**

   d. Dois desenvolvedores

***Comentário do autor:** a melhor formação para a aplicação da programação pareada é o trabalho conjunto de dois desenvolvedores, que farão o papel de piloto e navegador durante os trabalhos de escrita de códigos.*

9. Qual é a melhor técnica para melhorar a comunicação e o trabalho de Times grandes e remotos em um mesmo projeto?

b. Incentivar o uso de mais comunicação escrita do que comunicação verbal

***Comentário do autor:** o ambiente de projetos com Times grandes e remotos favorece a comunicação escrita porque nem sempre as pessoas poderão se encontrar para conversar cara a cara, devido a distâncias, idioma, fuso horário e diferenças culturais. A comunicação mais indicada então passa a ser a escrita.*

10. Qual é o principal objetivo da cerimônia Scrum dos Scrums?

d. Comunicar todas as realizações de vários Times Scrum no último período e o que cada um dos Times pretende fazer no próximo, além de impedimentos que podem interferir nos trabalhos

***Comentário do autor:** colocar todos os Times juntos geralmente é muito custoso e aumenta a complexidade da reunião e do atingimento do seu objetivo. Coordenar, mantendo a característica de auto-organização dos Times, pode ser um dos resultados da Scrum dos Scrums, assim como informar gerências e a alta gestão a respeito do progresso dos Times do projeto.*

11. Qual é a maior contribuição do *eXtreme Programming* em um planejamento de sucessão em um projeto?

c. Design simples

***Comentário do autor:* a principal característica da técnica de planejamento por sucessão é promover o conceito de evoluir a arquitetura de um sistema apenas o suficiente para o presente, considerando a necessidade do "agora", e não prever necessidades futuras. Essa prática do do XP promove a solução mais simples e atende às necessidades do real momento do projeto, o presente.**

12. O que é feito durante a reunião de planejamento da *Release*?

c. Todo o Time em colaboração entende quais as necessidades do cliente quanto a escopo, custo e tempo e define o conteúdo da próxima entrega

***Comentário do autor:* a Release Planning tem o objetivo principal de planejar as versões de entrega que serão trabalhadas ao longo do projeto. Para planejar as entregas, o Time Scrum deve entender as necessidades do cliente e definir como as entregas serão divididas e priorizadas.**

13. O que é uma reunião de planejamento da *Sprint*?

c. É o momento em que o Time, com o apoio do *Product Owner*, entende, prioriza e estima o *backlog* da próxima *Sprint*

***Comentário do autor:* a reunião de planejamento tem o objetivo de entender, priorizar e estimar o trabalho para completar o objetivo da Sprint. Os únicos que podem estimar os itens são os integrantes do Time. Quem traz a priorização é o PO, mas o entendimento dos itens é feito pelo Time com o apoio do PO.**

14. Na reunião diária o Time acompanha seus trabalhos e tem uma boa noção sobre o quanto está atingindo seus objetivos durante a *Sprint*. Com base nessa afirmação, o que melhor representa o propósito da reunião diária?

b. O Time acompanha suas realizações e seus impedimentos e consegue saber se está atingindo seus objetivos ou não

---

<u>Comentário do autor:</u> o Scrum Master pode atualizar os radiadores de informação, mas este não é um objetivo da reunião diária, assim como também não é o monitoramento do andamento das tarefas pelo PO e a passagem de status pelo Time.

---

15. O *Product Owner* solicita participação na reunião diária para saber o que o Time está realizando, quais são as questões levantadas e também para ver o quanto o Time está respondendo às necessidades do projeto. Com base nessa afirmação, qual é a atitude mais correta do *Scrum Master*?

c. Não permite a participação do PO, pois esta é uma cerimônia exclusiva do Time

---

<u>Comentário do autor:</u> apenas o Time e o Scrum Master devem participar da reunião. Além disso, o objetivo da cerimônia não é pegar o status das realizações do Time ou monitorar o que ele está fazendo.

---

16. Uma história foi estimada com oito horas de duração, o equivalente a um dia normal de trabalho. Porém, os desenvolvedores finalizam seu dia de trabalho após seis horas de produção. Com isso, quanto tempo real será necessário para terminar a história?

d. Não é possível responder sem conhecer a velocidade do Time

---

<u>Comentário do autor:</u> apesar da história ter sido estimada em oito horas de duração, e o Time trabalhar seis horas ideais por dia, não é possível determinar em quanto tempo o Time terminará a história sem saber a sua velocidade real, pois, apesar de parecer ser um dia e mais duas horas, esta seria a velocidade de um integrante pegando o item sem interrupções, porém a velocidade do Time geralmente considera outras variáveis.

---

17. Qual das seguintes afirmações pode ser considerada um ganho o uso do TDD?

c. Aumento do número de falhas identificadas e corrigidas durante a elaboração dos testes

---

Comentário do autor: ***uma das afirmações do TDD é que quando um Time acaba, ele realmente acaba, pois todas as falhas possíveis já foram detectadas e corrigidas durante os testes. Assim, a identificação de falhas aumenta e as correções também.***

---

18. Um Time completou quatro histórias na última *Sprint*, que tinham respectivamente 3, 5, 8 e 2 pontos por história. Além disso, também completou metade de uma outra história de 13 pontos. Qual é a velocidade do Time?

a. 18

Comentário do autor: ***o time completou apenas as histórias de tamanho 3, 5, 8 e 2, que somam 18 pontos. apesar da tarefa de tamanho 13 ter sido completada parcialmente, seus pontos não são considerados, pois uma história parcialmente pronta não está pronta, então não pode ser somada à velocidade real do Time.***

---

19. Durante uma reunião de planejamento, o pessoal de vendas defende que a próxima entrega deve focar no produto novo, para que eles possam vender mais. O pessoal de marketing acredita que é preciso corrigir problemas existentes no produto atual para melhorar a imagem da empresa, e o gerente sênior solicita que sejam realizados primeiro os itens que caibam no prazo. Com isso, o PO está confuso e não sabe o que priorizar. Como ele deve proceder?

a. Manter a sua mente no que é mais importante para o cliente

<u>Comentário do autor:</u> o PO sempre resolve conflitos de valor relacionados ao que o cliente espera receber na entrega do produto. A qualidade do negócio é dada pelo cliente, e este ponto não é negociável.

20. Durante a reunião de planejamento, os membros do Time estão tendo dificuldade para estimar um item porque nunca fizeram nada parecido, os detalhes altamente técnicos estão incompletos e a tecnologia é nova. O que deve ser feito neste caso?

b. O time define de forma colaborativa uma estimativa em que todos concordam e passa para o próximo item

<u>Comentário do autor:</u> as definições técnicas sempre partem do Time, que precisa decidir sobre a estimativa necessária para realizar o item. O PO pode contribuir com maiores detalhes de negócio e passar o maior número de informações e documentações complementares para que o Time possa entender o item, mas não com informações técnicas.

21. O que significa o W na técnica MoSCoW?

b. Won't

22. O Time não concorda a respeito do valor em potencial de uma nova funcionalidade que deve ser fornecida. Qual é o melhor caminho para resolver o impasse?

c. O *Product Owner* precisa ser consultado e informar o valor da funcionalidade

<u>Comentário do autor:</u> mais uma vez, quem responde pela importância e pelas decisões de valor dos itens do backlog é sempre o PO. O Time não pode decidir por si. No caso da consulta aos usuários finais, esta deve ser feita pelo PO. Já o coach não tem nada a ver com a questão.

23. A menor unidade que pode adicionar valor para o cliente é conhecida como:

b. A menor funcionalidade que pode ser entregue ao cliente

***Comentário do autor:* a menor funcionalidade que pode ser entregue ao cliente representa o menor incremento com valor. Ao ser definida uma entrega, pequena ou grande, esta é um incremento que agregará valor ao cliente e ao seu negócio. Um ponto por história é a menor unidade de esforço utilizada nas estimativas, um ponto por função também é uma medida utilizada em estimativas e o caso de uso é um documento complementar sugerido pela metodologia RUP para detalhar mais os itens de backlog.**

---

24. Em relação à propriedade dos códigos, quais são as práticas defendidas pelo XP e pelo FDD?

c. O XP sugere a propriedade coletiva e o FDD a propriedade individual

---

***Comentário do autor:* o XP sugere que os códigos produzidos são de propriedade de todos os integrantes do Time e que qualquer um pode alterar, evoluir e trabalhar neles. Já o FDD sugere que um código produzido tem apenas um dono, aquele que o produziu, sendo que este dono sempre será o mais indicado em um momento de alteração e evolução do código, pois suas codificações serão mais rápidas, já que conhece o código melhor do que qualquer outro desenvolvedor.**

---

25. Os integrantes de um Time não sabem ao certo quantas horas devem gastar com o planejamento inicial da *Sprint*. De acordo com as regras do Scrum, a quantas horas o *Scrum Master* deve limitar a duração dos planejamentos do Time?

c. Duas horas para cada semana de duração da *Sprint*

<u>Comentário do autor:</u> por definição, a duração da reunião de planejamento da Sprint é de duas horas para cada semana de duração da Sprint.

26. Um Time de Desenvolvimento está com muitos problemas de relacionamento com o cliente e entre si devido a conflitos não gerenciados corretamente pelo *Product Owner*. Qual é a cerimônia do Scrum que mais poderá ajudar o Time e o PO a resolver seus problemas?

d. A próxima reunião de retrospectiva

<u>Comentário do autor:</u> a reunião de retrospectiva inspeciona a última Sprint quanto a relacionamentos, pessoas, processos e ferramentas, sendo então o evento mais indicado para a resolução de problemas dessa natureza.

27. O Time de Desenvolvimento está próximo de atingir a meta da *Sprint* quando o *Product Owner* chega repentinamente com uma mudança importante, prioritária e de enorme valor para o cliente, que é imediatamente aceita pelo Time e é incluída na *Sprint* corrente, alterando inclusive o objetivo original definido para a *Sprint*. Qual deveria ter sido a ação correta do *Scrum Master* nessa situação?

d. Orientar o PO a cancelar a *Sprint*

<u>Comentário do autor:</u> uma mudança pode ser inserida na Sprint corrente desde que não afete ou altere o objetivo da Sprint. Quando isso ocorre, a sugestão é que a Sprint seja cancelada e uma nova seja iniciada com a inclusão da mudança como backlog a ser selecionado para a nova Sprint.

28. Um Time está entendendo e estimando os itens de *backlog* do produto que serão realizados na próxima *Sprint*. Um dos itens está gerando diferentes estimativas, e os integrantes do Time não conseguem chegar a uma decisão única sobre o esforço para completá-lo. Qual é a orientação que o *Scrum Master* deve dar ao Time para que o impasse seja resolvido?

d. O Time considera o esforço maior do item e determina a maior estimativa como válida

---

Comentário do autor:* *quando uma estimativa não é acordada por todos, o Time deve considerar a de maior esforço, especialmente porque esse integrante que estimou um maior esforço pode ser a pessoa que irá pegar a tarefa para trabalhar. Além isso, é mais seguro trabalhar com a estimativa de maior esforço quando não há consenso.

---

29. Quais são as cerimônias do Scrum que promovem planejamentos?

d. Todas as cerimônias do Scrum promovem planejamento e/ou replanejamento

---

Comentário do autor:* *todas as cerimônias promovem planejamentos de profundidade maior ou menor. A de planejamento serve para toda a Sprint, a reunião diária planeja para o próximo dia, a revisão planeja o backlog do produto a ser trabalhado na próxima Sprint e/ou entrega, e a retrospectiva promove um planejamento que abrange os aspectos das pessoas, relacionamentos, processos e ferramentas.

---

30. Em um Time de Desenvolvimento com apenas cinco integrantes, o *Scrum Master* possui horas ociosas em seu dia ideal de trabalho, gerando questionamentos sobre seu trabalho e a sua alocação no projeto a longo prazo. O que o *Scrum Master* poderia sugerir para resolver essa situação?

d. Manter-se no Time sem maiores alterações e buscar na próxima *Sprint* eliminar seu tempo ocioso colaborando mais com o Time

---

***Comentário do autor:* sempre deve haver um Scrum Master no Time, independentemente do número de integrantes. O problema nesse caso pode ser as tarefas que estão sendo direcionadas para o Scrum Master. Muitas vezes o Time resolve seus próprios problemas enquanto o Scrum Master está ocioso.**

Referências Bibliográficas

COHN, M. **Agile Estimating and Planning.** Upper Saddle River, NJ: Pearson Education, 2005.

CRUZ, Fabio Rodrigues. **Introdução ao Scrum.** Disponível em: <http://www.fabiocruz.com.br/outros/>. Acesso em: 08 jan. 2018.

CRUZ, Fabio Rodrigues. **Scrum e PMBOK unidos no gerenciamento de projetos.** Rio de Janeiro: Brasport, 2013.

EXIN. Disponível em: <http://www.exin.com>. Acesso em: 08 jan. 2018.

FABIOCRUZ.COM. Blog. Disponível em: <http://www.fabiocruz.com.br>. Acesso em: 08 jan. 2018.

KNIBERG, H. **Scrum e XP direto das Trincheiras.** 2007. Disponível em: <http://www.infoq.com/br/minibooks/scrum-xp-from-the-trenches>. Acesso em: 08 out. 2014.

MANIFESTO PARA O DESENVOLVIMENTO ÁGIL DE SOFTWARE. Disponível em: <http://manifestoagil.com.br/>. Acesso em: 08 jan. 2018.

SCHWABER, Ken; SUTHERLAND, Jeff. **Guia do Scrum 2017.** Tradução: CRUZ, Fabio Rodrigues. 2013. Disponível em: <http://www.fabiocruz.com.br/guia-do-scrum-2017>. Acesso em: 22 jan. 2018.

SCRUM ALLIANCE. Disponível em: <http://www.scrumalliance.org>. Acesso em: 08 jan. 2018.

SCRUM.ORG. Disponível em: <http://www.scrum.org>. Acesso em: 08 jan. 2018.

Índice Remissivo

EXIN | AGILE SCRUM

Parabéns!

Voucher desconto para realizar seus exames através do EXIN Anywhere. Boa Sorte!

CÓDIGO

D567.1931.0738

Acesse https://www.exin.com/en/exin-anywhere e confira:

- ✓ Vídeos instrucionais (legendas em português) – dicas sobre o registro e resgate do voucher. Saiba o que fazer (e não fazer) durante seu exame
- ✓ Passo a passo para registro e pagamento
- ✓ Exame em casa com monitoramento remoto
- ✓ Teste de configuração

Atenção:

EXIN ANYWHERE EXAMS ONLINE

- ✓ Desconto de **6%** para a maioria dos exames EXIN (consulte eventuais pré-requerimentos para alguns exames)
- ✓ Válido até **31/12/2018** (consulte o EXIN após este prazo)
- ✓ Válido apenas para resgate no EXIN Anywhere
- ✓ Ao resgatar seu Voucher e efetuar o pagamento, você tem até **21 dias** para realizar seu exame.

Desde 1984, o EXIN é um instituto independente de certificação e exame, tendo certificado milhões de profissionais no domínio digital. O EXIN tem mais de 1000 parceiros credenciados em mais de 165 países em todo o mundo. Os serviços flexíveis e inovadores do EXIN permitem que os candidatos façam exames em muitos idiomas.

O EXIN possibilita a **transformação digital** através da avaliação e validação de competências, oferecendo uma ampla gama de certificações relevantes e muito exigidas no domínio do Gerenciamento de Serviços, como **VeriSM ™ e ITSM, Agile Scrum, DevOps, SIAM ™, Gerenciamento de Segurança da Informação, Proteção de Dados (baseado em GDPR), Cyber Security, Data Center Management e Cloud Computing** entre outros. O EXIN também fornece o e-CF® NEXT, uma solução avançada de análise de lacunas de habilidades para organizações. Consulte nossos programas de qualificação disponíveis para alavancar sua carreira. https://www.exin.com/BR/pt/exames/